歷代「朱陸異同」典籍萃編

第二册

上海古籍出版社

閑闢録

[明]程曈 撰 丁小明 校點

目録

卷七

卷八

卷九

校點説明

程曈（一四八〇——一五六〇），字啓曒，號莪山，休寧（今屬安徽黄山市）富溪人。父母早亡，弱冠即棄舉子業，潛心於涵養致知之學，其於六經性理之要，莫不研精覃思，以求真是之歸。傳世著作頗夥，較著名者有閑闢録、新安經籍志、新安學系録等。其中，閑闢録一書就是晚明思想史上頗有影響的一部著作。該書以收集朱熹、陸九淵相關命題的學術言論爲主，其主旨是通過論證朱熹、陸九淵學術觀點的差别，進而指出陸氏的弊端，並闡明朱子的正統儒學地位。

朱熹集理學之大成，盛極一時。陸九淵獨倡心學，並駕齊驅，南宋時即相争不讓。朱陸後先離世，這一問題的争論又被其門人子弟所繼承，成爲中國思想史與理學史上重要的命題。至明代，有關「朱陸異同」的争論主要有兩種：一種是以程敏政爲代表的「早異晚同」説，另一種則是由程曈在閑闢録中率先提出的朱陸「始終不同」説。

程敏政在他的理學名著道一編中提出朱陸「始焉如冰炭之相反」、「中焉則疑信之相半」、「終焉若輔車之相依」的三個不同階段。程敏政的「早異晚同」説一定程度上是在元代吴澄關於朱陸「遷就調停」説的基礎上發展而來的，其重點是在朱陸的「晚同」上。程敏政的這一學説得到王陽明、周汝登、孫奇逢、黄宗羲等諸多學者的支持，在晚明清初的思想界頗有影響。程曈之所以提出朱陸「始終不同」説，其直接原因還是因程敏政的「早異晚同」説所引起。關乎此點，既有他在書序中的論述：「于陸則謂之晚與夫子合，爲夫子所集。流弊不息，以迄於今。兹是蓋不察夫子閑闢之旨，而爲所謂彌近理而大亂真者所惑也。」也可徵于其子程纘洛的閑闢録跋：「朱陸之學，始終不同，具見兩家年譜及文集、語録。夫何草廬吴氏創爲『遷就調停』之説，篁墩程氏又繼爲『始異終同』之書，由是遂成千古未了之公案，歷世不決之疑獄，道無從授指南矣。我先君深爲此懼，爰取朱陸之遺書，考其歲月之先後，明其旨趣之異同，旁搜博采，輯以成編。其心即孟子閑先聖之心也。」

張伯行在清代正誼堂本閑闢録的序中，對程氏的編撰用心作如下闡釋：「先是，程篁墩敏政著道一編，謂朱陸之學『始異而終同』。先生歎曰：『今日以朱子爲同，他日必有斥朱子爲異者。』乃覃思著書，極疏瀹決排之力，名曰閑闢録。當是時，篁墩以文名，而學非醇儒，其所爲道一編不足爲有無。而在正德間，陽明之學已盛行於世，先生非排篁墩，乃闢陽明也。」顯然，張伯行不但對於程曈的朱陸「始終不同」説深以爲然，而且能透過程曈反對程敏政的「早異晚同」説的現象，揭示出程曈編撰此書的本質所在，其實是以此來對抗盛行于正德年間的陽明之學。這既是張伯行眼光獨到與深刻之處，也可説是程曈拋出朱陸「始終不同」論的真正用心。

閑闢録凡十卷，末一卷則雜取宋史以下諸家之論朱陸者，前九卷主要取朱子集中辨正異學之語，以闢陸氏之説，如「無極太極」之辨、「天理人欲」之辨、「異學」之辨、「禪學」之辨等。程曈將這些内容通過輯録整合及對比的形式，最終證明陸學是異端、是禪學、是佛老之學。他在書中還不時加以按語，以點睛之筆來「秉夫子之旌旗，搗陸氏之巢穴，以收摧陷廓清之功」。儘管四庫館臣在評價閑闢録一書時謂其「門户之見太深」，但是在陽明之學漸盛的正德、嘉靖年間，能逆流而行，獨樹朱學大纛，不惟需要過人的膽識與勇氣，亦必具有深切著明的研討能力。所以説，對朱子學流變而言，程曈此書是值得關注的。

閑闢録傳世版本現有三種。明代有嘉靖四十三年（一五六四）程纘洛刻本（下稱程本），程本是閑闢録傳世最早的刻本。是書前有程曈正德乙亥年（一五一五）序，後有程纘洛嘉靖四十三年（一五六四）的跋，四庫存目叢書就是據清華大學圖書館藏本影印收入。清代有正誼堂刻本與清光緒十八年（一八九二）傳經堂刻西京清麓叢書本。從版式來看，清代的兩種刻本均從程本出，但傳經堂本在文字校勘上後出轉精，改正了程本大多數的版刻錯誤。故本次整理即以傳經堂本爲底本，以程本、正誼堂本爲校本，並參考朱子全書（上海古籍出版社、安徽教育出版社，二〇〇二年）與陸九淵集（中華書局，一九八〇年）相關内容的校點成果。需要指出的是，無論是清傳經堂本與正誼堂本，還是明代程本，該書卷十最後三頁均有大量墨釘，其中部分墨釘處的内容可依據卷中所引文字的原文進行回補，但還有近一半内容是程曈所寫按語，如果説存世最早的程本就是如此，這部分墨釘處的内容是無法還原的。所幸上海圖書館藏有著録爲清刻本的一種（其書號「線普長四四九五四四」）。然細校此本的紙張、版式、行款、序跋及全書内容，悉與程本完全一致，由此可以肯定其著録有誤，此書就是程本），此本的墨釘處皆有朱筆工楷增補文字，細審之，即是墨釘覆蓋之内容。書尾有佚名朱書「甲午夏日照元本補正缺字」云云，由此可知，程本起初並無這些墨釘，儘管今天無法猜度這一缺陷産生的原因，至少我們能依靠上海圖書館藏明程纘洛刻本（簡稱上圖本）朱筆工楷增補的内容來補全此書。

天道盈虧，不可盡知。吾道不孤，良非虚語。整理既畢，聊綴數語於卷端，既記兹事之顛末，並係感慨云爾。

乙未秋杪，東海丁小明識於海上小緑天樓

序

昔我新安夫子倡明聖學於天下，時則有若陸氏兄弟、浙之吕、陳，亦各以其學並馳争鶩而號於世。陸則過高而淪於空虚，浙則外馳而溺於卑陋。夫子懼其誣民而充塞仁義也，乃斥空虚者爲異端，爲禪學，爲佛老；卑陋者爲俗學，爲功利，爲管商，辭而闢之，以閑聖道而正人心焉。而其憂之深，辨之嚴，任之重，焕然見諸遺書，與自以承三聖者，夫豈有所異哉！世衰道微，士膠見聞，至於身蹈浙學而猶知其卑陋，不敢昌言以告人。於陸則謂之晚與夫子合，爲夫子之所集，甚則謂能掩跡夫子，追蹤孟氏，樂道而北面之。流弊不息，以迄於今兹。是蓋不察夫子閑闢之旨，而爲所謂彌近理而大亂真者所惑也。噫！聖學之不能明於世也，其基於此歟。曈也幸，辱生夫子之土壤，而獲世守其遺書，乃敢妄以閑闢之所寓者類聚之，而浙則附焉，以爲爲學標的，求無惑於他岐云爾。若夫秉夫子之旌旗，搗陸氏之巢穴，以收摧陷廓清之功，則有望於任世道之責者。正德乙亥四月既望新安程曈序。

卷一

答呂伯恭書

子壽聞其名甚久，恨未識之。子澄云其議論頗宗無垢，不知今竟如何也？

辨張無垢中庸解序附

「無垢」本佛語，而張公子韶之别號也。〔一〕

張公始學於龜山之門，而逃儒以歸於釋。既自以爲有得矣，而其釋之師語之曰：「左右既得欛柄入手，開導之際，當改頭換面，隨宜説法，使殊塗同歸，則世出世間，兩無遺恨矣。然此語亦不可使俗輩知，將謂實有恁麽事也。」用此之故，凡張氏所論著，皆陽儒而陰釋。其離合出入之際，務在愚一世之耳目，而使之恬不覺悟，以入乎釋氏之門，雖欲復出而不可得。本末指意，略如其所受於師者。其二本殊歸，蓋不特莊周出於子夏，李斯原於荀卿而已也。

曈按：朱子之論陸學，始終言同無垢，故附此序於卷首，以諗觀者。

答吕子約書

示喻縷縷具悉。但泛説尚多，皆委曲相合。恐更當放下，且玩索所讀書，依本分持養爲佳耳。陸子静之賢，聞之蓋久，然似聞有脱略文字、直趨本根之意，不知其與中庸學問思辨然後篤行之旨，又如何耳？

答吕子約書

所示内外兩進之意甚善。此是自古聖賢及近世諸老先生相傳進步真訣，但當篤信而力行之，不可又爲他説所摇，復爲省事欲速之計也。近聞陸子静言論風旨之一二，全是禪學，但變其名號耳。競相祖習，恐誤後生。恨不識之，不得深扣其説，因獻所疑也。然想其説方行，亦未必肯聽此老生常談，徒竊憂歎而已。操存舍亡之説，諸人皆謂人心私欲之爲，乃舍之而亡所致，卻不知所謂存者，亦操此而已矣。子約又謂存亡出入，皆神明不測之妙，而於其間區别真妄又不分明，兩者蓋胥失之。要之存亡出入，固皆神明不測之所爲，而其真妄邪正、始終動静，又不可不辨耳。

　　曈按：以上三書，朱子未識陸氏時語也。陸氏爲學之弊，朱子衛道之勤，已見於此矣。其曰「玩索所讀書，依本分持養」，「内外兩進」，「是自古聖賢及近世諸老先生相傳進步真訣」，「操存舍亡」，則朱子修德凝道之功備矣。曷嘗他日待識子静而後始尊德性，如後世學者之論哉。

鵝湖寺和陸子壽韻

德義風流夙所欽，别離三載更關心。偶扶藜杖出寒谷，又枉籃輿度遠岑。舊學商量加邃密，新知培養轉深沈。卻愁説到無言處，不信人間有古今。

　　曈按：朱子祭子壽文曰：「念昔鵝湖之下，實云識面之初。」子静與朱子書曰：「昔年兩得侍教，康廬之集，加款於鵝湖。」則朱陸在鵝湖之前未識面也。詩云「别離三載」者，指東萊、子澄歟？

附原韻

孩提知愛長知欽，古聖相傳祇此心。大抵有基方築室，未聞無址忽成岑。留情傳注翻榛塞，著意精微轉陸沈。珍重友朋勤切琢，須知至樂在于今。

附子静和韻

墟墓興哀宗廟欽，斯人千古不磨心。涓流積至滄溟水，拳石崇成泰華岑。易簡工夫終久大，支離事業竟浮沈。欲知自下升高處，真僞先須辨只今。

曈按：朱陸鵝湖講論，雖曰無傳，然即此詩推之，亦可見其大槩矣。蓋朱子平日之所以爲學，曰：「聖門之教，下學上達，自平易處講究討論，積慮潛心，優游饜飫，久而漸有得焉，則日見其高深遠大而不可窮矣。程夫子所謂『善學者求言必自近，易於近者非知言也。』」曰：「古人爲學，只是升高自下，步步踏實，漸次解剥，人欲自去，天理自明。」曰：「聖門之學，下學而上達，至於窮神知化，亦不過德盛仁熟而自至耳。若如釋氏，理須頓悟，不假漸修之云，則是上達而下學。」曰：「人之所以爲學者，以吾之心未若聖人之心故也。心未能若聖人之心，是以燭理未明，無所準則，隨其所好，高者過，卑者不及，而不自知其爲過且不及也。若吾之心即與天地聖人之心無異矣，則尚何學之爲哉？故學者必因先達之言以求聖人之意，因聖人之意以達天地之理，求之自淺以及深，自近以及遠〔二〕，循循有序，而不可以欲速迫切之心求也。夫如是浸漸經歷〔三〕，審熟詳明，而無躐等空言之弊。馴致其極，然後吾心得正，天地聖人之心不外是焉。非固欲晝於淺近而忘深遠，舍吾心以求聖人之心，棄吾説以徇先儒之説也。」子靜平日之所以爲學，曰：「耳自聽，目自明，事父自能孝，事兄自能弟，本無欠闕，不必他求，在乎自立而已。」故子靜於此詆朱子云「欲知自下升高處，真僞先須辨只今」也。朱子嘗謂子靜「俯視聖賢，聖賢之言不必盡信」，「先立一説，務要突過有若、子貢以上，更不數近世周程諸公」，「盡廢講學，專務踐履」，「要人提撕省察，悟得本心」。故云「卻愁説到無言處，不信人間有古今」也。若「易簡」、「支離」，則朱子語録論之詳矣，爰次諸左。

語録

問：「『因其已知之理』，推而致之，『以求至乎其極』，是因定省之孝以至於『色難』『養志』，因事君之忠以至於『陳善閉邪』之類否？」曰：「此只是説得外面底，須是表裏皆如此。若是做得大者，而小者未盡，亦不可；做得小者，而大者未盡，尤不可。須是無分豪欠闕，方是。且如陸子靜説良知良能，四端根心，只是他弄這物事。其他有合理會者，渠理會不得，卻禁人理會。鵝湖之會，渠作詩云『易簡工夫終久大』，彼所謂易簡者，苟簡容易耳，全看得不子細。『乾以易知』者，乾是至健之物，至健者要做便做，直是易。坤是至順之物，順理而爲，無所不能，故曰簡。此言造化之理。至於『可久則賢人之德』，可久者，日新而不已；『可大則賢人之業』，可大者，富有而無疆。『易簡』有幾多事在，豈容易苟簡之云乎？」

或問：「所守所行，似覺簡易，然茫然未有所獲。」曰：「既覺得簡易，自合有所得，卻曰茫然無所獲者，如何？」曰：「比之以前爲學多岐，今來似覺簡易耳。愚殊不敢望得道，只欲得一箇入頭處。」曰：「公之所以無所得者，正坐不合簡易。揚子雲曰：『以簡以易，焉支焉離？』蓋簡易所以爲支離也。〔四〕人須是『博學之，審問之，謹思之，明辨之，篤行之』，然後可到簡易田地。若不如此用工夫，一蹴便到聖賢地位，卻大段易了，古人何故如何博學、審問、謹思、明辨、篤行乎？夫是五者，無先後，有緩急。不可謂博學時未暇審問，審問時未暇謹思，謹思時未暇明辨，明辨時未暇篤行，五者從頭做將下去，只微有少差耳，初無先後也。如此用工，他日自然簡易去。謨録注云〔五〕：『包顯道以書論此，先生面質如此。』按：顯道，陸氏門人也。孟子曰：『博學而詳説之，將以反説約也。』語云：『博我以文，約我以禮。』須是先博然後至約，如何便先要約得？人若先以簡易存心，不知博學、審問、謹思、明辨、篤行，將來便入異端去。」

曈按：朱子平日辨論子静之語，見于門人之記録者詳矣。自吴草廬唱排之，學者遂隨聲附和而不之察。竊嘗校諸朱子手筆之書，罔不合者，但手書約而語録詳耳。今以可徵於手書者載之，致詳於手書者附之，然亦未遑盡輯也。有志於閑闢者，自當究夫語録、手書之大全云。

附東萊與邢邦用書

祖謙自春末爲建寧之行，與朱元晦相聚四十餘日。後同出至鵝湖二陸及子澄諸兄皆集，甚有講論之益。自此卻無出入，可閉户讀書也。前書所論甚多，近已嘗爲子静詳言之。講貫紬繹，乃百代爲學通法，學者緣此支離泛濫，自是人病，非是法病。見此而欲盡廢之，正是因噎廢食。然學者苟徒能言其非，而未能反己就實，悠悠汩汩，無所底止，是又適所以堅彼之自信也。尊兄試深思之，以爲如何？

按：東萊此書，則子静以講貫紬繹爲支離也。

與王子合書

前月末，送伯恭至鵝湖。陸子壽兄弟來會，講論之間，深覺有益，此月八日，方分手而歸也。

曈按：鵝湖之會，不合而罷，而謂講論有益，何邪？曰「三人行，必有我師」，矧其他乎？

答張敬夫書

子壽兄弟氣象甚好，其病卻是盡廢講學而專務踐履，卻於踐履之中要人提撕省察，悟得本心，此爲病之大者。要其操持謹質，表裏不二，實有以過人者。惜乎其自信太過，規模窄狹，不復取人之善，將流於異學而不自知耳。

瞳按：朱子此書，與陸氏鵝湖會後所報南軒者。鵝湖講論，雖無可攷，而陸氏之學，據此書則可攷也。

附東萊與陳同父書

同元晦至鵝湖，與二陸相聚切磋，甚覺有益。元晦英邁剛明，而工夫就實入細，殊未可量。子静亦堅實有力，但欠開闊耳。

【校勘記】

〔一〕無垢本佛語而張公子韶之别號也　是句原爲辨張無垢中庸解序題解，閑闢録羼入正文中，今依晦庵集（上海古籍出版社、安徽教育出版社朱子全書，二〇〇二年，下同）卷七二，置於題後。

〔二〕自近以及遠　「自」上，晦庵集卷四二答石子重有「至之」兩字。

〔三〕夫如是浸漸經歷　晦庵集卷四二答石子重作「夫如是是以浸漸經歷」。

〔四〕蓋簡易所以爲支離也　朱子語類（上海古籍出版社、安徽教育出版社朱子全書，二〇〇二年，下同）卷一二一中作「蓋支離所以爲簡易也」。

〔五〕謨録注云　「謨」，原作「語」，今據朱子語類卷一二〇改。

卷二

答陸子壽書

蒙喻及祔禮，此在高明考之必已精密，然猶謙遜，博謀及於淺陋如此。顧熹何足以知之，然昔遭喪禍，亦嘗考之矣。竊以爲「衆言淆亂則折諸聖」，孔子之言，萬世不可易矣。尚復何說？況期而神之之意，揆之人情，亦爲允愜。但其節文次第，今不可考。而周禮則有儀禮之書，自始死以至祥禫，其節文度數詳焉。故温公書儀雖記孔子之言，而卒從儀禮之制。蓋其意謹於闕疑，以爲既不得其節文之詳，則雖孔子之言亦有所不敢從者耳。程子之説，意亦甚善，然鄭氏説：「凡祔已反于寢〔一〕，練而後遷廟。」左氏春秋傳亦有「特祀于主」之文，則是古人之祔，固非遂徹几筵。程子於此，恐其考之有所未詳也。開元禮之説，則高氏既非之矣，然其自説大祥徹靈座之後，明日乃祔于廟，以爲不忍一日未有所歸。殊不知既徹之後、未祔之前，尚有一夕，其無所歸也久矣。凡此皆有所未安，恐不若且從儀禮。温公之說，次序節文亦自曲有精意，如檀弓諸説可見。不審尊兄今已如何行之？願以示教。若猶未也，則必不得已而從高氏之説，但祥祭之日未可徹去几筵，或遷稍近廟處。直俟明日奉主祔廟，然後撤之，則猶爲於禮者之禮耳。鄙見如此，不識高明以爲何如？

二

先王制禮，本緣人情。吉凶之際，其變有漸，故始死全用事生之禮。既卒哭，祔廟，然後神之。然猶未忍盡變，故主復于寢而以事生之禮事之。至三年而遷于廟，然後全以神事之也。此其禮文見於經傳者不一，雖未有言其意者，然以情度之，知其必出於此無疑矣。其遷廟一節，鄭氏用穀梁「練而壞廟」之説，杜氏用賈逵、服虔説，則以三年爲斷，其間同異得失雖未有考，然穀梁但言壞舊廟，不言遷新主，則安知其非於練而遷舊主，於三年而納新主邪？至於禮疏所解鄭氏説，但據周禮「廟用卣」一句，亦非明驗。故區區之意，竊疑杜氏之説爲合於人情也。來喻考證雖詳，其大槩以爲既吉則不可復凶，既神事之則不可復以事生之禮接爾。竊恐如此，非惟未嘗深考古人吉凶變革之漸，而亦未暇反求於孝子慈孫深愛至痛之情也。至謂古者几筵不終喪，而力詆鄭、杜之非，此尤不敢聞命。據禮，小斂有席，至虞而後有几筵，但卒哭而後不復饋食於下室耳。古今異宜，禮文之變，亦未有可深考者。

然周禮自虞至祔曾不旬日，不應方設而遽徹之如此其速也。

又謂終喪撤几筵，不聞有入廟之説，亦非也。諸侯三年喪畢之祭，魯謂之「吉禘」，晉謂之「禘祀」，禮疏謂之「特禘」者是也。但其禮亡，而士大夫以下則又不可考耳。夫今之禮文，其殘闕者多矣，豈可以其偶失此文而遽謂無此禮邪！

又謂壞廟則變昭穆之位，亦非也。據禮家説，昭常爲昭，穆常爲穆，故書謂文王爲「穆考」，詩謂武王爲「昭考」。至左傳猶謂畢、原、酆、郇爲「文之昭」，邘、晉、應、韓爲「武之穆」，則昭穆之位，豈以新主祔廟而可變哉。但昭主祔廟則二昭遞遷，穆主祔廟則二穆遞遷爾。此非今日所論之急，但謾言之以見來説之未精類此。

又謂古者每代異廟，故有祔于祖父祖姑之禮。今同一室，則不當專祔於一人，此則爲合於人情矣。然伊川先生嘗譏關中學禮者有役文之弊，而吕與叔以守經信古學者，庶幾無過而已。義起之事，正在盛德者行之，然則此等苟無大害於義理，不若且依舊説，亦夫子「存羊愛禮」之意也。熹於禮經不熟，而考證亦未及精，且以愚意論之如此，不審高明以爲何如？然亦不特如此。熹嘗以爲大凡讀書處事，當煩亂疑惑之際，正當虚心博采，以求至當，或有未得，亦當且以闕疑闕殆之意處之。若遽以己所精通之一説而盡廢己所未究之衆論，則非惟所處之得失或未可知，而此心之量，亦不宏矣。間併及之，幸恕狂妄。

瞳按：淳熙四年，陸氏居母喪，以書問祔禮于朱子，朱子答之如此，陸氏之從違見朱子答葉味道書。

答葉味道書

所喻既祔之後，主不當復于寢，此恐不然。向見陸子静居母喪時力主此説，其兄子壽疑之，皆以書來見問，因以儀禮注中之説告之。渠初乃不曾細看，而率然立論，及聞此説，遂以爲只是注説，初非經之本文，不足據信。當時嘗痛闢之，考訂甚詳，且以爲未論古禮如何，但今只如此，卒哭之後便除靈席，則孝子之心豈能自安邪？其後子壽書來，乃伏其謬，而有「他日負荆」之語。

二

祔説向嘗細考，欲以奉報，意謂已遣。今承喻卻未收得，必是不曾遣去，然今又尋不見。頃年陸子壽兄弟親喪，亦來問此。時以既祔復主告之，而子静固以爲不然，直欲於卒哭而祔之後徹其几筵。子壽疑而復問，因又告之以爲如此則亦無復問其禮之如何，只此卒哭之後便徹几筵，便非孝子之心，已失禮之大本矣。子静終不謂然，而子壽遂服，以書來謝，至有「負荆請罪」之語。今錢君之語，雖無子静之薄，而其所疑亦非也。

瞳按：此書謂子壽「乃伏其謬」，有「負荆請罪」之語，「子静之薄」，「終不謂然」。則其兄弟異同，尚且若是，豈能責之於他人邪？

語録

子壽自撫來信，訪先生於鉛山觀音寺。子壽每談事，必以論語爲證，如曰：「聖人教人『居處恭，執事敬。』」又曰：「『子所雅言，詩書執禮，皆雅言也。』『弟子入則孝，出則弟，謹而信，汎愛衆，而親仁。』此等皆教人就實處行，何嘗高也？」先生曰：「某舊間持論亦好高，近來漸移近下，漸漸覺實也。如孟子卻是將他已到底教人，如言『存心養性，知性知天』，有其説矣，是他自知得。餘人未到他田地，如何知得他滋味？卒欲行之，亦未有入頭處。若論語，卻是聖人教人存心養性、知性知天實涵養處，便見得便行得也。」

子壽看先生解中庸「莫顯乎微」云「幾微細事也」，因歎美其説之善，曰：「前後説者，連『莫見乎隱』一衮説了，更不見切體處。今如此分别，卻是使人有點檢處。九齡自覺力弱，尋常非禮念慮，固能常常警策，不使萌於心，然志力終不免有怠時，此殆所謂『有幾微處須點檢也』。」〔二〕先生曰：「固然。」

子壽言：「孔子答群弟子所問，隨其材答之，不使聞其不能行之説，故所成就多。如『克己復禮爲仁』，唯以分付與顔子，其餘弟子不得與聞也。今教學者，説著便令『克己復禮』，幾乎以顔子望之矣！今釋子接人，猶能分上、中、下三根，云『我則隨其根器接之』，吾輩卻無這箇。」先生曰：「此説固是。如克己之説，卻緣衆人皆有此病〔三〕，須克之乃可進。使肯相從，卻不誤他錯行了路。設若教他釋子輩來相問，吾人使之『克己復禮』，他還相從否？」子壽云：「他不從矣。」曰：「然則彼所謂根器接人者，又如何見得是與不是，解後卻錯了，不可知。」

曈按：淳熙六年二月，朱子在道辭知南康軍，時寓鉛山觀音寺，子壽來訪，講論如此。明年九月，子壽卒，朱子祭之曰：「予辭官之未獲，停驂道左之僧齋，兄乃枉車而來教，相與極論而無猜。」又曰：「惟兄德之尤粹，儼中正而無邪，至其降心以從善，又豈有一豪驕吝之私者？」蓋指此及問祔禮也。

【校勘記】

〔一〕凡祔已反于寢　「已」原作「主」，據晦庵集卷三六答陸子壽改。

〔二〕此殆所謂有幾微處須點檢也　按，朱子語類卷一二四無「有」字。

〔三〕卻緣衆人皆有此病　「病」，原作「説」，據朱子語類卷四一改。

卷三

答呂伯恭書

子壽相見，其説如何？子静近得書。其徒曹立之者來訪，氣質儘佳，亦似知其師説之誤。持得子静近答渠書與劉淳叟書，卻説人須是讀書講論，然則自覺其前説之誤矣。但不肯翻然説破今是昨非之意，依舊遮前掩後，巧爲詞説，只此氣象，卻似不佳耳。

答曹立之書

録示陸兄書意甚佳。近大冶萬正淳來訪，亦能言彼講論曲折，大槩比舊有間矣。但覺得尚有兼主舊説，以爲隨時立教、不得不然之意。似此意思〔一〕卻似漸有掩覆不明白處，以故包顯道輩仍主先入，尚以讀書講學爲充塞仁義之禍〔二〕。而南軒頃亦云傅夢泉者揚眉瞬目云云，恐不若直截剖判，便令今是昨非平白分明。使學者各洗舊習，以進於日新之功，不宜尚復疑貳秘藏以滋其惑也。旦夕亦有人去臨川，自當作書更扣陸兄也。

答傅子淵書

賢者勇於進道而果於自信，未嘗虚心以觀聖賢師友之言，而壹取決於胸臆，氣象言語，只似禪家，張皇鬬怒，殊無寛平正大、沈浸穠郁之意。荆門所謂拈槌豎拂意思者，可謂一言盡之。然左右初不領略，而渠亦無後語，此愚所深恨也。

答吕伯恭書

子壽學生又有興國萬人傑字正淳者亦佳，見來此相聚，云子静卻教人讀書講學。亦得江西朋友書，亦云然，此亦皆濟事也。

答林擇之書

此中見有朋友數人，講學其間，亦難得朴實頭負荷得者。因思日前講論，只是口説，不曾實體於身，故在己在人都不得力。今方欲與朋友説日用之間常切點檢氣習偏處、意欲萌處，與平日所講相似與不相似，就此痛著工夫，庶幾有益。陸子壽兄弟近日議論，卻肯向講學上理會。其門人有相訪者，氣象皆好，但其間亦有舊病。此間學者卻是與渠相反，初只謂如此講學漸涵，自能入德，不謂末流之弊，只成説話，至於人倫日用最切近處，亦都不得毫毛氣力，此不可不深懲而痛警也。

與吴茂實書

近來自覺向時工夫止是講論文義，以爲積集義理，久當自有得力處，卻於日用工夫全少點檢。諸朋友往往亦只如此做工夫，所以多不得力。今方深省而痛懲之，亦願與諸同志勉焉。幸老兄徧以告之也。陸子壽兄弟近日議論與前大不同，卻方要理會講學。其徒有曹立之、萬正淳者來相見，氣象皆儘好，卻是先於情性持守上用力，此意自好。但不合自主張太過，又要得省察覺悟，故流於怪異耳。若去其所短、集其所長，自不害爲入德之門也。然其徒亦多有主先入不肯捨棄者，萬、曹二君卻無此病也。

答吕伯恭書

子壽兄弟得書，子静約秋涼來遊廬阜，但恐此時已换卻主人耳。渠兄弟今日豈易得？但子静似猶有些舊來意思。聞其門人説，子壽言其雖已轉步而未曾移身，然其勢久之亦必自轉。回思鵝湖講論時是甚氣勢？今何止什去七八邪！

答曹立之書

所録示二書，甚善。但所謂「不可以一説片言立定門户」，則聖賢之教，未嘗不有一定之門户以示衆人。至於逐人分上問答，隨其病痛而箴藥之，則又自有曲折。然亦分明直截，無所隱秘回互，令人理會不得也。隨己分修習，隨己見觀書，學者只得如此。其至不至，明道與不明道，則在其人功力淺深，恐亦不可謂此爲「雖不中不遠」者，而别求顔、曾明道，見古人用心底奇特工夫也。極欲一見渠兄弟，更深究此，而未可得。向許來此〔三〕，今賤迹既不定，想其聞此早暵，又未必成來，深以爲恨也。

曈按：以上七書，朱子在知南康軍時所發，聞陸氏卻肯讀書講學，「比舊有間」而喜。又惜其「不肯翻然説破今是昨非」，「猶有舊來意思」也。其答擇之、茂實書，非有取於陸氏，蓋責學者之失，所謂「隨其病痛而箴藥之者」。嘗曰「子静固有病，而今人卻不曾似他用工，如何便説得他」。所謂『五穀不熟，不如稊稗』，恐反爲子静之笑」，政此意也。學者當求所謂「日用工夫，深懲痛警」，無此病處，精察而力行之，庶幾無負聖賢立教垂世懇切之誠云。其曰「隨時立教」，「不可以一説片言立定門户」者，即他日面論所謂定本也。

祭陸子壽文

學匪私説，惟道是求。苟存心而擇善[四]，雖異序以同流。如我與兄，少不並遊。蓋一生而再見，遂傾倒以綢繆。念昔鵝湖之下，實云識面之初。兄命駕而鼎來，載季氏而與俱。出新篇以示我，意懇懇而無餘。厭世學之支離，新易簡之規模。顧予聞之淺陋，中獨疑而未安。始聽瑩於胸次，卒紛繳於談端。徐度兄之不可遽以辨屈，又知兄必將返而深觀。遂逡巡而旋返，悵猶豫而盤旋。别未幾時，兄以書來，審前説之未定，曰子言之可懷。逮予辭官而未獲，停驂道左之僧齋，兄乃枉車而來教，相與極論而無猜。自是以還，道合志同。何風流而雲散，乃一西而一東。蓋曠歲以索居，僅尺書之兩通。期杖屨之肯顧，或慰滿乎予衷。屬者乃聞兄病在牀，亟函書而問訊，并裹藥而攜將。曾往使之未返，何來音之不祥？驚失聲而隕涕，沾予袂以淋浪。嗚呼哀哉！

今兹之歲，非龍非蛇。何獨賢人之不淑，屢興吾黨之深嗟！惟兄德之尤粹，儼中正而無邪。至其降心以從善，又豈有一豪驕吝之私耶！嗚呼哀哉！兄則已矣，此心實存。炯然參倚，可覺惰昏。孰泄予衷？一慟寢門。緘辭千里，侑此一樽。

瞳按：朱子與子壽交游首末、議論異同，此文備矣。其曰「極論無猜」，「道合志同」，「降心從善，豈有一豪驕吝之私」者，指觀音寺講論及祔禮也。後世乃以「道合志同」逆定子静之同，謬矣！子壽幸而不死，則其同也知可必焉。

答吕伯恭書

子壽之亡，極可痛惜，誠如所喻。近得子静書，云已求銘於門下，屬熹書之，此不敢辭；但渠作得行狀，殊不滿人意，恐須别爲抒思，始足有發明也。

附原書

子壽不起，可痛！篤學力行，深知舊學之非，求益不已，乃止於此，於後學極有所關繫。

答吕伯恭書

子静到此數日。所作子壽埋銘已見之，叙述發明，此極有功。卒章微婉，尤見用力深處。歎服歎服！子静近日講論，比舊亦不同，但終有未盡合處。幸其卻好商量，亦彼此有益也。

附東萊撰子壽埋銘

勇於求道之時，憤悱直前，蓋有不由階序者矣。然其所志者大，所據者實。有肯綮之阻，雖積九仞之功不敢遂；有豪釐之偏，雖立萬夫之表不敢安。公聽並觀，卻立四顧，弗造於至平至粹之地，弗措也。

按：此即所謂「卒章微婉用力深處」者。

跋陸子静白鹿洞書堂講義〔五〕

淳熙辛丑春二月，陸兄子静來自金陵〔六〕。十日丁亥，熹率寮友諸生與俱，至於白鹿書堂請得一言，以警學者，子静既不鄙而惠許之。至其所以發明敷暢，則又懇到明白，而皆有以切中學者隱微深錮之病，蓋聽者莫不竦然動心焉。熹猶懼其久而或忘之也，復請子静筆之於簡而受藏之。凡我同志，於此反身而深察之，則庶乎其可以不迷於入德之方矣。

語録

「曾見子静『義利』之説否？」曰：「未也。」曰：「這是他來南康，某請他説書，他卻説這義利分明，是説得好，如云：『今人只讀書，便是爲利。如取解後，又要得官；得官後，又要改官。自少至老，自頂至踵，無非爲利。』説得來痛快，至有流涕者。今人初生，稍有知識，此心便恁亹亹地去了。干名逐利，浸浸不已，其去聖賢日已益遠，豈不深可痛惜！」

問子静君子喻於義口義。曰：「子静只是拗，伊川云：『惟其深喻，是以篤好。』子静必要云：『好後方喻。』看來人之於義利，喻而好者多。若全不曉，又安能好？然好之則喻矣，畢竟伊川説占得多。」

暲按：朱子屢稱子静講義以警學者，可見聖賢樂善之誠，大中至正，無一豪彼我之私。又謂「只是拗」，亦理到之言。後世以朱子反身入德，有資於此，則非也。竊嘗考之，朱子謂南軒「義利之間、豪釐之辨有出於前哲之所欲言而未究者」，「擴前聖之所未發，而同於性善養氣之功。」南軒乃稱朱子：「頃登文石陛，忠言動宸旒。坐令聲利場，縮頸仍包羞。卻來卧衡茅〔七〕，無愧日休休。」此作在乾道丁亥年。則朱子深察不迷，豈俟聞此而後能哉。況朱子前此白鹿講會次卜丈韻〔八〕亦曰：「珍重箇中無限樂，諸郎莫苦羨騰騫。」白鹿洞賦曰：「彼青紫之勢榮，亦何心於俛拾。」感興詩曰：「聖人司教化，黌序育羣材。因心有明訓，善端得深培。天序既昭陳，人文亦褎開。云何百代下，學絶教養乖。羣居競葩藻，争先冠倫魁。淳風反淪喪，擾擾胡爲哉。」則其發明敷暢，又豈居子静後邪？然語意渾然，真聖賢之言也。

附講義

子曰：「君子喻於義，小人喻於利。」此章以義利判君子小人，辭旨曉白。然讀之者，苟不切己觀省，亦恐未能有益也。九淵平日讀此，不無所感。竊謂學者於此當辨其志。人之所喻，由其所習，所習由其所志。志乎義，則所習者必在於義，所習在義，斯喻於義矣；志乎利，則所習者必在於利，所習在利，斯喻於利矣。故學者之志不可不辨也。

科舉取士久矣，名儒鉅公皆由此出。今爲士者固不能免此，然場屋之得失，顧其技與有司好惡何如耳，非所以爲君子小人之辨也。而今世以此相尚，使汩没於此而不能自拔，則終日從事者，雖曰聖賢之書，而要其志之所向，則有與聖賢背而馳者矣。推而上之，則又惟官資崇卑、禄廪厚薄是計，豈能悉心力於國事民隱，以無負於任使之者哉？從事其間，更歷之多，講習之熟，安得不有所喻？顧恐不在於義耳。誠能深思，是身不可使之爲小人之歸，其於利欲之習怛然爲之疾心痛首，專志乎義而日勉焉。博學審問，謹思明辨而篤行之。由是而進於場屋，其文必皆道其平日之學、胸中之藴，而不詭於聖人；由是而仕，必皆共其職，勤其事，心乎國，心乎民而不爲身計，其得不謂之君子乎？

答符復仲書

聞向道之意甚勤，向所謂義利之間〔九〕，誠有難擇者。但意所疑以爲近利者，即便舍去可也。向後見得親切，卻看舊事，又有見未盡、舍未盡者，不解有過當也。見陸丈回書，其言明當，且就此持守，自見功效。不須多疑多問，卻轉迷惑也。

附陸子靜書

蒙示進學不替，尤以爲喜！常俗汩没於貧富、貴賤、利害、得喪、聲色、嗜欲之間，喪失其良心，不顧義理，極爲可哀。今學者但能專意一志於道理，事事要覩是，不肯徇情縱欲，識見若未通明〔一〇〕，行事雖未中節，亦不失爲善人正士之徒。更得師友講磨，何患不通〔一一〕？未親師友，亦只得隨分自理會，但得不陷於邪惡，亦自可貴。若妄意强説道理，又無益也。

按：此書未詳歲月，然其意與白鹿講義同，爰次諸後云。

【校勘記】

〔一〕似此意思　「似此」下原脱「意思」兩字，此後又羼入「未參識不欲劇論立之所與趙子直論事甚佳如熹自度必不能濟立之」二十八字，今據晦庵集卷五一答曹立之補删。

〔二〕充塞仁義之禍　此句下，晦庵集卷五一答曹立之有小注「楊子直在南豐親聞其説」。

〔三〕向許來此　「向」原作「尚」，據晦庵集卷五一答曹立之改。

〔四〕苟存心而擇善　「存」，晦庵集卷八七祭陸子壽教授文作「誠」。

〔五〕跋陸子静白鹿洞書堂講義　晦庵集卷八七原題作「跋金溪陸主簿白鹿洞書堂講義後」。

〔六〕按，晦庵集卷八一此下有「其徒朱克家、陸麟之、周清叟、熊鑑、路謙亨、胥訓實從」一句。

〔七〕却來卧衡茅　「茅」，南軒集（華東師範大學出版社朱子全書外編本，下同）卷一作「門」。

〔八〕白鹿講會次卜丈韻　「卜」原作「方」，據晦庵集卷七改。

〔九〕向所謂義利之間　「謂」，晦庵集卷五五答符復仲作「喻」。

〔一〇〕識見若未通明　「若」，陸九淵集（中華書局，一九八〇年，下同）卷四作「雖」。

〔一一〕何患不通　「通」，陸九淵集卷四作「進」。

卷四

答吕伯恭書

子静舊日規模終在，其論爲學之病，多説如此即只是意見，如此即只是議論，如此只是定本。熹因與説既是思索，即不容無意見；既是講學，即不容無議論。統論爲學規模，亦豈容無定本？但隨人材質病痛而救藥之，即不可有定本耳。渠卻云正爲多是邪意見、閑議論，故爲學者之病。熹云如此即是自家呵叱亦過分了！須著「邪」字、「閑」字，方始分明，不教人作禪會耳。又教人須先立定本，卻就上面整頓，方始説得無定本底道理。今如此一槩揮斥，其不爲禪學者幾希矣！渠雖唯唯，然終亦未窮竟也。

來喻「十分是當」之説，豈所敢當？功夫未到，則乃是全不曾下功夫，不但未到而已也。子静之病，恐未必是看人不看理，自是渠合下有些禪的意思，又自主張太過〔一〕，須説我不是禪，而諸生錯會了，故其流至此。如所喻陳正己，亦其所呵，以爲溺於禪者，熹未識之，不知其果然否也。大抵兩頭三緒，東出西没，無提撮處。從上聖賢，無此樣式〔二〕。方擬湖南，欲歸途過之，再與子細商訂，偶復蹉跎〔三〕，未知久遠竟如何也。然其好處自不可掩覆，可敬服也。他時或約與俱詣見，相與劇論尤佳。

語録

「某向與子静説話，子静以爲意見。某曰：『邪意見不可有，正意見不可無。』子静説：『此是閑議論。』某曰：『閑議論不可議論，合議論則不可不議論。』又曰：『大學不曾説「無意」而説「誠意」。若無意見，將何物去擇乎中庸？將何物去察邇言？論語「無意」，只是要無私意，若是正意，則不可無。』又曰：『他人之無意見，則是不理會理，只是胡撞將去。若無意見，成甚麽人在這裏？』」

或問：「子静每見學者才有説話，不曰『此只是議論』，即曰『此只是意見』。果如是，則議論意見皆可廢乎？」曰：「既不尚議論，則是默然無言而已；既不貴意見，即是寂然無思而已。聖門問學，不應如此。若曰偏議論、私意見則可去，不當槩以議論、意見爲可去也。」

聖賢教人有定本，如博學、審問、慎思、明辨、篤行是也。其人資質剛柔敏鈍，不可一槩論，其教則不易。禪家教更無定，今日説有定，明日又説無定，子静似之。

暲按：朱子未識子静時，答東萊、子約書謂其：「議論頗宗無垢，脱略文字，直趨本根，全是禪學。」及鵝湖既會之後，答南軒書謂其：「盡廢講學，專務踐履」，「要人提撕省察，悟得本心，此爲病之大者」，「自信太過，規模窄狹，不復取人之善，將流於異學。」而此南康再會，答東萊書謂其：「舊日規模終在，不爲禪學者幾希。」則子静之學，與夫講論之異同，不言可喻矣。前此答立之書云「極欲一見渠兄弟，更深究此」，此書云「再與子細商訂」，可見聖賢不輕絶人也。意見朱、陸不同之關鍵，學者宜諦究之。

附子静祭東萊文

甲午之夏，公尚居里。我坐狂愚，幅尺殊侈。言不知權，或以取戾。雖訟其非，每不自制。公賜良箴，始痛懲艾。教之以身，抑又有此。惟其不肖，往往失墜。鵝湖之集，已後一歲。輒復妄發，宛爾故態。公雖未言，意已獨至。方將優游，以受砭劑。先兄復齋，比一二歲。兩獲從款，言符心契。冉疾顔夭，古有是比。嗚呼天乎，胡畀於是！復齋之葬，不可無紀。幽鐫之重，豈敢他諉〔四〕？道同志合，惟公不二。拜書乞銘，公即揮賜。琅琅之音，河奔岳峙。烏乎斯文，何千萬祀！我固罷駑，重以奔踶。惟不自休，勉强希驥。比年以來，日覺少異。更嘗頗多〔五〕，觀省加細。追惟曩昔，粗心浮氣。徒致參辰，豈足酬義。期此秋冬，以親講肄。庶幾十駕，可以近理。有疑未決，有懷未既。訃音東來，心裂神碎。矯首蒼茫，涕零如霈。

愚按：子静此文雖有「追惟曩昔，粗心浮氣，徒致參辰，豈足酬義」之詞，復曰「有疑未決，有懷未既」，則其驕吝尚存，固我自若也，何足以證其與朱子將來之相一，如後世學者之論哉。

答項平父書

示喻此心元是聖賢，只要於未發時常常識得，已發時常常記得，此固持守之要。但聖人指示爲學之方周遍詳密，不靠一邊，故曰「敬義立而德不孤」。若如今説，則只恃一箇「敬」字，更不做集義工夫，其德亦孤立而易窮矣。須是精粗本末，隨處照管，不令工夫少有空闕不到之處，乃爲善學也。此心固是聖賢本領，然學未講、理未明，亦有錯認人欲作天理處，不可不察。識得、記得，不知所識、所記指何物而言？若指此心，則識者、記者復是何物？心有二主，自相攫拏。聖賢之教，恐無此法也。持守之要，大抵只是要得此心常自整頓，惺惺了了，即未發時不昏昧，已發時不放縱耳。愚見如此，不知子静相報如何？因風録示，或可以警所不逮也。伊川先生云：「涵養須用敬，進學則在致知。」此兩句，與從上聖賢相傳指訣如合符契。但講學更須寬平其心，深沈詳細，以究義理要歸處，乃爲有補。若只草草領略，就名數訓詁上著到，則不成次第耳。

暲按：平父學於朱、陸之門，喻「此心元是聖賢，只要識得、記得」者，宗子靜之教也。朱子乃舉「聖人爲學之方」以示之，復警其「不做集義工夫」，而墮一邊之弊。其曰「此心固是聖賢本領，然學未講，理未明，亦有錯認人欲作天理處」，此正子靜平生爲學之病，而流於異端者不知察此也。朱子答趙子欽書及稽古閣記、語録論之尤詳。朱子所以振斯文於將墜，開來裔於無窮者，察此者也。其曰「持守之要，要得此心常自整頓，惺惺了了」云云，蓋言持守當如此，以明平父「識得、記得」持守之失，非聖賢教人之法也。篁墩程氏以爲若指陸學，誤矣。此書又「與從上聖賢相傳指訣，如合符契」者，誠千古一轍也。同志之士，願相與講而勉焉。

答項平父書

所喻曲折及陸國正語，三復爽然，所警於昏惰者爲厚矣。大抵子思以來，教人之法，惟以尊德性、道問學兩事爲用力之要。今子靜所説，專是尊德性事，而熹平日所論，卻是道問學上多了。所以爲彼學者多持守可觀，而看得義理全不子細，又別説一種杜撰道理遮蓋，不肯放下。而熹自覺雖於義理上不敢亂説，卻於緊要爲己爲人上多不得力，今當反身用力，去短集長，庶幾不墮於一邊耳。

曈按：「所喻曲折及陸國正」語，乃前書「子静相報如何，因風録示」之約也。「大抵子思以來，教人之法，惟以尊德性、道問學爲用力之要」者，乃申前書「敬義立而德不孤」、「涵養須用敬，進學則在致知」之旨也。後世學者率不究朱子本意，顧謂朱子道問學工夫多，子静卻以尊德性爲主。問學不本於德性，則其弊偏於言語訓釋之末，果如子静所言。吴草廬語學者。朱子集諸儒之大成者，子静尊德性也，劉學士定之宋論。以此書爲徵，曈竊疑焉。如曰陸國正，則在淳熙壬寅。朱子答程允夫書曰：「講學近見延平先生，始略窺門户，此事以涵養本原爲先，講論經旨特以輔此而已」，則在紹興壬午以前。答張南軒書曰：「累日潛玩，其於實體似益精明，覺得如水到船浮，解維正柁，而沿洄上下，惟意所適。」又曰：「乃知浩浩大化之中，一家自有一箇安宅，所謂體用一源，顯微無間者，乃在於此。」全書附後。乃在乾道己丑。以是推之，則朱子之「尊德性」，授受於師，講明於友久矣，豈俟至此而始集子静哉？其曰：「子静專是尊德性事，爲彼學者多持守可觀，而看得義理全不子細，又别説一種杜撰道理遮蓋，不肯放下。」即前書：「此心固是聖賢本領，然學未講、理未明，亦有錯認人欲作天理者也。」并以答劉子澄書云「更不講學涵養，直做得如此狂妄」，及答吴茂實、趙善舉、趙子欽諸書證之，則子静之所尊者，吾所受於天之正理邪？人欲私意而已矣。其曰「爲己爲人，多不得力」，「去短集長」者，謙己誨人之詞，又以警平父之不見察耳，亦豈如後世之論哉。

答趙善譽書〔六〕

蓋道體之大無窮，而於其間文理密察，有不可以豪釐差者。此聖賢之語道，所以既言「發育萬物，峻極于天」，以形容其至大，而又必曰「禮儀三百，威儀三千」，以該悉其至微；而其指示學者修德凝道之功，所以既曰「致其廣大」，而又必曰「盡其精微」也。近世之言道者則不然，其論大抵樂渾全而忌剖析，喜高妙而略細微。其於所謂廣大者則似之，而於精微有不察，則其所謂廣大者亦未易以議其全體之真也。

曈按：此書亦若指子静也。蓋精微不察，則「看義理不子細」，乃「認人欲作天理」而「昧全體之真」也。附見此書，亦以見朱子修德凝道之交修並進如此云。

答張敬夫書

大抵日前所見、累書所陳者，只是儱侗地見得箇大本達道底影象，便執認以爲是了，卻於「致中和」一句全不曾入思議，所以累蒙教告，以求仁之爲急。而自覺殊無立脚下功夫處。蓋只見得箇直截根源傾湫到海底氣象，日間但覺爲大化所驅，如在洪濤巨浪之中，不容少頃停泊。蓋其所見一向如是，以故應事接物處，但覺粗厲勇果增倍於前，而寬裕雍容之氣略無豪髮。雖竊病之，而不知其所自來也。而今而後，乃知浩浩大化之中，一家自有一箇安宅，正是自家安身立命、主宰知覺處，所以立大本、行達道之樞要。所謂「體用一源、顯微無間」者，乃在於此。而前此方往方來之説，正是手忙足亂，無著身處，道邇求遠，乃至於是，亦可笑矣。

前書所稟寂然未發之旨、良心發見之端，自以爲有小異於疇昔偏滯之見，但其間語病尚多，未爲精切。比遺書後，累日潛玩，其於實體似益精明。因復取凡聖賢之書以及近世諸老先生之遺語，讀而驗之，則又無一不合。蓋平日所疑而未白者，今皆不待安排，往往自見灑落處。始竊自信，以爲天下之理其果在是，而致知格物、民敬精義之功，自是其有所施之矣。聖賢方策，豈欺我哉！

蓋通天下只是一箇天機活物，流行發用，無間容息。據其已發者而指其未發者，則已發者人心，而凡未發者皆其性也，亦無一物而不備矣。夫豈别有一物拘於一時、限於一處而名之哉？即夫日用之間，渾然全體，如川流之不息、天運之不窮耳。此所以體用、精粗、動静、本末洞然無一豪之間，而鳶飛魚躍，觸處朗然也。存者存此而已，養者養此而已，「必有事焉而勿正，心勿忘，勿助長也」。從前是做多少安排，没頓著處。今覺得如水到船浮，解維正柁而沿洄上下，惟意所適矣。豈不易哉！始信明道所謂「未嘗致纖豪之力」者，真不浪語。

瞳於是書所以附之者，非特取證朱子尊德性於早年也，蓋以祛世俗論朱學之繆云。

答黄直卿書

伯起説去年見陸子静説游夏之徒自是一家學問，不能盡棄其説，以從夫子之教，唯有琴張、曾晳、牧皮，乃是真有得於夫子者。其言怪僻乃至於此，更如何與商量討是處也？可歎可歎！

【校勘記】

〔一〕自主張太過 「自」，晦庵集卷三四作「是」。

〔二〕無此様式 「式」，晦庵集卷三四作「轍」。

〔三〕偶復蹉跎　「跎」，晦庵集卷三四作「趺」。
〔四〕豈敢他諉　「諉」，陸九淵集卷二六作「委」。
〔五〕更嘗頗多　「頗」，陸九淵集卷二六作「差」。
〔六〕答趙善譽書　「譽」，原作「舉」，今據晦庵集卷三八改。

卷五

曹立之墓表

立之名建，幼穎悟，長知自刻厲，學古今文皆可觀。一日，得河南程氏書讀之，始知聖賢之學爲有在也，慨然盡棄其所爲者，而大覃思於諸經。聞張敬夫講道湖湘，欲往見之，不能致。有告以沙隨程氏學古行高者，即往從之，得其指歸。既又聞陸氏兄弟獨以心之所得者爲學，其説有非言語文字之所及者，則又往受其學，久而若有得焉。子壽蓋深許之，而立之未敢以自足也，則又寓書以講於張氏。敬夫發書亦喜曰：「是真可與共學矣。」然敬夫尋没，立之竟不得見。後得其遺文，考其爲學始終之致，於是喟然歎曰：「吾平生於學無所聞而不究其歸者，而今而後乃有定論而不疑矣。」自是窮理益精，反躬益切，而於朋友講習之際，亦必以其所得者告之。蓋其書有曰：「學必貴於知道，而道非一聞可悟，一超可入也。循下學之則，加窮理之工，由淺而深，由近而遠，則庶乎其可矣。今必先期於一悟，而遂至於棄百事以趨之〔一〕，則吾恐未悟之間，狼狽已甚，又況忽下趨高，未有幸而得之者邪！」此其晚歲之用工標的程度也。胡子有言：「學欲博不欲雜，守欲約不欲陋。」信哉！如立之者，博而不雜，約而不陋，使天假之年，以盡其力，則斯道之傳，其庶幾乎！

曈按：朱子此表，蓋據實直書，啓陸學之膏肓而救藥之，所謂不屑之教誨也。惜其諱疾忌醫，反不能平，以爲病己。若立之見道之明，服善之勇，又不幸蚤世，殆天亦無意於斯道邪？豈獨子靜哉！

答劉晦伯書

立之墓文已爲作矣，而爲陸學者以爲病己，頗不能平。鄙意則初無適莫，但據實直書耳。

按：以下四書皆爲立之墓表發也。

答諸葛誠之書

示喻競辨之端，三復惘然。愚意比來深勸同志者兼取兩家之長，不可輕相詆訾，就有未合，且置勿論，而姑勉力於吾之所急。不謂乃以曹表之故，反有所激，如來喻之云也。不敏之故，深以自咎。然吾人所學，喫緊著力處正在天理人欲二者相去之間耳。如今所論，則彼之因激而起者，於二者之間果何處也？子静平日所以自任，正欲身率學者一於天理，而不以一豪人欲雜於其間，恐決不至如賢者之所疑也。義理，天下之公，而人之所見有未能盡同者，正當虚心平氣，相與熟講而徐究之，以歸於是，乃是吾黨之責。而向來講論之際，見諸賢往往皆有立我自是之意，厲色忿詞，如對仇敵，無復長少之節、禮遜之容。蓋嘗竊笑，以爲正使真是仇敵，亦何至此？但觀諸賢之氣方盛，未可遽以片辭取信，因默不言，至今常不滿也。今因來喻輒復陳之，不審明者以爲如何耳。

暲按：朱子此書云：「子静平日所以自任，正欲身率學者一於天理，而不以一豪人欲雜於其間。」後世執爲定論，遂謂子静夐出千古，其在於斯。竊考上文云：「吾人所學喫緊著力處，正在天理人欲二者相去之間，則彼之因激而起者，果何處也？」朱子之心忠厚，雖不以是致疑於子静，然抑揚反覆，并參之答誠之第二書云「不至深諱」、「銷融其隙」，則子静之因激而起者，焯然不可揜矣。故他日至其手足盡露時，乃顯然鳴鼓而攻之曰：「人欲横流不自知覺，而高談大論以爲天理盡在是也。」豈可以此而爲之定論邪？

答諸葛誠之書

所喻子静不至深諱者，不知所諱何事？又云銷融其隙者，不知隙從何生？愚意講論義理只是大家商量，尋箇是處，初無彼此之間，不容更似世俗遮掩回護、愛惜人情，纔有異同，便成嫌隙也。

答項平父書

朋友議論不同，不能下氣虚心以求實是，此深可憂。誠之書來，言之甚詳，已略報之，可取一觀，此不復云也。聞宗卿、子静蹤跡，令人太息。然世道廢興，亦是運數，吾人正當勉其在己者以俟之耳。不必深憤歎，徒傷和氣、損學力，無益於事也。

附子静與朱子書

立之墓表亦好，但叙履歷亦有未得實處。九淵往時與立之一書，其間叙述立之平生甚詳，自謂真實録，未知尊兄曾及見否？

按：此即朱子所謂以爲病己、頗不能平者，玩味二「亦」字尤可見也。

答滕德章書

吾友秋試不利，士友所歎。然淹速有時，不足深計，且當力學修己爲急耳。陸丈教人，於收斂學者散亂身心甚有功。然講學趨向亦不可緩，要當兩進乃佳耳。

暲按：此書既言陸學之善，以警學者仕進之念，復言「兩進乃佳」，以明不可若陸學之偏枯也，其旨深矣。

答劉子澄書

陳葵字叔向。者，處州人，頗佳。其學似陸子静，而温厚簡直過之。但亦傷不讀書，講學不免有杜撰處。又自信甚篤，不可回耳。世俗喧啾〔二〕，自其常態，正使能致焚坑之禍，亦何足道？卻是自家這裏無人接續，極爲可憂耳！

讀所寄文字，切切然與世俗争較曲直之意，竊謂不必如此。若講學工夫實有所到，自然見得聖人所謂「不知不愠」不是虚語。今卻爲只學人弄故紙，要得似他不俗，過了光陰，所以於此都無實得力處。班范外事不知編得於己分有何所益？於世教有何所補？而埋没身心於此，不得超脱，亦無惑乎子静之徒高視大言而竊笑吾徒之枉用心也。數年來，此道不幸，朋舊凋喪，區區所望以共扶此道者，尚賴吾子澄耳。今乃如此，令人悼心失圖，悵然累日，不知所以爲懷。不審子澄能俯聽愚言而改之乎？不然則已矣，無復有望於此世矣。奈何奈何！

曈按：朱子此書乃言叔向、子静、子澄爲學之繆，而悼此道之無傳也。學者於此其有感焉，豈直以資區區攷訂其異同哉！

答滕德粹書

示問曲折具悉，大抵守官且以廉勤愛民爲先，其他事難預説。幸四明多賢士，可以從游，不惟可以咨決所疑，至於爲學修身，亦皆可以取益。熹所識者楊敬仲簡、吕子約監米倉。所聞者沈國正焕、袁和叔燮，到彼皆可從遊也。

曈按：此書蓋在淳熙乙巳德粹尉鄞時所答者。本不必録，但後世謂朱子晚年不獨尊子静而兼重其門人，舉此以證其同。今故録之，以見其非晚年也。

與劉子澄書

近年道學外面被俗人攻擊，裏面被吾黨作壞。婺州自伯恭死後，百怪都出。至如子約，別説一般差異底話，全然不是孔孟規模，卻做管商見識，令人駭歎。亦是伯恭自有些拖泥帶水，致得如此，又令人追恨也。子静一味是禪，卻無許多功利術數。目下收斂得學者身心，不爲無力。然其下梢無所依據，恐亦未免害事也。

去年被人强作張、吕畫贊及敬夫集序，今并録呈。婺州學者甚不樂也。

答陳膚仲書

今人所學〔三〕，都不將心究索，難與論是非也。大抵諸經文字有古今之殊，又爲傳注障礙，若非理明義精，卒難決擇。不如且讀論、孟、大學、中庸，平易明白而意自深遠。只要人玩味尋繹，目下便可踐履也。陸學固有似禪處，然鄙意近覺婺州朋友專事見聞，而於自己身心全無功夫，所以每勸學者兼取其善，要得身心稍稍端静，方於義理知所決擇，非欲其兀然無作，以冀於一旦豁然大悟也。吾道之衰，正坐學者各守己偏，不能兼取衆善，所以終有不明不行之弊，非是細事。

語録

江西之學只是禪，浙學卻專是功利。禪學後來，學者摸索一上，無可摸索，自會轉去。

若功利，則學者習之便可見效，此意甚可憂。

曈按：二書皆言陸學優於浙學，所謂彼善於此也。曾祖道問曰：「佛老從心上起工夫，其學雖不是，然卻有本。儒者只從言語文字上做，有知此事是合理會者，亦只做一場話説過了，所以輸與他。」朱子曰：「彼所謂『心上工夫本不是，然卻勝似儒者多』，公此説卻是。」政此類也。故曰：「下梢無所依據，恐亦未免害事」，非欲其兀然無作，以冀於一旦豁然大悟也，學者不可不察。所謂浙學者，吕子約祖儉、潘叔昌景愈、孫季和應時輩，後又有永康陳同父亮、永嘉陳君舉傅良、葉正則適也。謹以朱子辨論諸書附載一二，以備明正學者考焉。

論浙學書二十七章

熹昨見奇卿，敬叩之以此日講授次第，聞只令諸生讀左氏及諸賢奏疏，至於諸經、語、孟，則恐學者徒務空言而不以告也。不知是否？若果如此，則恐未安。蓋爲學之序，爲己而後可以及人，達理而後可以制事。故程夫子教人先讀論、孟，次及諸經，然後看史，其序不可亂也。若恐其徒務空言，但當就論、孟、經書中教以躬行之意，庶不相遠。至於左氏、奏疏之言，則皆時事利害，而非學者切身之急務也。其爲空言，亦益甚矣。而欲從事其間而得躬行之實〔四〕，不亦背馳之甚乎？答呂伯恭。

　曈按：此則所謂「吾黨作壞」、「拖泥帶水」者，朱子平生之非東萊不在子靜後，學者不可諱而不察。

日用工夫，比復何如？文字雖不可廢，然涵養本原而察於天理人欲之判，此是日用動静之間不可頃刻間斷底事。若於此處見得分明，自然不到得流入世俗功利權謀中去矣。熹亦近日方實見得向日支離之病，雖與彼中證候不同，然其忘己逐物、貪外虛内之失則一而已。程子說：「不得以天下萬物撓己，己立後，自能了得天下萬物。」今自家一箇身心不知安頓去處，而談王說霸，將經世事業別作一般伎倆商量講究，不亦誤乎？答呂子約。

　曈按：此書蓋責子約也。其曰「支離之病」者，乃自責而警子約耳。故復答子約書則直責之曰：「來喻授學之意甚善，要須有以使之内外本末兩進而不偏乃爲佳耳。向見說書旁推曲說，蔓衍太多，此是大病。若是初學便遭如此纏繞，即展轉迷闇，無復超脱之期矣。要當且令看得大意正當精約，則其趣味自長，不在如此支離多說也。」答葉公謹書曰「子約書來，大段說得支離云云」是矣。詳見答石應之書。篁墩程氏以爲朱子自言己失，非也。其曰「彼中」，指浙學者，如答潘叔昌書曰「彼中朋友不肯於論語、孟子、大學、中庸深下工夫」，答孫季和書曰「彼中學者未曾理會讀書修己」之類是矣。

篁墩以爲指子静而言，亦非也。

「枉尺直尋」，素未嘗以此奉疑。但見近來議論一變〔五〕，如山移河決，使學者震蕩回撓，不問愚智，人人皆有趨時徇勢、馳騖功名之心，令人憂懼，不得不極言之。設若接引下根，亦只須略與説破，仍是便須救拔得他跳出功利窠窟，方是聖賢立教本指。今乃深入其中，做造活計〔六〕，不惟不能救得他人，乃併自己陷入其中而不能出，豈不悮哉！

前書所喻正容謹節之功，比想加力。此本是小學事，然前此不曾做得工夫，今若更不補填，終成欠闕，卻爲大學之病也，但後書又不免有輕内重外之意，氣象殊不平，愚意竊所未安。大抵此學以尊德性、求放心爲本，而講於聖賢親切之訓以開明之，此爲要切之務。若通古今、考世變，則亦隨力所至，推廣增益以爲補助耳。不當以彼爲重而反輕凝定收斂之功〔七〕，少聖賢親切之訓也。若如此説，則是學問之道不在於己而在於書，不在於經而在於史，爲子思、孟子則孤陋狹劣而不足觀，必爲司馬遷、班固、范曄、陳壽之徒，然後可以造於「高明正大、簡易明白」之域也。

夫學者既學聖人，則當以聖人之教爲主。今六經、語、孟、中庸、大學之書具在，彼以了悟爲高者，既病其障礙而以爲不可讀；此以記覽爲重者，又病其狹小而以爲不足觀。如是，則是聖人所以立言垂訓者徒足以誤人而不足以開人，孔子不賢於堯舜，而達磨、遷、固賢於仲尼矣，無乃悖之甚邪！答吕子約。

瞳按：此書深排浙學之非，而并攻陸學焉。朱子所以尊德性、道問學而見于此書者，誠親切之訓也。子約、子静之偏之非，亦粲然可徵。世之譊譊於異同者，殆未之考邪！

伯恭無恙時愛説史學，身後爲後生輩糊塗説出一般惡口小家議論，賤王尊霸，謀利計功，更不可聽。子約立脚不住，亦曰「吾兄蓋嘗言之」云耳。中間不免極力排之，今幸少定然其彊不可令者，猶未肯竪降幡也。答劉子澄。頃歲入浙，從士大夫游，數月之間，凡所聞者，無非枉尺直尋，苟容偷合之論，心竊駭之。答耿直之。

古之聖賢以枉尺直尋爲大病，今日議論乃以枉尺直尋爲根本，若果如此，即孟子果然迂闊，而公孫衍、張儀真可謂大丈夫矣。德章已見大意，自不必如此説，因筆及之，亦恐餘證未解，聊復云云耳。答路德章。

平生爲學，見得孟子論「枉尺直尋」意思稍分明，自到浙中，覺得朋友卻別是一種説話，與此不相似，心竊怪之。至於孟子、董子之言例遭排擯，不審尊兄平日於此見得如何？答石天民。

示喻子約曲折，甚當。渠所守固無可疑，但其論甚怪，教得學者相率而捨道義之塗以趨功利之域，充塞仁義，率獸食人，不是小病。答潘端叔。

子約漢、唐之論，在渠非有私心〔八〕，然亦未免程子所謂乃邪心者，卻是教壞後生，此甚不便。近年以來，彼中學者未曾理會讀書修己，便先做取落草由徑之計，相引去無人處私語密傳〔九〕，以爲奇特，直是不成模樣，故不得不痛排斥之。不知子約還知外面氣象如此否耳！答孫季和。

示喻漢、唐初事，以兩家論優劣則然，然以三代之天吏言之，則其本領恐不但如此。若子房、孔明之所黽勉，亦正是渠欠闕處。吾輩正當以聖賢爲師，取其是而鑒其非，不當以彼爲準則也。今人只爲不見天理本原，而有汲汲以就功名之心，故議論見識往往卑陋，多方遷就〔一〇〕，下梢頭只是成就一箇私意，更有甚好事？答潘叔昌。下同。

六國表議論，乃是衰世一種卑陋之説，吾輩平日講誦聖賢〔一一〕，何爲卻取此等議論以爲標的？殊不可曉。建州有徐柟者，常言秦始皇賢於湯武，管仲賢於夫子，朋友間每每傳以爲笑，不謂來説亦頗似之。此恐是日前根本上不曾大段用工，而便於討論世變處著力太深，所以不免此弊。向答子約一書，亦極言之，正恐赤幟已立，未必以爲然耳。

竊怪彼中朋友不肯於論語、孟子、大學、中庸深下工夫，而泛觀博取於一時議論之間，所以頭緒多而眼目少，規模廣而意味不長。

昔時讀史者，不過記其事實，摭其詞采，以供文字之用而已。近世學者頗知其陋，則變其法，務以考其形勢之利害、事情之得失。而尤喜史遷之書，講説推尊，幾以爲賢於夫子，寧舍論、孟之屬而讀其書。答趙幾道。

浙人爲功利浸漬壞了腹心，尤難説話，甚可歎也，又可懼也。答鄭子上。

浙中近年怪論百出，駭人聞聽，壞人心術，强者唱，弱者和，淫衍四出，而亦頗自附於伯恭。高教授能留意學校，甚善。渠嘗從陸子静學，有意爲己，必能開道其人也。近日諸處教官亦有肯留意教導者，然其所習不過科舉之業，伎倆愈精，心術愈壞，蓋不如不教，猶足以全其純愚之爲愈也。答詹元善。

曈按：此書深歎浙學科舉之害，而言陸學之善也，非有取于陸學也。猶答伯豐書曰：「過高者固爲有害，然猶爲近本。」答敬甫書曰：「全出於異端，而猶不失於爲己之意。」非有取于陸學也。汲汲於科舉之業者宜監焉。

子約爲人固無可疑，但其門庭近日小有變異，而流傳已遠，大爲學者心術之害，故不得不苦口耳。近日一派流入江西，蹴踏董仲舒而推尊管仲、王猛，又聞有非陸贄而是德宗者，尤可駭異。答沈叔晦。

婺州近日一種議論愈可惡，大抵名宗吕氏而實主同父，深可憂歎。亦是伯恭有以啓之。答黄直卿。

十論大意亦恐援溺之意太多，無以存不親授之防耳。後生輩未知三綱五常之正道，遽聞此説，其害將有不勝救者，願明者之反之也。答陳同父。下同。

老兄平時自處於法度之外，不樂聞儒生禮法之論，雖朋友之賢如伯恭者，亦以法度之外相處，不敢進其逆耳之論，每有規諷，必宛轉回互，巧爲之説，然後敢發。平生狂妄，深竊疑之，以爲愛老兄者似不當如此，老兄高明剛決，非吝於改過者。願以愚言思之，絀去「義利雙行、王霸並用」之説，而從事於懲忿窒慾、遷善改過之事，粹然以醇儒之道自律，則豈獨免於人道之禍，而其所以培壅本根，澄源正本，爲異時發揮事業之地者，益光大而高明矣。

不傳之絶學一事，卻恐正須討論，方見得從上諸聖相傳心法，而於後世之事有以裁之而不失其正。若不見得，卻是自家耳目不高，聞見不的，其所謂洪者，乃混雜而非真洪；所謂慣者，乃流徇而非真慣。竊恐後生傳聞，輕相染習，使義利之别不明，舜、蹠之塗不判，眩流俗之觀聽，壞學者之心術，不惟老兄爲有識者所議，而朋友亦且陷於收司連坐之法。此熹之所深憂而甚懼者，故敢極言以求定論。

科舉文字固不可廢，然近年翻弄得鬼怪百出，都無誠實正當意思，一味穿穴旁支曲徑，以爲新奇，最是永嘉浮僞纖巧，不美尤甚。而後生輩多宗師之，此今日莫大之弊。答陳膚仲。

學校固不可廢爲舉子文，亦須告以聖學門庭，令士子略知修己治人之實，庶幾於中亦有興起〔一二〕，作將來種子。浙間學問一向外馳，百怪俱出，不知頗覺其非否？答孫季和。

向編近思録，欲入數段説科舉壞人心術處，而伯恭不肯。今日乃知此箇病根，從此時便已栽種培養得在心田裏了，令人痛恨也。答時子雲。

君舉先未相識，近復得書，其徒亦有來此者。扣其議論〔一三〕，多所未安。最是不務切己，惡行直道，尤爲大害。不知講論之間頗亦及此否？王氏中説，最是渠輩所尊信依倣以爲眼目者〔一四〕，不知所論云何？答胡季隨。

君舉門人曹器遠來此，不免極力爲言其學之非，又生一秦矣。答黄直卿。

頃與仁里指永嘉。諸賢屢講此事，尚多未契，足下必已聞之。若以愚言爲是，則固無今日之辨；若以爲非，則又何以見語爲哉？聖遠道晦，人心頗僻，險詞怪説雜然並起，不憚於謾天罔聖、詭經破義，而務以適其利欲之私，自非剛健明哲之才，確然以勝私復理爲己任者，鮮不惑焉。率獸食人，人將相食，其兆已見於此，甚可懼也。足下試以愚言思之，反諸其身而驗以聖人之明訓，必有以得其本心之正，然後可以燭理揆事而無不合，毋徒苦心勞力，爲此傅會穿鑿，而卒以陷溺其良心也。答杜叔高。

曈按：浙學之弊，所謂「邪説横流、壞人心術」者，故朱子深懼而力救之如此，嗚呼！正人心，息邪説，扶王道而立民極，愚敢望於尸政教之君子。

【校勘記】

〔一〕棄百事以趨之　「趨」，晦庵集卷九〇曹立之墓表作「超」。
〔二〕世俗喧啾　「喧啾」，晦庵集卷三五答劉子澄作「啾喧」。
〔三〕今人所學　「所」，晦庵集卷四九答陳膚仲作「耳」。
〔四〕而欲從事其間而得躬行之實　「而欲」下，晦庵集卷三五答吕伯恭有「使之」二字。
〔五〕但見近來議論一變　「近」，晦庵集卷四七作「頃」。
〔六〕做造活計　「做」，原作「佐」，據晦庵集卷四七答吕子約改。
〔七〕不當以彼爲重而反輕凝定收斂之功　「功」，晦庵集卷四九作「實」。
〔八〕在渠非有私心　「私」，原作「邪」，據晦庵集卷五四答孫季和改。
〔九〕相引去無人處私語密傳　「無人處」三字原脱，今據晦庵集卷五四答孫季和補。
〔一〇〕多方遷就　「方」字原脱，今據晦庵集卷五四答孫季和補。
〔一一〕吾輩平日講誦聖賢　「聖賢」二字原脱，今據晦庵集卷四六答潘叔昌補。
〔一二〕庶幾於中亦有興起　「亦」，晦庵集卷五四答孫季和作「或」。
〔一三〕扣其議論　「扣」，晦庵集卷五三答胡季隨作「折」。
〔一四〕最是渠輩所尊信依倣以爲眼目者　「倣」，原作「做」，今據晦庵集卷五三答胡季隨改。

卷六

寄陸子静書

奏篇垂寄，得聞至論，慰沃良深。其規模宏大而源流深遠，豈腐儒鄙生所能窺測？不知對揚之際，上於何語有領會？區區私憂，正恐不免萬牛回首之難〔一〕。然於我亦何病？語圓意活，渾浩流轉，有以見所造之深、所養之厚，益加歎服。但向上一路未曾撥轉處，未免使人疑著，恐是葱嶺帶來耳。如何如何？一笑。

與劉子澄書

子静寄得對語來，語意圓轉渾浩，無凝滯處，亦是渠所得效驗。但不免有些禪底意思。昨答書戲之云：「這些子恐是葱嶺帶來。」渠定不伏。然實是如此，諱不得也。近日建昌説得動地，撑眉努眼，百怪俱出，甚可憂懼。渠亦本是好意，但不合只以私意爲主，更不講學涵養，直做得如此狂妄。世俗滔滔，無話可説，有志於學者又爲此説引去，真吾道之不幸也。公度書來似有此病痛，不知季章如何？學問固是須著勇猛，然此勇猛卻要有箇用處。若以兩手握拳，努筋著力，枉費十分氣力，下梢無可成就，便須只是怪妄而已。吴伯起資質本是大段昏弱，故得此氣力，便能振厲而短長相補，不至於怪，然亦失之偏枯，恐不能大有所就。朱子答廖子晦書云：「伯起不曾講學，後聞子静門人説話，自謂有所解悟，便能不顧利害。及其作令，纔被對移他邑主簿，卻不肯行，而百方求免，竟至憤鬱成疾而死。」若資性中本有些子精神，被此發作，如陽藏人喫卻伏火丹砂，其不發狂者幾希矣。近日因看大學，見得此意甚分明，聖賢已是八字打開了，但人自不領會，卻向外狂走耳。

曈按：此書首言子静奏篇之是禪，黄氏日抄有論可考。次言子静以私意狂妄引去有志之學者，末言聖賢垂教之明，以歎狂妄者之不察。烏乎！學者須知所謂「八字打開」者而領會焉，庶幾無負朱子喫緊衛道垂教之意。以後三書皆爲有志者爲子静引去而發，時之先後，雖不可考，然亦當不出此一二歲間，故以類相從，麗諸左方。

答劉公度書

示喻爲學之意，終覺有好高欲速之弊。其説亦已見令叔書中矣，願更詳之。講學不厭其詳，凡天下事物之理、方册聖賢之言，皆須子細反復究竟。至於持守，卻無許多事。若覺得未穩，只有默默加功，著力向前耳。今聞廢書不讀，而反以持守之事爲講説之資，是乃兩失其宜。下梢弄得無收殺，只成得杜撰捏合而已。至謂彼中朋友只有季章一人可望，此未論其許與之當否，然其言之發亦太輕矣。舊見公度不如此，只此便是新學效驗。向見伯恭説孔子順答魏王問天下之高士，而曰「世無其人」，此一句似全不是孔子家法，此言有味，願試思之。

　　曈按：公度，子澄從子也。所謂「其説亦已見令叔書中」者，則前答子澄書云公度「似有此病痛」是也。新學指子靜。

答林擇之書

端叔向見欽夫稱之，恭叔昨在建寧得一見，匆匆不能款，然知其惑於世俗高妙之虚談矣。大抵好高欲速，學者之通患，而爲此説者，立論高而用力省，適有以投其隙，是以聞其説者，欣然從之，唯恐不及，往往遺棄事物，脱略章句，而相與馳逐於虚曠冥漠之中，其實學禪之不至者，而自託於吾學，以少避其名耳。道學不明，變怪百出，以欺世眩俗，後生之有志者爲所引取，陷於邪妄而不自知，深可悼懼也。

答胡季隨書

元善書説與子静相見甚款，不知其説如何？大抵欲速好徑是今日學者大病，向來所講，近覺亦未免此。以身驗之，乃知伊、洛拈出「敬」字真是學問始終日用親切之妙。近與朋友商量，不若只於此處用力，而讀書窮理以發揮之，直到聖賢究竟地位，亦不出此。坦然明白，不須妄意思想頓悟懸絶處，徒使人顛狂粗率，而於日用常行之處反不得其所安也。不審别後所見如何？幸試以此思之，似差平易悠久也。

答陳正己書

示喻爲學大致及别紙數條，皆已深悉。但區區於此有不能無疑者。蓋上爲靈明之空見所持，而不得從事於博學篤志、切問近思之實，下爲俊傑之豪氣所動，而不暇用力於格物致知誠意正心之本，是以所論嘗有厭平實而趨高妙、輕道義而喜功名之心。其浮蕩動俠之意，往往發於詞氣之間，絶不類聖門學者氣象，不知向來伯恭亦嘗以是相規否也？熹自年十四五時，即嘗有志於此，中間非不用力，而所見終未端的，其言雖或誤中，要是想象臆度，所幸内無空寂之誘，外無功利之貪，全此純愚，以至今日，反復舊聞而有得焉。乃知明道先生所謂「天理」二字，卻是自家體帖出來者，真不妄耳。

暲按：朱子答東萊書云「正己，亦子靜所呵，以爲溺於禪者」。答直卿書云：「正己明爽，但全別是一般説話。伯恭之學，一傳到此，甚可懼耳。」故此書乃直排其宗二家之失，復自言其進學之由，無二家之失，其所以警正己者深矣，其獨任斯道之責亦可見矣。後世顧謂朱子之學有取於子靜者，未察於斯邪？

答陸子靜書

昨聞嘗有丐外之請而復未遂，今定如何？莫且宿留否？學者後來更得何人，顯道得書云嘗詣見，不知已到未？子淵去冬相見，氣質剛毅，不易得。但其偏處亦甚害事，雖嘗苦口，恐未必以爲然。今想到部，必已相見，亦嘗痛與砭劑否？道理雖極精微，然初不在耳目見聞之外，是非黑白，即在面前。此而不察，乃欲別求玄妙於意慮之表，亦已誤矣。熹衰病日侵，去年災患，亦復不少，數日來病軀亦似略可支吾，然精神耗減，日甚一日，恐終非能久於世者。所幸邇來日用工夫頗覺有力，無復向來支離之病，甚恨未得從容面論，未知異時相見，尚復有異同否耳。

暲按：此書云「道理雖極精微」至「亦已誤矣」者，乃斥陸學之失，所謂顯然鳴鼓而攻之也。云「邇來日用工夫頗覺有力，無復向來支離之病」者，蓋子静平日譏朱子爲支離，故朱子至是亦明言已無是病。其詞雖謙，而自任之重亦不可掩。故復曰「未知異時相見，尚復有異同否耳」也。篁墩之説，恐非朱子本意，讀者詳之。

答陸子静書

税駕已久，諸況想益佳。學徒四來，所以及人者在此而不在彼矣。來書所謂利慾深痼者已無可言，區區所憂，卻在一種輕爲高論，妄生内外精粗之别，以良心日用分爲兩截，謂聖賢之言不必盡信，而容貌詞氣之間不必深察者。此其爲説乖戾狠悖，將有大爲吾道之害者，不待他時末流之弊矣。不審明者亦嘗以是爲憂乎？此事不比尋常小小文義異同，恨相去遠，無由面論，徒增耿耿耳。李子甚不易，知向學，但亦漸覺好高。鄙意且欲其著實看得目前道理事物分明，將來不失將家之舊，庶幾有用。若便如此談玄説妙，卻恐兩無所成，可惜壞了天生氣質，卻未必如乃翁樸實頭，無許多勞攘耳。

語録

聖賢之教無内外本末上下〔二〕，今子静卻要理會内，不管外面，卻無此理。硬要轉聖賢之說爲他說，寧若爾說，且作爾說，不可誣罔聖賢亦如此。

或問表裏精粗。曰：「須是表裏精粗無不到。有一種人只就皮殼上做工夫，卻於理之所以然者全無是處。又有一種人思慮向裏去，又嫌眼前道理粗，於事物上都不理會。此乃談玄說妙之病，其流必入於異端。」

賀孫曰：「『孝弟爲仁之本』一章，初看未甚透，今卻看得分曉。」先生曰：「如此等說話，象山都不看。凡是諸弟子之言，便以爲不是而不足看，其無細心看聖賢文字如此〔三〕。凡說未得處，便將箇硬說鬭倒了，不消看。」按子靜嘗曰：「聞人誦伊川語，自覺若傷我者。」又曰：「伊川之言，奚爲與孔子、孟子之言不類。」初讀論語即疑有子之言支離。」

暐按：以上二書，即所謂「顯然鳴鼓而攻之，不復爲前日之唯阿」，「直截說破，庶幾後來者免墮邪見坑中」者，蓋其憂之切、距之嚴，猶禹之於洪水，孟子之於楊、墨也。百世之下，主張朱、陸之異同者，舉不考此，論其同者，乃妄以尊德性爲徵，議其異者，惟知以論太極爲說。遂使正學晦，邪說熾，學者莫知所適從，而我子朱子閑正道、闢異端之功，不在禹、孟子下者，不見於世也，可勝惜哉。

大學或問

曰：「然則子之爲學，不求諸心而求諸迹，不求之内而求之外，吾恐聖賢之學不如是之淺近而支離也。」曰：「人之所以爲學，心與理而已矣。心雖主乎一身，而其體之虚靈足以管乎天下之理；理雖散在萬物，而其用之微妙實不外乎一人之心。初不可以内外精粗而論也。然或不知此心之靈而無以存之，則昏昧雜擾而無以窮衆理之妙。不知衆理之妙而無以窮之，則褊狹固滯而無以盡此心之全。此其理勢之相須，蓋亦有必然者。是以聖人設教，使人默識此心之靈而存之於端莊静一之中，以爲窮理之本。使人知有衆理之妙而窮之於學問思辨之際，以致盡心之功。巨細相涵，動静交養，初未嘗有内外精粗之擇。及其真積力久而豁然貫通焉，則亦有以知其渾然一致而果無内外精粗之可言矣。今必以是爲淺近支離而欲藏形匿景，别爲一種幽深恍惚、艱難阻絶之論，務使學者莽然措其心於言語文字之外，而曰『道必如此，然後可以得之』，則是近世佛學詖淫邪遁之尤者，而欲移之以亂古人明德新民之實學，其亦誤矣。」

曈按：此論雖未必爲子静發，然以答子静二書考之，則其意實有吻合焉者，故附見焉，使有志於明德新民之實學者，有以深求而自得之。

附子静答書

冬初許氏子來，始得五月八日書，前月來又得五月二日書，開慰之劇！傅子淵前月到此間，聞其舉動言論，類多狂肆。渠自云：「聞九淵之歸，此病頓瘳。」比至此，亦不甚得切磋之，渠自謂刊落益至，友朋視之，亦謂其然。劉定夫氣稟屈强恣睢，朋儕鮮比。比來退然方知自訟。大抵學者病痛須得其實，徒以臆想，稱引先訓，文致其罪，斯人必不心服。縱其不能辨白，勢力不相當，勉强誣服，亦何益之有？豈其無益，亦以害之則有之矣。

瞳按：朱子二書之攻子静其嚴如此。子静答之，飾非文過，卻鋮拒砭又如此。則二家之異趣，不待辨說而可知矣。

答程正思書

祝汀州見責之意，敢不敬承。蓋緣舊日曾學禪宗，故於彼說雖知其非，而不免有私嗜之意，亦是被渠說得遮前揜後，未盡見其底藴。譬如楊、墨，但能知其「爲我」、「兼愛」，而不知其至於「無父」、「無君」。亦不知其便是「禽獸」也。去冬因其徒來此狂妄凶狠，手足盡露，自此乃始顯。然鳴鼓攻之，不復爲前日之唯阿矣。浙學尤更醜陋，如潘叔昌、吕子約之徒，皆已深陷其中，不知當時傳授師説何故乖訛便至於此？深可痛恨！元善遂能辨此，深可歎賞。深慚老繆放過著，今日徒勞頰舌，用力多而見功寡也。

答趙幾道書

所論時學之弊甚善，但所謂冷淡生活者，亦恐反遲而禍大耳。孟子所以舍申、商而距楊、墨者，正爲此也。向來正以吾黨孤弱，不欲於中自相矛盾〔四〕，亦厭繳紛競辨若可羞者，故一切容忍，不能極論。近乃深覺其弊，全然不曾略見天聖彷彿，一味只將私意東作西捺，做出許多詖淫邪遁之説。又且空腹高心，妄自尊大，俯視聖賢，蔑棄禮法，只此一節，尤爲學者心術之害，故不免直截與之説破。渠輩家計已成，決不肯舍。然此説既明，庶幾後來者免墮邪見坑中，亦是一事耳。

曈按：此二書蓋以明其答子静二書之意，如曰：「去冬因其徒來，此狂妄凶狠手足盡露」，即「子淵去冬相見，氣質剛毅不易得，但其偏處，亦甚害事」也。如曰：「未曾略見天理，彷佛一味只將私意東作西捺，做出許多詖淫邪遁之説」，即「此而不察，乃欲別求玄妙於意慮之表，輕爲高論，妄生内外精粗之别，以良心日用分爲兩截」也。如曰「俯視聖賢，蔑棄禮法」，即「聖賢之言不必盡信，容貌詞氣，不必深察」也。朱子於浙有世契之雅，乃斥名以排之，故其詞峻直；於陸則稍存形跡，乃託詞以諷之，故其言微婉。及其終而不足諷也，亦有不微婉者焉，善讀者當自得之。

答周叔謹書

應之甚恨未得相見，其爲學規模次第如何？近來呂、陸門人互相排斥，此由各徇所見之偏，而不能公天下之心以觀天下之理，甚覺不滿人意。應之蓋嘗學於兩家，不知其於此看得果如何？因話扣之，因書喻及爲幸也。熹近日亦覺向來説話有太支離處，反身以求，正坐自己用功亦未切耳。因此減去文字功夫，覺得閒中氣象甚適。每勸學者，亦且看孟子道性善、求放心兩章，著實體察收拾爲要。其餘文字，且大槩諷誦涵養，未須大段著力考索也。

曈按：朱子答竇文卿書曰：「公謹即叔謹。從東萊讀左傳，宜於人情物態見得曲折，今乃如此不解事，則叔謹爲學可知。」此書云：「某近日亦覺向來説話有太支離處」云云。蓋指呂氏門人所學之偏，引以自歸而警叔謹也。故答叔謹第二書則直詔之曰：「文字且虛心平看，自有意味。勿苦尋支蔓，旁生孔穴，以汩義理之正脈。子約書來，大段説得支離。要是義理太多，更宜省約爲佳。」答劉子澄書曰：「浙中後來事體，大段支離乖僻，恐不止似正似邪而已，極令人難説，只得皇恐，痛自警省。」斯可考矣。當是時，浙之學者，舍六經、論、孟而尊史遷，舍窮理盡性而談世變，舍治心修身而喜事功，大爲心學之害，故朱子有「每勸學者且看孟子道性善、求放心」之語之類。答子約書云：「聞感疾不輕，朋友書來云，讀書過苦使然，不知是讀何書？若是聖賢之遺言，無非存心養性之事，決不應反致生病，恐又是太史公作祟耳。孟子言學問之道，惟在求其放心。而程子亦言心要在腔子裏。今一向耽著文字，令此心全體都奔在册子上，更不知有己，便是箇無知覺、不識痛癢之人。雖讀得書，亦何益於吾事？」答沈叔晦書曰：「近日一般學問，廢經而治史，略王道而尊伯術，極論古今興亡之變，而不察此心存亡之端。若只如此讀書，則又不若不讀之爲愈也。」不一而足者，蓋以救浙學一偏之弊，使之收斂凝定，以致克己求仁之功耳，見朱子年譜。非自道也。道園虞氏乃謂朱子至此，「切己反求之功愈切，稍卻其文字之支離」。篁墩程氏乃謂「陸子平日諄複以教人者，朱子至是而有取焉」。曈惟朱子註孟子牛山木章云：「愚聞之師曰：『人義理之心未嘗無，唯持守之則在爾。』孟子發此夜氣之説，於學者極有功，宜熟玩而深省之也〔五〕。」感興詩曰：「曰予昧前訓，坐此枝葉繁。發憤永刊落，奇功收一原。」則朱子之切己反求，卻文字之支離，至是有取如虞、程之説者，竊有疑焉。敢疏所聞，以俟知朱學者折衷之。

語録

學者不先存此心，雖説要去理會東東西西，都自無安著處。孟子所以云「收放心」，亦不是説只收放心便了。「收放心」且收斂得箇根基，方可以做工夫。若但知「收放心」，不做工夫，則如近日江西所説，則是守箇死物事，故大學之書，須教人「格物致知」，以至於「誠意正心」、「修身齊家治國平天下」，節節有工夫。

曈按：此語則二家之所謂「求放心」者異矣！烏有如虞、程之論哉。

答吕子約書

所論江西之弊，切中其病。然前書奉告者，非論其人也，乃論吾學自有未至，要在取彼之善以自益耳。謂彼無本原根柢，則未知吾之所恃以爲本原根柢者果何在邪？幸更思之，復以見教。

答項平父書

近世學者，務反求者便以博觀爲外馳，務博觀者又以内省爲狹隘，左右佩劍，各主一偏，而道術分裂不可復合，此學者之大病也。

答石應之書

疾病相仍，殊無好況。心昏目眯，不能向書。然日用工夫不敢不勉，間亦紬繹舊聞之一二。雖無新得，然亦愈覺聖賢之不我欺，而近世所謂喙喙争鳴者之亂道而誤人也。

答沈叔晦書

大抵近年學者求道太迫，立論太高，往往嗜簡易而憚精詳，樂渾全而畏剖析，以此不見天理之本然，各墮一偏之私見，别立門庭，互分彼我，使道體分裂，不合不公。此今日之大患也。

答潘叔昌書

近年異論蠭起，高者溺於虚無，下者淪於卑陋，各執己見，不合不公，使人憂歎，不知所以爲計。而今而後，亦不復敢以此望於今世之人，姑抱遺經以待後之學者而已。

曈按：以上五書皆詆陸學、浙學各墮一偏，互相排斥，不合不公也。而朱子歎道不能行之當時〔六〕，抱遺經以俟後世者，誠著明懇切矣。學者其可不諦玩深思明辨以求真是之歸〔七〕，而惑於草廬諸公阿私中處之説哉〔八〕！

【校勘記】

〔一〕正恐不免萬牛回首之難　「難」，原作「歎」，今據晦庵集卷三六寄陸子静改。

〔二〕聖賢之教無内外本末上下　「無」字原脱，今據朱子語類卷一二四補。

〔三〕其無細心看聖賢　「細」字原脱，今據朱子語類卷一二四補。

〔四〕不欲於中自相矛盾　「相」，晦庵集卷五四作「爲」。

〔五〕「宜熟」下原衍刻上文答趙幾道書自「反遅而禍大耳」至「亦是一事耳」一百六十三字及曈按語自首至「以良心日用分」一百二十字，今删。

〔六〕不能行之當時　「之當時」三字原脱，今據上圖本閑闢録補。

〔七〕學者其可不諦玩深思明辨以求真是之歸　「諦玩」二字原脱，今據上圖本閑闢録補。

〔八〕而惑於草廬諸公阿私中處之説哉　「私中」二字原闕，今據上圖本閑闢録補。

卷七

答陸子美書

伏承示喻太極、西銘之失，備悉指意。然二書之説，從前不敢輕議，非是從人脚根，依他門户，卻是反覆看來，道理實是如此，别未有開口處，所以信之不疑。而妄以己見輒爲之説，正恐未能盡發其奥而反以累之，豈敢自謂有扶掖之功哉？今詳來教及省從前所論，卻恐長者從初便忽其言，不曾致思，又以自家所見道理爲是〔一〕，不知卻元來未見他地位，而便以己見輕肆詆排也。今亦不暇細論，只如太極篇首一句，最是長者所深排。然殊不知不言無極，則太極同於一物，而不足爲萬化之根；不言太極，則無極淪於空寂，而不能爲萬化之根。只此一句，便見其下語精密，微妙無窮，而向下所説許多道理，條貫脉絡，井井不亂，只今便在目前，而亘古亘今，攧撲不破。只恐自家見得未曾如此分明直截，則其所可疑者乃在此而不在彼也。

至於西銘之説，猶更分明。今亦且以首句論之：人之一身，固是父母所生，然父母之所以爲父母者，即是乾坤。若以父母而言，則一物各一父母。若以乾坤而言，則萬物同一父母矣。萬物既同一父母，則吾體之所以爲體者，豈非天地之塞；吾性之所以爲性者，豈非天地之帥哉？古之君子，惟其見得道理真實如此，所以親親而仁民，仁民而愛物，推其所爲，以至於能以天下爲一家、中國爲一人，而非意之也。今若必謂人物只是父母所生，更與乾坤都無干涉，其所以有取於西銘者，但取其姑爲宏闊廣大之言以形容仁體而破有我之私而已，則是所謂仁體者全是虚名，初無實體，而一己之私卻是實理，合有分別；聖賢於此卻初不見義理，只見利害，而妄以己意造作言語以增飾其所無、破壞其所有也。若果如此，則其立言之失，「膠固」二字豈足以盡之？而又何足以破人之梏於一己之私哉？

大抵古之聖賢千言萬語，只是要人明得此理。此理既明，則不務立論而所言無非義理之言，不務力行〔二〕，而所行無非義理之實。無有初無此理，而姑爲此言以救時俗之弊者。不知子静相會，曾以此話子細商量否？近見其所論王通續經之説，似亦未免此病也。此間近日絶難得江西便，草草布此，卻託子静轉致。但以來書半年方達推之，未知何時可到耳。如有未當，切幸痛與指摘剖析見教。理到之言，不得不服也。

二

前書示諭太極、西銘之説，反復詳盡。然此恐未必生於氣習之偏，但是急迫看人文字，未及盡彼之情而欲遽申己意，是以輕於立論，徒爲多説而未必果當於理耳。且如太極之説，熹謂周先生之意恐學者錯認太極别爲一物，故著「無極」二字以明之，此是推原前賢立言之本意，所以不厭重複，蓋有深旨。而來諭便謂熹以太極下同一物，是則非惟不盡周先生之妙旨，而於熹之淺陋妄説亦未察其情矣。

又謂著「無極」字便有虚無好高之弊，則未知尊兄所謂太極是有形器之物邪，無形器之物邪？若果無形而但有理，則無極即是無形，太極即是有理明矣，又安得爲虚無而好高乎？熹所論西銘之意，正謂長者以横渠之言不當謂乾坤實爲父母，而以「膠固」斥之，故竊疑之，以爲若如長者之意，則是謂人物實無所資於天地，恐有所未安爾，非熹本説固欲如此也。今詳來誨，猶以横渠只是假借之言，而未察父母之與乾坤，雖其分之有殊，而初未嘗有二體，但其分之殊則又不得而不辨也。

熹之愚陋，竊願尊兄更於二家之言少賜反復，寬心游意，必使於其所説如出於吾之所爲者而無纖芥之疑，然後可以發言立論而斷其可否，則其爲辨也不煩，而理之所在無不得矣。若一以急迫之意求之，則於察理已不能精，而於彼之情又不詳盡，則徒爲紛紛而雖欲不差，不可得矣。然此急迫即是來諭所謂氣質之弊，蓋所論之差處雖不在此，然其所以差者則原於此而不可誣矣。不審尊意以爲如何？

子静歸來，必朝夕得款聚，前書所謂異論卒不能合者，當已有定説矣。恨不得側聽其旁，時效管窺，以求切磋之益也。

近又嘗作一小卜筮書，亦以附呈。蓋緣近世説易者於象數全然闊略，其不然者，又太拘滯支離，不可究詰，故推本聖人經傳中説象數者，只此數條，以意推之，以爲是足以上究聖人作易之本指，下濟生人觀變玩占之實用，學易者決不可以不知。而凡説象數之過乎此者，皆可以束之高閣而不必問矣。不審尊意以爲如何？

三

示諭縷縷，備悉雅意。不可則止，正當謹如來教，不敢復有塵瀆也。偶至武夷，匆匆布叙，不能盡所欲言，然大者已不敢言，則亦無可言者矣。

附子静與陶贊仲書

梭山謂：「晦翁好勝，不肯與辨。」九淵以爲，人之所見偶有未通處，其説固以爲是，以他人爲非，且當與之辨白，未可便以好勝絶之。以晦翁之高明，猶不能無蔽，道聽塗説之人，亦何足與言此哉！

題太極西銘解後

始予作太極、西銘二解，未嘗敢出以示人也。近見儒者多議兩書之失，或乃未嘗通其文義，而妄肆詆訶，予竊悼焉。因出此解，以示學徒，使廣其傳，庶幾讀者由辭以得意，而知其未可以輕議也。

答陳膚仲書

西銘後題是去年未離家時所題，後來不能去得。然此是道理所繫，我且直之，固不容有所避也。仁仲所説，因書報及，漫欲知耳。所云「不必置辨」，今時流俗例爲此説〔三〕。乃是自見道理不明，纔有此説，便有此説之害。如許行之並耕，白圭之治水，二十取一，若似今人所見，則孟子亦何用與之辨邪？

按：以上二説皆爲子美發。

答陸子静書

學者病痛，誠如所諭。但亦須自家見得平正深密，方能藥人之病。若自不免於一偏〔四〕，恐醫來醫去，反能益其病也。所諭與令兄書辭費而理不明，今亦不記當時作何等語，或恐實有此病。承許條析見教，何幸如之！虚心以俟，幸因便見示。如有未安，卻得細論，未可便似居士兄遽斷來章也。

附子静書

九淵昔年兩得侍教，康廬之集，加款於鵝湖。然猶鹵莽淺陋，未能成章，無以相發，甚自愧也。比日少進，甚思一侍函丈，當有啓助，以卒餘教。尚此未能，登高臨流，每用悵惘！往歲覽尊兄與梭山家兄書，嘗因南豐便人，僭易致區區，蒙復書許以卒請，不勝幸甚！古之聖賢，惟理是視，堯舜之聖，而詢於芻蕘，曾子之易簣，蓋得於執燭之童子。蒙九二曰：「納婦吉。」苟當於理，雖婦人孺子之言所不棄也。孟子曰：「盡信書，不如無書。」「吾於武成，取二三策而已矣。」或乖理致，雖出古書，不敢盡信也。智者千慮，或有一失。愚者千慮，或有一得。人言豈可忽哉？

梭山兄謂：「太極圖説與通書不類，疑非周子所爲；不然，則或是其學未成時所作；不然，則或是傳他人之文，後人不辨也。蓋通書理性命章言：『中焉止矣。二氣五行，化生萬物，五殊二實，二本則一。』曰一，曰中，即太極也，未嘗於其上加『無極』字。動静章言五行、陰陽、太極，亦無『無極』之文。假令太極圖説是其所傳，或其少時所作，則作通書時，不言無極，蓋已知其説之非矣。」此言殆未可忽也。兄謂：「梭山急迫，看人文字未能盡彼之情，而欲遽申己意，是以輕於立論，徒爲多説，而未必果當於理。」大學曰：「無諸己而後非諸人。」人無古今、智愚、賢不肖，皆言也，皆文字也，觀兄與梭山之書已不能酬斯言矣。尚可以責梭山哉？

尊兄向與梭山書云：「不言無極，則太極同於一物，而不足爲萬化根本；不言太極，則無極淪於空寂，而不能爲萬化根本。」夫太極者，實有是理，聖人從而發明之耳，非以空言立論，使後人簸弄於頰舌紙筆之間也。其爲萬化根本固自素定，其足不足，能不能，豈以人言不言之故邪？易大傳曰：「易有太極。」聖人言有，今乃言無，何也？作大傳時不言無極，太極何嘗同於一物，而不足爲萬化根本邪？洪範五皇極，列在九疇之中，不言無極，太極亦何嘗同於一物，而不足爲萬化根本邪？太極固自若也，尊兄只管言來言去，轉加糊塗，此真所謂輕於立論，徒爲多説，而未必果當於理也。兄號句句而論，字字而議有年矣，宜益工益密，立言精確，足以悟疑辨惑，乃反疎脱如此，宜有以自反矣。

後書又謂「無極即是無形，太極即是有理。周先生恐學者錯認太極別爲一物，故著『無極』二字以明之。」易之大傳曰：「形而上者謂之道。」又曰：「一陰一陽之謂道。」一陰一陽，已是形而上者，況太極乎？曉文義者舉知之矣。自有大傳，至今幾年，未聞有錯認太極別爲一物者。設有愚謬至此，奚啻不能以三隅反，何足上煩老先生特地於「太極」上加「無極」二字以曉之乎？且「極」字亦不可以「形」字釋之。蓋極者，中也，言無極，則是猶言無中也，是奚可哉？若懼學者泥於形器而申釋之，則宜如詩言「上天之載」，而於下贊之曰「無聲無臭」可也，豈宜以「無極」字加於「太極」之上？朱子發謂濂溪得太極圖於穆伯長，伯長之傳出於陳希夷，其必有攷。希夷之學，老氏之學也。「無極」二字，出於老子知其雄章，吾聖人之書所未有也。老子首章言「無名天地之始，有名萬物之母」，而卒同之，此老氏宗旨也。「無極而太極」，即是此旨。老氏學之不正，見理不明，所蔽在此。兄於此學用力之深，爲日之久，曾此之不能辨，何也？通書「中焉止矣」之言，與此昭然不類，而兄曾不之察，何也？太極圖説以「無極」二字冠首，而通書終篇未嘗一及「無極」字。二程言論文字至多，亦未嘗一及「無極」字。假令其初實有是圖，觀其後來未嘗一及「無極」字，可見其道之進，而不自以爲是也。兄今考訂注釋，表顯尊信，如此其至，恐未得爲善祖述者也。潘清逸詩文可見矣，彼豈能知濂溪者？明道、伊川親師承濂溪，當時名賢居潘右者亦復不少，濂溪之誌，卒屬於潘，可見其子孫之不能世其學也，兄何據之篤乎？梭山兄之言恐未宜忽也。

孟子與墨者夷之辨，則據其「愛無差等」之言；與許行辨，則據其「與民並耕」之言；與告子辨，則據其「義外」與「人性無分於善不善」之言，未嘗泛爲料度之說。兄之論辨則異於是。如九淵今者所論，則皆據尊兄書中要語，不敢增損，或稍用尊兄泛辭以相繩糾者，亦差有證據，抑所謂「夫民今而後得反之也」。

兄書令梭山「寬心游意，反復二家之言，必使於其所説如出於吾之所爲者而無纖芥之疑，然後可以發言立論，而斷其可否，則其爲辨也不煩，而理之所在無不得矣」。彼方深疑其説之非，則又安能使之如出於其所爲者而無纖芥之疑哉？若其如出於吾之所爲者而無纖芥之疑，則無不可矣，尚何論之可立、否之可斷哉？兄之此言，無乃亦少傷於急迫而未精邪？兄又謂「一以急迫之意求之，則於察理已不能精，而於彼之情又不詳盡，則徒爲紛紛，雖欲不差，不可得矣」，殆夫子自道也。

向在南康，論兄所解「告子不得於言勿求於心」一章非是，兄令九淵平心觀之。九淵嘗答曰：「甲與乙辨，方各是其説，甲則曰願某乙平心也，乙亦曰願某甲平心也，平心之説，恐難明白，不若據事論理可也。」今此「急迫」之説，「寬心游意」之説，正相類耳。論事理，不必以此等壓之，然後可明也。梭山氣稟寬緩，觀書未嘗草草，必優游諷詠，耐久紬繹，今以急迫指之，雖他人亦未喻也。夫辨是非，別邪正，決疑似，固貴於峻潔明白，若乃料度、羅織、文致之辭，願兄無易之也。梭山兄所以不復致辨者，蓋以兄執己之意甚固，而視人之言甚忽，求勝不求益也。九淵則以爲不然。尊兄平日惓惓於朋友求箴規切磨之益，蓋亦甚至。獨羣雄孤雌，人非惟不敢以忠言進於左右，亦未有能爲忠言者。言論之横出，其勢然耳。向來相聚，每以不能副兄所期爲愧，比者自謂少進，方將圖合并而承教，今兄爲時所用，進退殊路，合并未可期也。又蒙許其吐露，輒寓此少見區區，尊意不以爲然，幸不憚下教。政遠，惟爲國保愛，倚需柄用，以澤天下。

　　曈按：子美與朱子辨者，太極、西銘也。今子靜獨以太極言之，則於西銘理屈辭窮矣。然不能自反以淑高明，此其所以卒於鹵莽而不得其正也。

答陸子靜書

前書誨諭之悉，敢不承教。所謂「古之聖賢，惟理是視，言當於理，雖婦人孺子有所不棄;或乖理致,雖出古書,不敢盡信」,此論甚當,非世儒淺見所及也。但熹竊謂言不難擇而理未易明,若於理實有所見,則於人言之是非,不翅白黑之易辨,固不待訊其人之賢否而爲去取。不幸而吾之所謂理者或但出於一己之私見,則恐其所取舍未足以爲羣言之折衷也。況理既未明,則於人之言恐亦未免有未盡其意者,又安可以遽絀古書爲不足信,而直任胸臆之所裁乎?

來書反復,其於無極、太極之辨詳矣。然以熹觀之,伏羲作易,自一畫以下,文王演易,自「乾元」以下,皆未嘗言太極也,而孔子言之。孔子贊易,自太極以下,未嘗言無極也,而周子言之。夫先聖後聖,豈不同條而共貫哉?若於此有以灼然實見太極之真體,則知不言者不爲少而言之者不爲多矣,何至若此之紛紛哉?今既不然,則吾之所謂理者,恐其未足以爲羣言之折衷,又況於人之言有所未盡者,又非一二而已乎?既蒙不鄙而教之,熹亦不敢不盡其愚也。

且夫大傳之太極者,何也?即兩儀、四象、八卦之理具於三者之先,而緼於三者之内者也。聖人之意,正以其究竟至極,無名可名,故特謂之太極。猶曰「舉天下之至極無以加此」云爾,初不以其中而命之也。至如「北極」之「極」、「屋極」之「極」、「皇極」之「極」、「民極」之「極」,諸儒雖有解爲中者,蓋以此物之極當在此物之中,非指「極」字而訓之以中也。

極者，至極而已。以有形者言之，則其四方八面合輳將來，到此築底，更無去處；從此推出，四方八面都無向背，一切停勻，故謂之極耳。後人以其居中而能應四外，故指其處而以中言之，非以其義爲可訓中也。至於太極，則又初無形象方所之可言，但以此理至極而謂之極耳。今乃以中名之，則是所謂理有未明而不能盡乎人言之意者一也。通書理性命章，其首二句言理，次三句言性，次八句言命，故其章内無此三字，而特以三字名其章以表之，則章内之言固已各有所屬矣。蓋其所謂「靈」、所謂「一」者，乃爲太極；而所謂「中」者，乃氣稟之得中，與「剛善」、「剛惡」、「柔善」、「柔惡」者爲五性，而屬乎五行，初未嘗以是爲太極也。且曰「中焉止矣」，而又下屬於二氣五行、化生萬物之云，是亦復成何等文字義理乎？今來喻乃指其中者爲太極而屬之下文，則又理有未明而不能盡乎人言之意者二也。

若論「無極」二字，乃是周子灼見道體，迥出常情，不顧旁人是非，不計自己得失，勇往直前，説出人不敢説底道理。令後之學者曉然見得太極之妙，不屬有無，不落方體。若於此看得破，方見得此老真得千聖以來不傳之秘，非但架屋下之屋、疊牀上之牀而已也。今必以爲未然，是又理有未明而不能盡乎人言之意者三也。

至於大傳既曰「形而上者謂之道」矣，而又曰「一陰一陽之謂道」，此豈真以陰陽爲形而上者哉？正所以見一陰一陽雖屬形器，然其所以一陰而一陽者，是乃道體之所爲也。故語道體之至極，則謂之太極，語太極之流也。今必以爲未然，是又理有未明而不能盡乎人言之意者三也。

至於大傳既曰「形而上者謂之道」矣，而又曰「一陰一陽之謂道」，此豈真以陰陽爲形而上者哉？正所以見一陰一陽雖屬形器，然其所以一陰而一陽者，是乃道體之所爲也。故語道體之至極，則謂之太極，語太極之流行，則謂之道。雖有二名，初無兩體。周子所以謂之「無極」，正以其無方所、無形狀，以爲在無物之前，而未嘗不立於有物之後；以爲在陰陽之外，而未嘗不行乎陰陽之中；以爲通貫全體，無乎不在，則又初無聲臭影響之可言也。今乃深詆無極之不然，則是直以太極爲有形狀、有方所矣。直以陰陽爲形而上者，則又昧於道器之分矣。又於「形而上者」之上復有「況太極乎」之語，則是又以道上別有一物爲太極矣。此又理有未明而不能盡乎人言之意者四也。

至熹前書所謂「不言無極，則太極同於一物而不足爲萬化根本；不言太極，則無極淪於空寂而不能爲萬行，則謂之道。雖有二名，初無兩體。周子所以謂之「無極」，正以其無方所，無形狀，以爲在無物之前，而未嘗不立於有物之後；以爲在陰陽之外，而未嘗不行乎陰陽之中；以爲通貫全體，無乎不在，則又初無聲臭影響之可言也。今乃深詆無極之不然，則是直以太極爲有形狀、有方所矣。直以陰陽爲形而上者，則又昧於道器之分矣。又於「形而上者」之上復有「況太極乎」之語，則是又以道上别有一物爲太極矣。此又理有未明而不能盡乎人言之意者四也。

至熹前書所謂「不言無極，則太極同於一物而不足爲萬化根本；不言太極，則無極淪於空寂而不能爲萬化根本」，乃是推本周子之意，以爲當時若不如此兩下説破，則讀者錯認語意，必有偏見之病，聞人説有即謂之實有，見人説無即以爲真無耳。自謂如此説得周子之意已是太煞分明，只恐知道者厭其漏泄之過甚，不謂如老兄者乃猶以爲未穩而難曉也。請以熹書上下文意詳之，豈謂太極可以人言而爲加損者哉？是又理有未明而不能盡乎人言之意者五也。

來書又謂：「大傳明言『易有太極』，今乃言無，何邪？」此尤非所望於高明者。今夏因與人言易，其人之論正如此。當時對之不覺失笑，遂至被劾，彼俗儒膠固，隨語生解，不足深怪。老兄平日自視爲如何，而亦爲此言邪？老兄且謂大傳之所謂「有」，果如兩儀、四象、八卦之有定位，天地、五行、萬物之有常形邪？周子之所謂「無」，是果虚空斷滅、都無生物之理邪？此又理有未明而不能盡乎人言之意者六也。

老子「復歸於無極」，「無極」乃無窮之義。如「莊生入無窮之門，以遊無極之野」云爾。非若周子所言之意也。今乃引之而謂周子之言，實出乎彼，此又理有未明而不能盡乎人言之意者七也。

高明之學，超出方外，固未易以世間言語論量、意見測度。今且以愚見執方論之，則其未合有如前所陳者。亦欲奉報，又恐徒爲紛紛，重使世俗觀笑。既而思之，若遂不言，則恐學者終無所取正。較是二者，寧可見笑於今人，不可得罪於後世。是以終不獲已而竟陳之，不識老兄以爲如何？

二

來書云：「浙間後生貽書見規，以爲吾二人者所習各已成熟，終不能以相爲，莫若置之勿論，以俟天下後世之自擇。鄙哉言乎！此輩凡陋，沈溺俗學，悖戾如此，亦可憐也。」

熹謂天下之理，有是有非，正學者所宜明辨。或者之説誠爲未當，然凡辨論者，亦須平心和氣，子細消詳，反復商量，務求實是，乃有歸著。如不能然，而但於勿遽急迫之中肆支蔓躁率之詞，以逞其忿懟不平之氣，則恐反不若或者之言安静和平，寬洪悠久，猶有君子長者之遺意也。

來書云：「『人能弘道，非道弘人。』此理在宇宙間，固不以人之明不明、行不行而加損。然人之爲人，則抑有其職矣。垂象而覆物者，天之職也。成形而載物者，地之職也。裁成天地之道，輔相天地之宜，以左右民者，人君之職也。孟子曰：『幼而學之，壯而欲行之。』所謂行之者，行其所學以格君心之非，引其君於當道，與其君論道經邦，燮理陰陽，使斯道達乎天下也。所謂學之者，從師親友，讀書考古，學問思辨，以明此道也。故少而學道，壯而行道者，士君子之職也。吾人皆無常師，周旋於羣言淆亂之中，俯仰參求，雖自謂其理已明，安知非私見蔽説，若雷同相從，一唱百和，莫知其非，此所甚可懼也。何幸而有相疑不合，在同志之間，正宜各盡所懷，力相切磋，期歸於一是之地。大舜之所以爲大者，善與人同，樂取諸人以爲善，聞一善言，見一善行，若決江河，沛然莫之能禦。吾人之志，當何求哉？惟其是而已。疇昔明言善議，拳拳服膺而勿失，樂與天下共之者，以爲是也。今一旦以切磋而知其非，則棄前日之所習，勢當如出陷穽，如避荆棘，惟新之念，若決江河，是得所欲而遂其志也。此豈小智之私，鄙陋之習，樂勝恥負者所能及哉〔五〕。弗明弗措，古有明訓，敢悉布之。」

熹按：此段所説，規模宏大而指意精切。如曰「雖自謂其理已明，安知非私見蔽説」，及引大舜善與人同等語，尤爲的當。熹雖至愚，敢不承教。但所謂「莫知其非」、「歸於一是」者，未知果安所決？區區於此亦願明者有以深察而實踐其言也。

來書云「古人質實，不尚智巧，言論未詳，事實先著。『知之爲知之，不知爲不知。』所謂

『先知覺後知，先覺覺後覺』者，以其事實覺其事實。故言即其事，事即其言。所謂『言顧行、行顧言』。周道之衰，文貌日勝，事實湮於意見，典訓蕪於辨説，揣量模寫之工，依倣假借之似，其條畫足以自信，其習熟足以自安。以子貢之達，又得夫子而師承之，尚不免此多學而識之之見，非夫子叩之，彼固晏然而無疑。『先行』之訓，『予欲無言』之訓，所以覺之者屢矣，而終不悟。顏子既没，其傳固在曾子，蓋可觀已。尊兄之才，未知其與子貢如何？今日之病，則有深於子貢者。尊兄誠能深知此病，則來書七條之説，當不待條析而自解矣。然相去數百里，脱或未能自克，淹回舊習，則不能無遺恨，請卒條之。」

熹詳此説，蓋欲專務事實，不尚空言，其意甚美。但今所論「無極」二字，熹固已謂不言不爲少，言之不爲多矣。若以爲非，則且置之，其於事實亦未有害。而賢昆仲不見古人指意，乃獨無故於此創爲浮辨，累數百言，三四往返而不能已，其爲湮蕪亦已甚矣。而細考其間緊要節目，並無酬酢，只是一味慢駡虚喝，必欲取勝。未論顏曾氣象，只子貢恐亦不肯如此。恐未可遽以此而輕彼也。

來書云：「尊兄未嘗實見太極，若實見太極，上面必不更加『無極』字，下面必不更著『真體』字。上面加『無極』字，正是疊牀上之牀；下面著『真體』字，正是架屋下之屋。虚見之與實見，其言固自不同也。

熹亦謂老兄正爲未識太極之本無極而有真體，故必以中訓「極」，而又以陰陽爲形而上者之道。虚見之與實見，其言果不同也。

來書云：「老氏以無爲天地之始，以有爲天地之母，以常無觀妙，以常有觀徼。直將『無』字搭在上面，正是老氏之學，豈可諱也。」

熹詳老氏之言有無，以有無爲二；周子之言有無，以有無爲一，正如南北水火之相反，更請子細著眼，未可容易譏評也。

來書云：「此理乃宇宙之所固有，豈可言無。若以爲無，則君不君、臣不臣、父不父、子不子矣。」

更請詳看熹前書，曾有「無理」二字否。

來書云：「極亦此理也，中亦此理也。五居九疇之中而曰『皇極』，豈非以其中而命之乎？民受天地之中以生，而詩曰『立我烝民，莫匪爾極』，豈非以其中命之乎？中庸曰：『中也者，天下之大本也；和也者，天下之達道也。致中和，天地位焉，萬物育焉。』此理至矣，外此豈更復有太極哉？」

「極」是名此理之至極，「中」是狀此理之不偏。雖然同是此理，然其名義各有攸當，雖聖賢言之，亦未嘗敢有所差互也。若「皇極」之「極」，「民極」之「極」，乃爲標準之意。

猶曰立於此而示於彼，使其有所向望而取正焉耳，非以其中而命之也。「立我烝民」，「立」與「粒」通，即書所謂「烝民乃粒，莫匪爾極」，則「爾」指后稷而言。蓋曰使我衆人皆得粒食，莫匪爾后稷之所立者是望耳。「爾」字不指天地，「極」字亦非指所受之中。此義尤明白，似是急於求勝，更不暇考上下文。推此一條，其餘可見。「中者天下之大本」，乃以喜怒哀樂之未發，此理渾然，無所偏倚而言。太極固無偏倚而爲萬化之本，然其得名自爲「至極」之「極」，而兼有標準之義，初不以「中」而得名也。

來書云：「以『極』爲『中』，則爲不明理，以『極』爲『形』，乃爲明理乎？」

老兄自以「中」訓「極」，熹未嘗以「形」訓「極」也。今若此言，則是已不曉文義，而謂他人亦不曉也，請更詳之。

來書云：「大學、文言皆言『知至』」。

熹詳「知至」二字雖同，而在大學則「知」爲實字，「至」爲虚字，兩字上重而下輕，蓋曰「心之所知無不到耳」。在文言則「知」爲虚字，「至」爲實字，兩字上輕而下重，蓋曰「有以知其所當至之地」耳。兩義既自不同，而與太極之爲至極者又皆不相似，請更詳之。此義在諸説中亦最分明，試就此推之，當知來書未能無失往往類此。

來書云：「直以陰陽爲形器而不得爲道，此尤不敢聞命。易之爲道，一陰一陽而已，先後、始終、動静、晦明、上下、進退、往來、闔闢、盈虛、消長、尊卑、貴賤、表裏、隱顯、向背、順逆、存亡、得喪、出入、行藏，何適而非一陰一陽哉？奇耦相尋，變化無窮，故曰：『其爲道也屢遷，變動不居，周流六虛，上下無常，剛柔相易，不可爲典要，惟變所適。』説卦曰：『觀變於陰陽而立卦，發揮於剛柔而生爻，和順於道德而理於義，窮理盡性以至於命。』又曰：『昔者，聖人之作易也，將以順性命之理，是以立天之道，曰陰與陽；立地之道，曰柔與剛；立人之道，曰仁與義。』下繫亦曰：『易之爲書也，廣大悉備，有天道焉，有人道焉，有地道焉，兼三才而兩之，故六。六者非他也，三才之道也。』今顧以陰陽爲非道而直謂之形器，其孰爲昧於道器之分哉？」

若以陰陽爲形而上者，則形而下者復是何物？更請見教。若熹愚見與其所聞，則曰凡有形有象者，皆器也。其所以爲是器之理者，則道也。如是則來書所謂始終、晦明、奇耦之屬，皆陰陽所爲之器，獨其所以爲是器之理，如目之明、耳之聰、父之慈、子之孝，乃爲道耳。如此分別，似差明白。不知尊意以爲如何？此一條亦極分明，切望略加思索，便見愚言不爲無理，而其餘亦可以類推矣。

來書云「通書曰：『中者，和也，中節也，天下之達道也，聖人之事也。』故聖人立教，俾人自易其惡，自致其中而止矣。』周子之言中如此，亦不輕矣。外此豈更別有道理，乃不得比虛字乎？所舉理性命章五句，但欲見通書言『中』、言『一』而不言『無極』耳。『中焉止矣』一句，不妨自是斷章，兄必見誣以屬之下文，兄之爲辨失其指歸，大率類此。」

周子言「中」而以「和」字釋之，又曰「中節」，又曰「達道」。彼非不識字者，而其言顯與中庸相戾，則亦必有説矣。蓋此「中」字是就氣稟發用而言，其無過不及處耳。非直指本體未發、無所偏倚者而言也。豈可以此而訓「極」爲「中」也哉？來書引經必盡全章，雖煩不厭，而所引通書乃獨截自「中焉止矣」而下，此安得爲不悞？老兄本自不信周子，政使誤引通書亦未爲害，何必諱此小失而反爲不改之過乎？

來書云：「大傳、洪範、毛詩、周禮與太極圖説孰古？」

大傳、洪範、詩、禮皆言「極」而已，未嘗謂「極」爲「中」也。先儒以此極處常在物之中央而爲四方之所面向而取正，故因以「中」釋之，蓋亦未爲甚失。而後人遂直以極爲中，則又不識先儒之本意矣。爾雅乃是纂集古今諸儒訓詁以成書，其間蓋亦不能無誤，不足據以爲古。又況其間但有以「極」訓「至」，以「殷、齊」訓「中」，初未嘗以「極」爲「中」乎？

來書云：「又謂『周子所以謂之無極，正以其無方所無形狀』。誠令如此，不知人有甚不敢道處，但以加之太極之上，則吾聖門正不宜如此道耳。」前又云：「若謂欲言止之上。」

「無極而太極」，猶曰「莫之爲而爲，莫之致而至」，又如曰「無爲之爲」，皆理勢之當然〔六〕，非謂別有一物也。向見欽夫有此説，嘗疑其贅。今乃正使得著，方知欽夫之慮遠也。其意則固若曰非如皇極、民極、屋極之有方所形象，而但有此理之至極耳。若曉此意，則於聖門有何違叛而不肯道乎？「上天之載」，是就有中説無，「無極而太極」，是就無中説有。若實見得，即説有説無、或先或後都無妨礙。今必如此拘泥，强生分別，曾謂不尚空言，專務事實，而反如此乎？

來書云：「『夫乾，確然示人易矣；夫坤，隤然示人簡矣』，太極亦曷嘗隱於人哉？尊兄兩下説無説有，不知漏洩得多少？如所謂太極真體不傳之秘，無物之前，陰陽之外，不屬有無，不落方體，迥出常情，超出方外等語，莫是曾學禪宗，所得如此？平時既私其説以自妙，及教學者，則又往往私秘，而多説文義，此漏洩之説所從出也。以實論之，兩頭都無著實，彼此只是葛藤末説。氣質不美者樂寄此以神其姦，不知繫絆多少好氣質底學者。既以病己，又以病人，殆非一言一行之過，兄其毋以久習於此而重自反也。」

太極固未嘗隱於人，然人之識太極者則少矣。往往只是於禪學中認得箇昭昭靈靈能作用底，便謂此是太極，而不知所謂太極乃天地萬物本然之理，亘古亘今，攧撲不破者也。「迥出常情」等語，只是俗談，即非禪家所能專有，不應儒者反當回避。況今雖偶然道著，而其所見所説即非禪家道理，非如他人陰實祖用其説，而改頭换面，陽諱其所自來也。如曰「私其説以自妙而又秘之」，又曰「寄此以神其姦」，曰「繫絆多少好氣質底學者」，則恐世間自有此人可當此語。熹雖無狀，自省得與此語不相似也。

來書引書云：「有言逆于汝心，必求諸道。」

此聖言也，敢不承教。但以來書求之於道而未之見，但見其詞義差舛，氣象粗率，似與聖賢不甚相近。是以竊自安其淺陋之習聞，而未敢輕舍故步以追高明之獨見耳。又記頃年嘗有平心之説，而前書見喻曰：「甲與乙辨，方各自是其説，甲則曰願乙平心也，乙亦曰願甲平心也。平心之説恐難明白，不若據事論理可也。」此言美矣，然熹所謂平心者，非直使甲操乙之見，乙守甲之説也，亦非謂都不論事之是非也，但欲兩家姑暫置其是己非彼之意，然後可以據事論理，而終得其是非之實。如謂治疑獄者當公其心，非謂便可改曲者爲直，改直者爲曲也，亦非謂都不問其曲直也。但不可先以己意之向背爲主，然後可以審聽兩造之辭，旁求參伍之驗，而終得其曲直之當耳。今以粗淺之心，挾忿懟之氣，不肯暫置其是己非彼之私，而欲評義理之得失，則雖有判然如黑白之易見者，猶恐未免於誤；況其差有在於豪釐之間者，又將誰使折其衷而能不謬也哉？

來書云「書尾」止「文耶」〔七〕。

中間江德功封示三策，書中有小帖云：「陸子静策三篇，皆親手點對，令默封納。先欲作書，臨行不肯作。」此並是德功本語。不知來喻何故乃爾？此細事不足言，世俗毁譽亦何足計。但賢者言行不同如此，爲可疑耳。德功亦必知是諸生所答，自有姓名。但云是老兄所付，令寄來耳。

熹已具此，而細看其間亦尚有説未盡處。大抵老兄昆仲同立此論，而其所以立論之意不同。子美尊兄自是天資質實重厚，當時看得此理有未盡處，不能子細推究，便立議論，因而自信太過，遂不可回。見雖有病，意實無他。老兄卻是先立一説，務要突過有若、子貢以上，更不數近世周、程諸公，故於其言不問是非，一例吹毛求疵，須要討不是處。正使説得十分無病，此意卻先不好了。况其言之粗率，又不能無病乎？夫子之聖，固非以多學而得之。然觀其好古敏求，實亦未嘗不多學。但其中自有一以貫之處耳。若只如此空疎杜撰，則雖有一而無可貫矣，又何足以爲孔子乎？顔、曾所以獨得聖學之傳，正爲其博文約禮，足目俱到，亦不是只如此空疎杜撰也。子貢雖不得承道統，然其所知似亦不在今人之後，但未有禪學可改换耳。周、程之生，時世雖在孟子之下，然其道則有不約而合者。反復來書，竊恐老兄於其所言多有未解者，恐皆未可遽以顔、曾自處而輕之也。顔子以能問於不能，以多問於寡，有若無，實若虚，犯而不校；曾子「三省其身」，惟恐謀之不忠、交之不信、傳之不習。其智之崇如彼，而禮之卑如此，豈有一豪自滿自足强辨取勝之心乎？來書之意，所以見教者甚至，而其末乃有「若猶有疑、不憚下教」之言。熹固不敢當此，然區區鄙見亦不敢不爲老兄傾倒也。不審尊意以爲如何？如曰未然，則「我日斯邁，而月斯征」，各尊所聞、各行所知亦可矣，無復可望於必同也。言及於此，悚息之深，千萬幸察。

近見國史濂溪傳載此圖説，乃云「自無極而爲太極」，若使濂溪本書實有「自」、「爲」兩字，則信如老兄所言，不敢辨矣。然因渠添此二字，卻見得本無此字之意愈益分明，請試思之。

附子静答書

九淵五月晦日拜荆門之命，命下之日，實三月二十八日，替黄元章闕，尚三年半，願有以教之，首春借兵之還，伏領賜報，備承改歲動息，慰沃之劇。惟其不度，稍獻愚忠，未蒙省察，反成唐突，謙抑非情督過深矣，不勝皇恐。向蒙尊兄促其條析，且有「無若令兄遽斷來章」之戒，深以爲幸。别紙所謂：「我日斯邁而月斯征，各尊所聞，各行所知，亦可矣，無復望其必同也。」不謂尊兄遽作此語，甚非所望。「君子之過也，如日月之食焉，過也，人皆見之，及其更也，人皆仰之。」通人之過，雖微箴藥，久當自悟，諒今尊兄必涣然於此矣。願依末光，以卒餘教。

曈按：以上數書辨論「無極」、「理」之是非，與子靜之强辨取勝、縱横繆戾者，昭晰明白，學者誠無容復置喙矣。但朱子闢子靜以作用爲太極，陰實祖禪，陽諱自來。子靜詆朱子私見蔽説、意見空言者，當詳究而明辨之。朱子末書别紙論子靜爲學之非，尤峻切詳明，主張朱、陸之異同者，宜於此徵焉。

答俞壽翁書

太極之書，度所見不同論未易合，故久不報。又思理之所在，終不可以不辨。近方以書復之，其説甚詳，未知彼復以爲如何也？「極」不訓「中」，此義甚的，然自先儒失之久矣，未必今人之失也。

答黄直卿書

近日朋友來者頗多，萬正淳與黄子耕、吴伯豐皆在此。諸人皆見陸子靜來，甚有議論。近日有與之答問論太極書，未及寫去，大率其論與林明州不相遠也。

按：林明州名栗，字黄中。淳熙戊申六月二日，與朱子論易、太極、西銘不合，遂誣劾朱子，即朱子前書所言「今夏與人言易，其人之論正如此，當時對之不覺失笑，遂至被劾」者是也。

答程正思書

臨川之辨，當時似少商量，徒然合鬧，無益於事也。其書近日方答之，所説不過如所示者而稍加詳耳。此亦不獲已而答，恐後學不知爲惑耳，渠則必然不肯回也。

答邵叔義書

子静書來，殊無義理。每爲閉匿，不敢廣以示人，不謂渠乃自暴揚如此。然此事理甚明，識者自當知之。當時若便不答，卻不得也。所與左右書，渠亦録，來想甚得意。大率渠有文字，多即傳播四出，唯恐人不知，此其常態，亦不足深怪。吾人所學，卻且要自家識見分明、持守正當，深當以此等氣象舉止爲戒。

答程正思書

答子静書無人寫得，聞其謄本四出久矣。此正不欲暴其短，渠乃自如此，可歎可歎！

然得渠如此，亦且省力，且得四方學者略知前賢立言本旨，不爲無益。「不必深辨」之云，似未知聖賢任道之心也。

曈按：以上五書俱爲論太極發也。其曰：「理之所在，終不可以不辨。恐後學不知爲惑」，「不必深辨之云，似未知聖賢任道之心」，則朱子之爲辨也，豈好辨哉？

附子静書

答朱子書曰：尊兄平日論文，甚取曾南豐之嚴健。南康爲别前一夕，讀尊兄之文，見其得意者，必簡健有力，每切敬服。嘗謂尊兄才力如此，所取亦如此。今閲來書，但見文辭繳繞，氣象褊迫，其致辨處，類皆遷就牽合，甚費分疏，終不明白，無乃爲「無極」所累，反困其才邪？不然，以尊兄之高明，自視其説亦當如黑白之易辨矣。尊兄嘗曉陳同父「欲賢者百尺竿頭，進取一步，將來不作三代以下人物，省得氣力爲漢唐分疏，即更脱洒磊落。」今亦欲得尊兄進取一步，莫作孟子以下學術，省得氣力爲「無極」二字分疏，亦更脱洒磊落。

與林叔虎書曰：「與晦翁往復書，因得發明其平生學問之病，近得盡朋友之義，遠則破後學之疑，爲後世之益。若夫志卑識闇，居斯世爲斯世之徒，固不足以論此。上古聖賢先知此道，以此道覺此民。後世學絶道喪，邪説蜂起，熟爛以至今日，斯民無所歸命，士人憑私臆決，大抵可憐矣，而號稱學者，又復如此，道何由而明哉？復晦翁弟二書，多是提起此學之綱，非獨爲辨無極之説而已，可更熟復之。

與邵叔誼書曰：得元晦書，其蔽殊未解，然其辭氣窘束或可療。某復書，又加明暢，併録往，幸精觀之。

與郭邦逸書曰：垂示晦翁問答，良所未喻。「道也者，不可須臾離也，可離非道也。是故君子戒謹乎其所不覩，恐懼乎其所不聞。」學者必已聞道，然後知其不可須臾離，知其不可須臾離，然後能戒謹不覩，恐懼不聞。元晦好理會文義，「是故」二字也不曾理會得，不知指何爲聖賢地位，又何爲留意。此等語皆是胸襟不明，故撰得如此意見，非惟自惑，亦且惑人。近有復元晦書，録往一觀，又有王文公祠記併録呈。得暇精觀之，亦可見統紀也。

與鄭溥之書曰：臘月得元晦復論太極圖説書，尋以一書復之，今併往。此老才氣英特，平生志尚不没於利欲，當今誠難其輩。第其講學之差，蔽而不解，甚可念也。士論方伸，誠得此老大進此學，豈不可慶？誠者非自成己而已也，所以成物也。此心之靈，苟無壅蔽昧没，則痛癢無不知者。國之治忽，民之休戚，彝倫之叙斁，士大夫學問之是非，心術之邪正，接於耳目而冥於其心，則此心之靈必有壅蔽昧没者矣。在物者，亦在己之驗也。何往而不可致吾反求之功，此所願與同志日切磋而不捨者。

與陶贊仲書曰：太極圖説，乃梭山兄辨其非是，大抵言「無極而太極」是老氏之學，與周子通書不類。通書言太極不言無極，易大傳亦只言太極不言無極。若於「太極」上加「無極」二字，乃是蔽於老氏之學。又其圖説本見於朱子發附録。朱子發明言陳希夷太極圖傳在周茂叔，遂以傳二程，則其來歷爲老氏之學明矣。周子通書與二程言論，絶不見「無極」二字，以此知三公蓋已皆知「無極」之説爲非矣。梭山曾與晦翁面言，繼又以書言之，晦翁大不謂然。九淵素是梭山之説。以梭山謂晦翁好勝，不肯與辨，九淵以爲人之所見偶有未通處，其説固以己爲是，以他人爲非，且當與之辨白，未可便以好勝絶之，遂尾其説，以與晦翁辨白，有兩書甚詳，曾見之否？以晦翁之高明，猶不能無蔽，道聽途説之人，亦何足與言此哉？仁義忠信，樂善不倦，此夫婦之愚不肖，可以與知能行。聖賢所以爲聖賢，亦不過充此而已。學者之事當以此爲根本。

又曰：荆公祠堂記與元晦三書併往，可精觀熟讀，此數文皆明道之文，非止一時辨論之文也。元晦書偶無本在此，要亦不必看，看亦無理會處。吾文條析甚明，所舉晦翁書辭皆寫其全文，不增損一字。看晦翁書，但見糊塗，没理會。觀吾書，坦然明白。吾所明之理，乃天下之正理、實理、常理、公理，所謂「本諸身，證諸庶民，考諸三王而不謬，建諸天地而不悖，質諸鬼神而無疑，百世以俟聖人而不惑者」也。學者正要窮此理，明此理。今之言窮理者皆凡庸之人，不遇真實師友，妄以異端邪説更相欺誑，非獨欺人誑人，亦自欺自誑，謂之謬妄，謂之蒙闇，何理之明，何理之窮哉？

答胡季隨書曰：來書所舉九淵與元晦論太極書辭，皆至理誠言，左右能徹私去蔽，當無疑於此矣。不然，則今之爲欣厭者，皆其私也，豈可遽操以爲驗，稽以爲決哉！

按以上八書，亦爲論太極發也，然匪直論太極而已也，而二家交相攻擊，判然如薰蕕冰炭之相反者，益可見焉。子静凡言「意見」、「私見私説」、「蒙蔽」，及答曾宅之書之類，俱詆朱子也。

語録

學者云：「學者須是除意見。子静説顔子克己之學非如常人克去一切忿欲利害之私，蓋欲於意念所起處，將來克去。」先生痛加誚責，以爲：「此三字誤天下學者。自堯舜相傳，歷代聖賢，書册上並無此三字。某謂除去不好底意見則可，若好底意見須是存留。如飢之思食，渴之思飲，合做底事思量去做，皆意見也。聖賢之學如一條大路，甚次第分明。緣有『除意見』横在心裏，便更不去做。如日間所行之事，想見只是不得已去做。才做，便要忘了，生怕有意見。所以目視霄漢，悠悠過日，下梢只成得箇狂妄。今只理會除意見，安知除意見之心，又非所謂意見乎？」

曈按：意見之説，朱、陸在南康嘗面論之矣，而此子静之書，復詆云「事實湮於意見」，「撰得如此意見」，故復附焉。

附子静書

與邵叔誼書曰：王澤之竭，利欲日熾。先覺不作，民心横奔，浮文異端，轉相熒惑。往聖話言，徒爲藩飾。而爲機變之巧者，又復魑魅虺蜴其間，恥非其恥，而恥心亡矣。今謂之學問思辨，而於此不能深切著明，依憑空言，傅著意見，增疣益贅，助勝崇私，重其狷忿，長其負恃，蒙蔽至理，扞格至言，自以爲是，没世不復，此其爲罪，浮於自暴自棄之人矣。此人之過，其初甚小，其後乃大；人之救之，其初則易，其後則難。

與趙某書曰：愚、不肖者不及焉，則蔽於物欲而失其本心，賢者、智者過之，則蔽於意見而失其本心。徇物欲者，既馳而不知反；徇意見者，又馳而不知止。故道在邇而求之遠，事在易而求之難。道豈遠而事豈難？意見不除自作艱難耳。深知其非，則蔽解惑去而得所止矣。

與鄧文範書曰：愚、不肖者之蔽在於物欲，賢者、智者之蔽在於意見，高下、污潔雖不同，其爲蔽理溺心而不得其正則一也。

與陳君舉書曰：世習靡蔽，固無可言。以學自命者，又復封於私見，蔽於私説，卻鍼拒砭，厚自黨與，假先訓形似以自附益，顧不自知其實背馳久矣。天以是理畀人，而舉世莫任其責，則人極殆不立矣。永思及此，益切悼懼。

按：子静數書所言意見者，俱晚年侮朱子也。類附焉以見異同之趣。

答陳君舉書

誨示之勤，尤荷不鄙。然嘗謂人之爲學，若從平實地上循序加功，則其目前雖未見日計之益，而積累功夫，漸見端緒，自然不假用意裝點，不待用力支撑，而聖賢之心、義理之實必皆有以見其確然而不可易者。至於講論之際，心即是口，口即是心，豈容别生計較，依違遷就，以爲諧俗自便之計邪？今之爲學既已過高而傷巧，是以其説常至於依違遷就而無所分别。蓋其胸中未能無纖芥之疑有以致然，非獨以避咎之故而後詭於辭也。若熹之愚，自信已篤，向來之辨，雖至於遭讒取辱，至於今日，此心耿耿，猶恨其言之未盡，不足以暢彼此之懷、合異同之趣，而不敢以爲悔也。不識高明何以教之？惟盡言無隱，使得反復其説，千萬之幸。老病幽憂，死亡無日，念此一大事非一人私説、一朝淺計，而終無面寫之期，是以冒致愚惘。鄉風引領，不勝馳情。

語録

君舉謂某不合與林黃中、陸子静諸人辨，以爲「相與詰難，竟無深益」，「蓋刻畫太精，頗傷易簡。矜持已甚，反涉吝驕」。不知更如何方是深益？若孟子之闢楊、墨，也只是恁地闢。他説「刻畫太精」，便只是某不合説得太分曉，不似他只恁地含糊。他是理會不得，被衆人擁從，又不肯道我不識，又不得不説，説又不識，所以不肯索性開口道這物事，又只恁鶻突了。子静雖占姦不説，然他見得成箇物事，説話間便自然有箇痕跡可見。只是人理會他底不得，故見不得，然亦易見。子静只是人未從他便不説；及鉤致得來，便直是説，方始與你理會。又曰：「他那似得子静。子静卻是見得箇道理，卻成一部禪，他和禪識不得。」

瞳按：此書蓋攻討君舉「唱爲不必攻討之説」者，而因以攻討其失焉。學者當知「攻討幽憂」之意，不可泛然而不之察也。

附君舉書

二十年間，聞見異同，無從就正。間欲以書叩之，念長者前有長樂之争，後有臨川之辨。他如永康往還，動數千言，更相切磋，未見其益。而學者轉相夸毗，浸失本旨。蓋刻畫太精，頗傷簡易；矜持已甚，反涉吝驕。以此益覺書不能宣，須請見究此衷曲耳。

按：君舉蓋唱爲不必攻討者，其爲邪詖之徒、亂賊之黨也歟！

【校勘記】

〔一〕又以自家所見道理爲是　「又」，晦庵集卷三六答陸子美作「只」。

〔二〕不務力行　「力」，晦庵集卷三六答陸子美作「正」。

〔三〕今時流俗例爲此説　「流」字原脱，今據晦庵集卷四九答陳膚仲補。

〔四〕若自不免於一偏　「自」字原脱，今據晦庵集卷三六答陸子静補。

〔五〕樂勝恥負者所能及哉　「及」，陸九淵集卷一作「知」。

〔六〕皆理勢之當然　「理勢」，晦庵集卷三六作「語勢」。

〔七〕來書云「書尾」止「文耶」　原無「書尾止文耶」五字，據晦庵集卷三六答陸子静補。

卷八

答劉公度書

所喻「世豈能人人同己，人人知己？在我者明瑩無瑕，所益多矣」，此等言語，殊不似聖賢意思。無乃近日亦爲異論所染，自私自利，作此見解邪？不知聖賢辨異論、闢邪説如此之嚴者，是爲欲人人同己、人人知己而發邪？抑亦在我未能無瑕，而猶有待於言語辨説邪？今者紛紛，正爲論易、西銘而發，雖未免爲失言之過，然未嘗以此爲悔也。臨川近説愈肆，荆舒祠記曾見之否？此等議論，皆學問偏枯、見識昏昧之故，而私意又從而激之。若公度之説行，則此等事都無人管，恣意横流矣。試思之如何？

暲按：此書亦責「唱爲不必攻討」之説者，其曰「異論」指子静也，末乃深斥子静荆公祠記之非。子静不以爲然，語附諸左。祠記之非，黄氏日抄考之詳矣，此不暇論云。

附子静答胡季隨書

王文公祠記，乃是斷百餘年未了底大公案，自謂聖賢復起，不易吾言。餘子未嘗學問，妄肆指議，固無足多怪。同志之士，猶或未能盡察，此良可慨歎。足下獨謂使荆公復生，亦將無以自解，精識如此，吾道之幸！

道不遠人，人自遠之耳。人心不能無蒙蔽，蒙蔽之未徹，則日以陷溺。諸子百家往往以聖賢自期，仁義道德自命，然其所以卒畔於皇極而不能自拔者，蓋蒙蔽而不自覺，陷溺而不自知耳。

顔子之賢，夫子所屢歎，氣質之美，固絶人遠甚。子貢非能知顔子者，然亦自知非儔偶。論語所載顔淵喟然之歎，當在「問仁」之前；「爲邦」之問，當在「問仁」之後。「請事斯語」之時，乃其知之始至，善之始明時也。以顔子之賢，雖其知之未至，善之未明，亦必不至有聲色貨利之累，忿狠縱肆之失，夫子答其問仁，乃有「克己復禮」之説。所謂己私者，非必如常人所見之過惡而後爲己私也，己之未克，雖自命以仁義道德，自期以可見聖賢之地者，皆其私也。顔子之所以異乎衆人者，爲其不安乎此，極鑽仰之力，而不能自已，故卒能踐「克己復禮」之言，而知遂以至，善遂以明也。若子貢之明達，固居游、夏之右，見禮知政、聞樂知德之識，絶凡民遠矣，從夫子游如彼其久，尊信夫子之道如彼其至，夫子既没，其傳乃不在子貢，顧在曾子。私見之錮人，難於自知如此。

按：子静此書云同志之士「以聖賢自期，仁義道德自命」，「蒙蔽」、「私見」者，皆指朱子也。「克己」之説，蓋所謂害流於生民，禍及於後世，甚於洪水猛獸之災，慘於夷狄篡弑之禍者〔一〕。

語録

因看金溪與季隨書中説顔子「克己」處，曰：「看此兩行議論，其宗旨是禪，尤分曉。此乃捉著真贜正賊，惜方見之，不及與之痛辨。其説以忿欲等皆未是己私，而思索講習卻是大病，乃所當克治者。如禪家『乾屎橛』等語，其上更無意義，又不得别思義理，將此心都禁遏定，久久忽自有明快處，方謂之得。『此之謂失其本心』，故下梢忿欲紛起，恣意猖獗，如劉淳叟輩所爲，皆彼自謂不妨者也。杲老在徑山，僧徒苦其使性氣，没頭腦，甚惡之。又戀著他禪，嘗有一僧云：『好捉倒剥去衣服，尋看他禪是在左脇下，是在右脇下？待尋得見了，好與奪下，卻趕將出門去。』杲老所喜，皆是麤疎底人，如張子韶、唐立夫諸公是也。汪聖錫、吕居仁輩稍謹愿，痛被他薄賤。汪丈爲人淳厚，趕張子韶輩不得，又有許多記問經史典故，又自有許多鶻突學問義理，又戀著鶻突底禪，羣疑塞胸，都没分曉，不自反躬窮究，只管上求下告。問他討禪，被他恣意相薄。汪丈嘗謂某云：『杲老禪學實自有好處。』某問之曰：『侍郎曾究見其好處否？』又卻云『不曾』。今金溪學問真正是禪，欽夫、伯恭緣不曾看佛書，所以看他不破。只某便識得他。試將楞嚴、圓覺之類一觀，亦可粗見大意。釋氏之學，大抵謂若識得透，應千罪惡即都無了。然即此一種學，在世上乃亂臣賊子之三窟耳。王履道做盡無限過惡，遷謫廣中，剗地在彼説禪非細，此正謂其所爲過惡，皆不礙其禪學耳。」

或説：「象山説：『克己復禮』不但只是欲克去那利欲忿懥之私，只是有一念要做聖賢，便不可。」曰：「此等議論恰如小兒則劇一般，只管要高去。聖門何嘗有這般説話？人要去學聖賢，此是好底念慮，有何不可？若以爲不可，則堯舜之『兢兢業業』，周公之『思兼三王』，孔子之『好古敏求』，顔子之『有爲若是』，孟子之『願學孔子』之念，皆當克去矣。看他意思只是禪。誌公云：『不起纖毫修學心，無相光中常自在。』他只是要如此，然豈有此理？只如孔子答顔子『克己復禮爲仁』，據他説時，只這一句已多了，又況有下頭一落索。只是顔子才問仁，便與打出方是。及至恁地説他，他又卻諱。某嘗謂，人要學禪時，不如分明去學他禪和一棒一喝便了。今乃以聖賢之言夾雜了説，都不成箇物事。道是龍，又無角。道是蛇，又有足。子静舊年也不如此，後來弄得直恁地差異。如今都教壞了後生，箇箇不肯去讀書，一味顛蹶没理會處〔二〕，可惜，可惜！正如荀子不睹是，逞快胡罵亂罵，教得箇李斯出來，遂至焚書坑儒。若使荀卿不死，見斯所爲如此，必須自悔。使子静今猶在，見後生輩如此顛蹶，亦須自悔其前日之非。」又曰：「子静説話，常是兩頭明，中間暗。」或問：「暗是如何？」曰：「是他那不説破處。他所以不説破，便是禪。所謂『鴛鴦繡出從君看，莫把金針度與人』，他禪家自愛如此。」

黄達才問：「顔子如何尚要克己？」先生厲聲曰：「公而今去何處勘驗他不用克己！既是夫子與他説時，便是他要這箇工夫，卻如何硬道他不用克己！這只是公那象山先生好恁地説道，『顔子不似他人樣有偏處；要克，只是心有所思』，便不是了。嘗見他與某人一書説道：『才是要克己時，便不是了。』這正是禪家之説，如杲老説『不可説，不可思』之類。他説到那險處時，又卻不説破，卻又將那虚處説起來。如某所説克己，便是説外障；如他説是説裏障。他所以嫌某時，只緣是某捉著他緊處。別人不曉禪，便被他謾；某卻曉得禪，所以被某看破了。夫子分明説：『非禮勿視，非禮勿聽，非禮勿言，非禮勿動。』顔子分明是『請事斯語』，卻如何恁地説得？

瞳按：以上語録三條皆斥子静所言克己之非。

答趙子欽書

子静後來得書愈甚於前，大抵其學於心地工夫不爲無所見，但便欲恃此陵跨古今，更不下窮理細密功夫，卒并與其所得者而失之。人欲横流不自知覺，而高談大論以爲天理盡在是也，則其所謂心地工夫者又安在哉？

曈按：朱子平日論子静之學，約而該、切而明者，無踰於此書矣。學者究之。

語録

「禪學熾則佛氏之説大壞，緣他本來是大段著工夫收拾這心性，今禪説只恁地容易做去。佛法固是本不見大底道理〔三〕，只就他本法中是大段細密，今禪説只一向粗暴。子静之學，看他千般萬般病，只在不知有氣禀之雜，把許多粗惡底氣都把做心之妙理，合當恁地自然做將去。向在鉛山得他書云：『看見佛之所以與吾儒異者，止是他底全是利，吾儒止是全在義。』按此見答王順伯書。某答他云：『公亦只見得第二著。』看他意，只説吾儒絶斷得許多利欲，便是千了百當，一向任意做出都不妨。不知初自受得這氣禀不好，今才任意發出許多不好底，也只都做好商量了。只道這是胸中流出，自然天理。不知氣有不好底夾雜在裏，一齊衮將去，道害事不害事？看子静書，只見他許多粗暴底意思可畏。其徒都是這樣，才説得幾句，便無大無小，無父無兄，只我胸中流出底是天理，全不著得些工夫，看來這錯處，只在不知有氣稟之性。」又曰：「論性不論氣，不備。孟子不説到氣一截，所以説萬千與告子幾箇，然終不得他分曉。告子以後，如荀、揚之徒，皆是把氣做性説了。」

「子静之學，只管説一箇心本來是好底物事，上面著不得一箇字，只是人被私欲遮了。若識得一箇心了，萬法流出，更都無許多事。他卻是實見得箇道理恁地，所以不怕天，不怕地，一向所以胡叫胡喊。」又曰：「如東萊便是如何云云，不似他見得恁地直拔俊偉，下梢東萊學者一人自執一説，更無一人守其師説，亦不知其師緊要處是在那裏，都只恁地衰塌不起了，其害小。他學者見得箇物事，便都恁地胡叫胡説，實是卒動他不得，一齊恁地無大無小，便是『天上天下，惟我獨尊。』若我見得，我父不見得，便是父不似我；兄不見得，便是兄不似我。更無大小，其害甚大，不待至後世，即今便是。」

曈按：以語録及答子欽書觀之，則子静以人欲爲天理也，其爲禪學可知。

答吴伯豐書

異端之學，以性自私，固爲大病。然又不察氣質情欲之偏，而率意妄行，便謂無非至理，此尤害事。近世儒者之論，亦有近似之言，不可不察也。故所見愈高則所發愈暴。

答鄭子上書

儒釋之異，正爲吾以心與理爲一，而彼以心與理爲二耳。然近世一種學問，雖説心與理一，而不察乎氣稟物欲之私，故其發亦不合理，卻與釋氏同病，又不可不察。

答或人書

近世學者，多是向外走作，不知此心之妙是爲萬事根本。其知之者，又只是撐眉努眼，喝罵將去，便謂只此便是良心本性，無有不善。卻不知道若不操存踐履、講究體驗，則只此撐眉努眼，便是私意人欲，自信愈篤，則其狂妄愈甚。此不可不深察而遠避之也。

瞳按：以上三書蓋亦指子靜也，故類聚之。

答方賓王書

心固不可不識，然靜而有以存之，動而有以察之，則其體用亦昭然矣。近世之言識心者則異於是，蓋其靜也初無持養之功，其動又無體驗之實，但於流行發見之處認得頃刻間正當底意思，便以爲本心之妙不過如是，擎夯作弄，做天來大事看。不知此又是心之用耳，此事一過，此用便息。豈有只據此頃刻間意思，便能使天下事事物物無不各得其當之理邪？所以爲其學者，於其功夫到處，亦或小有效驗，然亦不離此處，而其輕肆狂妄、不顧義理之弊已有不可勝言者。此真不可以不戒，然亦切勿以此語人，徒增競辨之端也。

暲按：此書斥認流行發見爲本心之妙者，殆指子静也。載之非直可見陸學之非，抑使有志於心學者有所持循觀法而無惑於異端云。

語録

子静尋常要説「集義所生者」，其徒包敏道至説「成襲義而取」，卻不説「義襲而取之」，他説如何？正淳曰：「它説須是實得，如義襲，只是强探力取。」曰：「謂如人心知此義理，行之得宜，固自内發。人性質有不同，或有魯鈍，一時見未到得。别人説出來，反之於心，見得爲是而行之，是亦内也。人心所見不同，聖人方見得盡。今陸氏只是要自渠心裏見得底，方謂之内。若别人説底一句也不是。才自别人説出，便指爲義外。如此，乃是告子之説。如『生而知之』與『學而知之』、『困而知之』，『安而行之』與『利而行之』、『勉强而行之』，及其知之、行之則一也，豈可一一須待目我心而出方謂之内？所以指文義而求之者皆不爲内？故自家才見得如此，便一向執著，將聖賢言語便亦不信，更不去講貫，只是我底是，其病痛只在此。只是專主『生知、安行』而『學知』以下一切皆廢。」

附草廬吴氏序象山語録

道在天地間，古今如一，人人同得，智愚賢不肖，無豐嗇焉。能反之於身，則天之所以與我者，我固有之，不待外求也；擴而充之，不待增益也。先生之教人蓋以是，豈不至簡至易而切實哉？不求諸我之身，而求諸人之言，此先生之所以深閔也。今之口談先生、心慕先生者比比也，果有一人能知先生之學者乎？果有一人能爲先生之學者乎？嗚呼！居之相近，若是其甚也；世之相去，若是其未遠也，可不自愧自奮歟？〔四〕勿徒以先生之學付之於言也。

曈按：朱子之譏子静也如彼，草廬之宗子静也如此，可謂大不審矣。薛文清公曰：「朱子論象山之學，具有定論，吴氏猶左右之，何也？」旨哉言乎！

答項平父書

所論「義襲」，猶未離乎舊見。大抵既爲聖賢之學，須讀聖賢之書；既讀聖賢之書，須看得他所説本文上下意義，字字融釋，無窒礙處，方是會得聖賢立言指趣，識得如今爲學功夫，固非可以懸空白撰而得之也。如孟子答公孫丑問氣一節，專以浩然之氣爲主。其曰「是集義所生者」，言此氣是積累行義之功而自生於内也。其曰「非義襲而取之也」，言此氣非是所行之義潛往掩襲而取之於外也。其曰「行有不慊於心則餒矣」者，言心有不慊，即是不合於義而此氣不生也。是豈可得而掩取哉？告子乃不知此，而以義爲外，則其不動心也，直彊制之而頑然不動耳，非有此氣而自然不動也。故又曰：「我故曰告子未嘗知義，以其外之也。」然告子之病，蓋不知心之慊處即是義之所安，其不慊處即是不合於義，故直以義爲外而不求。今人因孟子之言卻有見得此意而識義之在内者，然又不知心之慊與不慊，亦有必待講學省察而後能察其精微者。故於學聚問辨之所得，皆指爲外而以爲非義之所在，遂一切棄置而不爲。此與告子之言雖若小異，然其實則百步、五十步之間耳。以此相笑，是同浴而譏裸裎也。由其所見之偏如此，故義理之精微、氣質之偏蔽皆所不察，而其發之暴悍狂率，無所不至。其所慨然自任，以爲義之所在者，或未必不出於人欲之私也。

洪範「皇極」一章，乃九疇之本，不知曾子細看否？先儒訓「皇極」爲「大中」。近聞又有説「保極」爲存心者，其説如何？幸推詳之，復以見告。逐句詳説，如注疏然，方見所論之得失。大抵爲學，但能於此等節目處看得十數條通透縝密，即見讀書凡例，而聖賢傳付不言之妙，皆可以漸得之言語之中矣。

　　疃按：此書所謂今人者，以上條語録考之，指子静也。朱子在南康與子静面論告子，見於文集、語録者，未遑盡采。其曰「説保極爲存心」者，亦指子静皇極講義也。

答胡季隨書

荆門皇極説曾見之否？試更熟讀洪範此一條，詳解釋其文義，看是如此否。

　　按：子静知荆門軍，著皇極講義，紹熙壬子上元日。故二書皆言其説之非。朱子又嘗著皇極辨，蓋亦爲子静發也，兹不及載，學者究之。

答吴伯豐書

閒中頗有學者相尋，早晚不廢講學，得以自警。然覺得今世爲學，不過兩種，一則徑趨簡約，脱略過高；一則覺得外馳，支離煩碎。其過高者固爲有害，然猶爲近本。其外馳者，譎詭狼狽，更不可言。吾儕幸稍平正，然亦覺欠卻涵養本原功夫，此不可不自反也。所寄疑義，蓋多得之，已略注其間矣。小差處不難見，但卻欲賢者更於本原處加功也。

　　疃按：「徑趨簡約、脱略過高」者，指陸學也。「覺得外馳、支離煩碎」者，指浙學也。「幸稍平正」者，謙而自謂也。「欠卻涵養本原功夫」者，自責以警伯豐也。篁墩之論，恐爲不然，讀者審之。

答林謙之書

熹聞之，自昔聖賢教人之法，莫不使之以孝弟忠信、莊敬持養爲下學之本，而後博觀衆理，近思密察，因踐履之實以致其知。其發端啓要，又皆簡易明白，初若無難解者；而及其至也，則有學者終身思勉而不能至焉。蓋非思慮揣度之難，而躬行默契之不易。故曰：「夫子之文章，可得而聞也。夫子之言性與天道，不可得而聞也。」夫聖門之學所以從容積累，涵養成就，隨其深淺，無非實學者，其以此與？今之學者則不然，蓋未明一理而已傲然自處以上智生知之流，視聖賢平日指示學者入德之門至親切處，例以爲鈍根小子之學，無足留意。其平居道説，無非子貢所謂「不可得而聞者」，往往務爲險怪懸絶之言以相高〔五〕，甚者至於周行卻立，瞬目揚眉，内以自欺，外以惑衆，此風肆行，日以益甚。使聖賢至誠善誘之教反爲荒幻險薄之資，仁義充塞，甚可懼也。

熹綿力薄材，學無所至，徒抱憂歎，末如之何。竊獨以爲非如執事之賢，素爲後學所觀仰者，不能有以正而捄之，故敢以爲請。執事誠有意焉，則熹雖不敏，且將勉策駑頓以佐下風之萬一，不識執事亦許之否乎？

暲按：此書舉昔聖賢教人之法，以明當時學者之非，味其詞，推其意，實指子静而攻之也。朱子自任之重、望人之切至矣，學者其可不端所趨，以領聖賢救世之意哉！

【校勘記】

〔一〕慘於夷狄篡弑之禍者　「夷狄篡弑」，原作「賊仁賊義」，據上圖本改。按，底本爲清避時諱所改。

〔二〕一味顛蹶没理會處　「一味」兩字原脱，今據朱子語類卷一〇四補。

〔三〕佛法固是本不見大底道理　「底」字處原爲墨釘，今據上圖本閑闢録補。

〔四〕可不自愧自奮歟　吴文正集卷一七「自愧」下有「自惕而」三字。

〔五〕往往務爲險怪懸絶之言以相高　「高」，原作「交」，據晦庵集卷三八答林謙之改。

卷九

語録

象山死，先生率門人往寺中哭之。既罷，良久曰：「可惜死了告子。」

　　　瞳惟：哭之者，故舊之私情。曰「可惜死了告子者」，斯文之公議。仁之至、義之盡也。告子以知覺運動爲性，子静以氣稟物欲爲天理；告子以義爲外而不求，子静以學問非義所在而不爲。其失一也，故曰「告子」。或曰：「既哭之而又譏之，大賢固如此乎？殆記者之誤也。」曰：以答趙然道書徵之，可見其非記者之誤云。

答趙然道書

荆門之訃，聞之慘怛。故舊凋落，自爲可傷，不計平日議論之同異也。來喻又謂恨不及見其與熹論辨有所底止，此尤可笑。蓋老拙之學雖極淺近，然其求之甚艱而察之甚審，視世之道聽塗説於佛、老之餘而遽自謂有得者，蓋嘗笑其陋而譏其僭。豈今垂老，而肯以其千金易人之弊帚者哉。

曈按：朱子此書，自任之重，距闢之嚴，與自謂以承三聖者，同一揆也。後世乃謂朱子之學晚歲有取於子静，子静之學爲非禪，甚者以爲學同而並稱，性理大全亦以朱、陸並隸諸儒爲一類，殆未考邪？或謂此書因其人所通書語狂僭而發，非有憾於陸氏。然以答詹元善書考之，則豈因狂僭而發哉。

答詹元善書

季通一出，飽觀江湖表裏形勢，不爲無補。子静旅櫬經由，聞甚周旋之，此殊可傷。見其平日大拍頭，胡叫唤，豈謂遽至此哉！然其説頗行於江湖間，損賢者之志而益愚者之過，不知此禍又何時而已耳。許教似亦小中毒也。

答蔡季通書

長沙之行，幾日可歸？閤記不敢辭，但恐病中意思昏憒，未必能及許教未替前了得耳。向見薛象先盛稱其人，今讀其書，乃知講於陸氏之學者，近年此説流行，後生好資質者皆爲所擔閣壞了，甚可歎也。

答許教中應。書

夫道之體用盈於天地之間，古先聖人既深得之，而慮後世之不能以達此，於是立言垂教，自本至末，所以提撕誨飭於後人者無所不備。學者正當熟讀其書，精求其義，考之吾心，以求其實，參之事物，以驗其歸，則日用之間諷誦思存，應務接物，無一事之不切於己矣。來喻乃謂讀書逐於文義，翫索墮於意見，而非所以爲切己之實，則愚有所不知其說也。世衰道微，異論蠭起，近年以來，乃有假佛釋之似以亂孔孟之實者。其法首以讀書窮理爲大禁，常欲學者注其心於茫昧不可知之地，以僥倖一旦恍然獨見，然後爲得。蓋亦有自謂得之者矣，而察其容貌辭氣之間、修己治人之際，乃與聖賢之學有大不相似者。左右於此無乃亦惑其説而未能忘邪？夫讀書不求文義，玩索都無意見，此正近年釋氏所謂看話頭者。世俗書有所謂大慧語録者，其説甚詳，試取一觀，則其來歷見矣。若曰儒釋之妙本自一同，則凡彼之所以賊恩害義、傷風壞教，聖賢之所大不安者，彼既悟道之後，乃益信其爲幻妄而處之愈安，則亦不待他求而邪正是非已判然於此矣。

又如所謂寧有人皆得見之過，無或有不睹不聞之欺，夫中庸之言，正謂道體流行，初無間斷，是以無所不致其戒懼，非謂獨戒懼乎隱微而忽略其顯著也。若如來喻，則人所共見之處間斷多矣，而曰循是存養，不疾不徐，吾恐其未免爲好高欲速之尤者也。至如孟子所謂非義襲而取之，文義本自分明，而今學者未曾細考，但據口耳相承，以至施安失所者蓋十人而三五也。

曈按：此書乃因許教中子静之毒而救藥之，其曰「近年以來至有大不相似」者，俱指子静而闢之也。

鄂州州學稽古閣記

人之有是身也，則必有是心；有是心也，則必有是理。若仁、義、禮、智之爲體，惻隱、羞惡、辭讓、是非之爲用，是則人皆有之，而非由外鑠我也。然聖人之所以教，不使學者收視反聽，一以反求諸心爲事，而必曰「興於詩，立於禮，成於樂」，又曰博學、審問、謹思、明辨而力行之，何哉？蓋理雖在我，而或蔽於氣稟物欲之私，則不能以自見。學雖在外，然皆所以講乎此理之實，及其浹洽貫通而自得之，則又初無内外精粗之間也。世變俗衰，士不知學，挾册讀書者，既不過於誇多鬬靡，以爲利禄之計，其有意於己者，又直以爲可以取足於心，而無事於外求也。是以墮於佛老空虛之邪見，而於義理之正，法度之詳，有不察焉。其幸而或知理之在我，與夫學之不可以不講者，則又不知循序致詳，虚心一意，從容以會乎在我之本然，是以急遽淺迫，終已不能浹洽而貫通也。嗚呼！是豈學之果不可爲？書之果不可讀？而古先聖賢所以垂世立教者，果無益於後來也哉？道之不明，其可歎已。

鄂州州學教授許君中應，既新其學之大門，而因建閣於其上，櫝藏紹興石經、兩朝宸翰，以爲寶鎮。又取板本九經、諸史百氏之書列置其旁，不足則使人以幣請於京師之學官，使其學者討論誦説，得以饜飫而開發焉。既成，因予之友蔡君元定以來請，曰願有記也。

予雅聞許君之學蓋有志於爲己，而意其所以學者，亦曰取足於心而已矣。今以是舉觀之，則見其所以誨人者甚平且實，然後知其所以自爲者，不以泯心思、滅聞見爲極致之歸也〔一〕。因爲之記其本末，而并推近世所以爲學讀書之病，請具刻焉，以告登此閣而讀此書者，使姑無溺於俗學之下流，無迷於異端之捷徑，則於理之在我者，庶乎有以深求而自得之矣。道之不明，豈足患哉！

曈按：此記及答許教書，蓋攻子静之失，而因指示爲學求道之方，其所以提撕誨飭我後人者切矣，學者勉夫！

答汪長孺書

別紙所論，殊不可曉。既云識得人病，遂見天理流行昭著，無絲豪之隔，不知如何未及旋踵，便有氣盈矜暴之失，復生大疑，鬱結數日，首尾全不相應？似是意氣全未安帖，用心過當，致得如此，全似江西氣象。其徒有今日悟道而明日醉酒駡人者，嘗舉賈生論胡亥語戲之。今乃復見此，蓋不約而同也。此須放下，只且虛心平氣玩味聖賢言語，不要希求奇特，庶幾可捄。今又曰「先作云云工夫，然後觀書」，此又轉見詭怪多端，一向走作矣。

語録

陸深甫問爲學次序。曰：「公家庭尊長平日所以教公者如何？」陸云：「刪定叔祖所以見教者〔二〕，謂此心本無虧欠，人須見得此心，方可爲學。」曰：「此心固是無虧欠，然須是事事做得是，方無虧欠。若只説道本無虧欠，只見得這箇便了，豈有是理。」因説：「江西學者自以爲得陸刪定之學，便高談大論，略無忌憚。忽一日自以爲悟道，明日與人飲酒，如法駡人。某謂：賈誼云秦二世今日即位，而明日射人，今江西學者乃今日悟道而明日駡人，不知所悟者果何道哉？」

陸氏之學只是禪，初間猶以吾儒之説蓋覆，如今一向説得熾，不復遮護了。渠自説有見於理，到得做處，一向任私意做去，全不睹是。人同之則喜，異之則怒。至任喜怒，胡亂便打人駡人，後學纔登其門，便學得不遜無禮，出來極可畏。世衰道微，千變百怪如此，可畏，可畏！

答姜叔權書

示喻曲折，何故全似江西學問氣象？頃見其徒自説見處，言語意氣、次第節拍正是如此，更無少異，恐是用心過當，致得如此張皇。如此不已，恐更有怪異事，甚不便也。長孺所見亦然，但賢者天資慈祥，故於惻隱上發；彼資稟粗厲，故别生一種病痛。大抵其不穩帖而輕肆動盪，則不相遠也。正恐須且盡底放下，令胸中平實，無此等奇特意想，方是正當也。

語録

長孺向來自謂有悟，其狂怪殊不可曉，恰與金溪學徒相似。嘗見受學於金溪者，便似嚥下箇甚物事，被他撓得來恁地。又如有一箇蟲在他肚中，螬得他自不由己様。某嘗皆譬云：長孺、叔權，皆是爲酒所使，一箇善底只是發酒慈，那一箇便酒顛。

暲按：朱子嘗斥子靜妄生内外、精粗之别，以良心、日用分爲兩截，容貌、詞氣之間不必深察，俯視聖賢、蔑棄禮法者，徵諸二書，可類推也。朱子有與子靜門人書，類聚於左，以見其繆。

答劉公度書

建昌士子過此者，多方究得彼中道理，端的是異端誤人不少。向見賢者亦頗好之，近亦覺其非否？

所論爲學之意，甚善。初蓋不能不以爲疑，今得如此，甚慰意也。究觀聖門教學，循循有序，無有合下先求頓悟之理。但要持守省察，漸久漸熟，自然貫通，即自有安穩受用處耳。千岐萬徑，雜物並出，皆足以惑世誣民。其信之者，既陷於一偏而不可捄。其不信者，又無正定趣向，而泛濫於其間，是亦何能爲有亡耶？

暲按：公度蓋嗜陸學者，故朱子每箴警之如此。建昌士子，疑指諸包。

曹叔遠問：「陸子静教人，合下便是，如何？」曰：「如何便是？公看經書還有此樣語否？若云便是，夫子當初引帶三千弟子，日日説來説去則甚？何不云你都是了，各自去休？也須是做工夫始得。」又問：「或有性識明底，合下便是，後如何？」曰：須是有那地位方得。如『舜與木石居，與鹿豕遊，及聞一善言，見一善行，沛然若決江河，莫之能禦』，須是有此地位方得。如『堯舜之道孝悌，』不成説才孝悌，便是堯舜？須是誦堯言，行堯行，真箇能『徐行後長』方是。」

問：「陸象山道：當下便是。」曰：「看聖賢教人，曾有此等語無？聖人教人，皆從平地上做去〔三〕。所謂『克己復禮，天下歸仁』，須是先克去己私方得。孟子雖云『人皆可以爲堯舜』，也須是『服堯之服，誦堯之言，行堯之行』方得。聖人告顔子以『克己復禮』，告仲弓『以出門如見大賓，使民如承大祭』，告樊遲以『居處恭，執事敬，與人忠』，告子張以『言忠信，行篤敬』，這箇是説甚底話！又平時告弟子，也須道是『學而時習之』，『行有餘力，則以學文』，又豈曾説箇『當下便是』底語？」

瞳按：朱子嘗曰「江西頓悟，永康事功，若不極力争辨，此道無由得明」。故凡言頓悟者，指子静也。

答包顯道書

來喻依舊有忽略細微徑趨高妙之意。子淵書來云「顯道於異説已自洗濯」，熹固疑之。今以此驗之，乃知果如所疑也。

既未免讀書，則不曾大段著力理會，復是何説？向見前舉程文，從頭駡去，如人醉酒發狂，當街打人，不可救勸，心甚疑之，今乃知其病之有在也〔四〕。

答包詳道書

大學鄙説，未得奉呈，然使賢者見之，愈未必信。大抵如熹所見愈退而愈平，賢者所見愈進而愈險，彼此不同，終未易合。且當置之，各信其所信者，即看久遠如何耳。敏道令弟，則立論又甚高，尤非熹之所敢知耳。

示喻爲學之意，自信不疑如此，他人尚復何説？然觀古人爲學只是升高自下，步步踏實，漸次解剥，人欲自去，天理自明，無似此一般作捺扭捏底功夫，必要豁然頓悟，然後漸次修行也，曾子功夫只是戰兢臨履是終身事。中間一「唯」，蓋不期而會，偶然得之，非是别有一節功夫做得到此，而曾子本心蘄向，必欲得此，然後施下學之功也。

示喻曲折，足見進道之力，然若謂氣質之偏，只得如此用力，則固不失爲近本，而於獨善其身有得力處。今卻便謂聖門之學只是如此，全然不須講學，纔讀書窮理，便爲障蔽，則無是理矣。顔子一問爲邦，夫子便告以四代之禮樂。若平時都不講學，如何曉得禮記有曾子問一篇，於禮文之變纖悉曲盡，豈是塊然都不講學耶？東坡作蓮華漏銘譏衞朴以己之無目而欲廢天下之視，來喻之云，無乃亦類此乎。

答包敏道書

示喻已悉。求放心固是第一義，然如所謂「軌則一定而浩然獨存，使赤子之心全復於此，而明義之本先立於此，然後求聞其所未聞，求見其所未見」，則亦可謂凌躐倒置而易其言矣。聖賢示人，模範具在。近世乃有竊取禪學之近似者，轉爲此説，以誤後生。後生喜其爲説之高，爲力之易，便不肯下意讀書以求聖賢所示之門户，而口傳此説，高自標致。亂道誤人，莫此爲甚。三復來喻，恐未免此。因便布此，未知明者以爲如何？

所喻已悉。但道既不同不相爲謀，不必更紛紛，今後但以故人相處，問訊往來足矣。

答劉定夫書

所喻爲學之意甚善，然説話亦已太多。鄙意且要得學者息卻許多狂妄身心，除卻許多閒雜説話，著實讀書。初時儘且尋行數墨，久之自有見處。最怕人説學不在書，不務佔畢，不專口耳，下梢説得張皇，都無收拾，只是一場大脱空，直是可惡。細讀來書，似尚有此意思，非區區所欲聞也。來書詞氣狂率又甚往時，且宜依本分讀書做人，未須如此胡説爲佳。

語録

江西士人問爲學。曰："公們都被陸子静教莫要讀書，誤公一生。使公到今已老，此心倀倀然，如村愚聾盲無知之人，撞牆撞壁，無所知識；使得這心飛揚跳躑，渺渺茫茫，都無所主，若涉大水〔五〕，浩無津涯，少間便會失心去。何故？下此一等，只會失心，别無合殺也。傅子淵便是如此。子淵以喪心死。豈有學聖人之道，臨了卻反有失心者〔六〕，是甚道理？吁，誤人誤人，可悲可痛！分明被他塗其耳目，至今猶不覺悟。今教公之法：只討聖賢之書，逐日逐段，分明理會，且降伏其心，遜志以求之，理會得一句，便一句理明；理會得一段，便一段義明。積累久之，漸漸曉得。公今只是道聽塗説，只要説得。行若聖賢之道，只是説得贏，何消做工夫？只半日便説盡了。博學、審問、謹思、明辨，是理會甚事？」

答傅子淵書

賢者勇於進道而果於自信，未嘗虚心以觀聖賢師友之言，而壹取決於胸臆，氣象言語，只似禪家，張皇鬭怒，殊無寬平正大、沈浸濃郁之意。荆州所謂拈槌豎拂意思者，可謂一言盡之。然左右初不領略，而渠亦無後語，此愚所深恨也。

示喻戰栗之義，反復思之，終未能曉。豈以宰我如此注解便涉支離，不能簡易故邪？細熹看此章，只是宰我錯解了，故聖人深責之，不謂其纔下注解便成支離，如來喻之云也。細詳來喻，是意外生説，附會穿鑿，有不勝其支離者。舉此一端，恐區區所見與賢者不同，不但此一事也。二包、定夫書來，皆躐等好高之論，殊不可曉。

示喻所得，日益高妙，非復愚昧所能窺測，但願更於小心密察處稍加意焉，則所謂主敬窮理者，殆亦緝熙光明之所不可已者，而初亦不在渙然心喻之外也。包、黄諸君各精進，捐去舊習，甚善，但恐似此一向虚掠〔七〕，則又只是改换名目也。

曈按：以上十二書，胥斥子静門人傳授之非，疾痛深切，不少假借。其所以責之者嚴矣，學者可不審觀而諦究哉。

答潘子善書

楊敬仲其人，簡淡誠慤，自可愛敬。而其議論見識，自是一般。又自信已篤，不可復與辨論，正不必徒爲嘵嘵也。

語録

曰：「佛者言：『但願空諸所有，謹勿實諸所無。』事必欲忘卻，故曰『但願空諸所有』心必欲其空，故曰『謹勿實諸所無』。敬仲學於陸氏，更不讀書，是要不『實諸所無』；已讀之書，皆欲忘卻，是要『空諸所有』。」

敬仲有易論，林黄中有易解，春秋解專主左氏。或曰：「林黄中文字可毁。」先生曰：「卻是楊敬仲文字可毁。」

答李好古書

向來見陸刪定，所聞如何？若以爲然，當用其言，專心致志，庶幾可以有得，不當復引他説，以分其志。若有所疑，亦當且就此處商量，不當遽舍所受而遠求也〔八〕。東問西聽，以致惶惑，徒資口耳，空長枝葉，而無益於學問之實，不願賢者爲之，是以有問而不敢對也。

語録

劉淳叟極口説子静之學大繆，某因詰之云：「若子静之學術自當付之公論，公如何得如此説他？」

子静云：「涵養是主人翁，省察是奴婢。」陳正己力排其説，曰：「子静之説無常定，要云今日之説自如此，明日之説自不如此。」大抵他只是拗，才見人説省察，他便反而言之謂須是涵養。若有人向他説涵養，他又言須是省察以勝之。自渠好爲訶佛罵祖之説，致令其門人以夫子之道反害夫子。

按：李、劉、陳，俱子静門人訶佛罵祖者，故朱子斥之俱如此。

答劉季章書

來喻所云「書能益人與否，只在此心」等説，此又是病根不曾除得。以鄙見觀之，都無許多閒説，只著實依文句玩味，意趣自深。是不須如此，又只是立説取勝也。前與無疑書，亦有少講論，曾見之否？敬子諸人卻甚進，此亦無他，只是渠肯聽人説話，依本分、循次序平心看文字，不敢如此走作閒説耳。大率江西人尚氣，不肯隨人後，凡事要自我出，自由自在，故不耐煩如此逐些理會，須要立箇高論籠罩將去。譬如讀書，不肯從上至下逐字讀去，只要從東至西一抹橫説。乍看雖似新巧，壓得人過，然橫拗粗疎〔九〕，不成義理，全然不是聖賢當來本説之意，則於己分究竟成得何事？只如臨川前後一二公，巨細有不同，然原其所出，則同是此一種見識，可以爲戒而不可學也。因見無疑，可出此紙，大家評量。趁此光陰未至晚暮之時，做些著實基址，積累將去，只將排比章句、玩索文理底工夫換了許多杜撰計較、別尋路脈底心力，須是實有用心處，久之自然心地平夷，見理明徹，庶幾此學有傳，不至虛負平生也。

語録

江西士風，好爲奇論，恥與人同，每立異以求勝。如陸子静説告子論性强孟子，又説荀子「性惡」之論甚好，使人警發，有縝密之功。昔荆公參政日，作兵論藁，壓之硯下。劉貢父謁見，值客，徑坐於書院，竊取視之。既而以未相見而坐書院爲非，遂出就客次。及相見，荆公問近作，貢父以近作兵論對，乃竊荆公之意而易其文以誦之。荆公退，碎其硯下之藁，以其所論同於人也。皆是江西之風如此。

大率江西人都是硬執他底横説，如王介甫、陸子静都只横説。且如陸子静説「文帝不如武帝」，豈不是横説？

語録

曾祖道曰：「象山與祖道言：『目能視，耳能聽，鼻能知香臭，口能知味，心能思，手足能運動，如何更要甚存誠持敬？硬要將一物去治一物，須要如此做甚？詠歸舞雩，自是吾夫子家風。』祖道對曰：『是則是有此理，恐非初學所到地位。』象山曰：『吾子有之，而必欲外鑠以爲本，可惜。』祖道曰：『此恐只是先生見處。今要祖道便如此，卻恐成猖狂妄行，蹈乎大方者矣。』象山曰：『纏繞舊習，如落陷穽，卒除不得。』先生曰：『子静所學分明是禪。』」

曈按：此語與子静答祖道字宅之，一作擇之。書之意同。其書實詆朱子也。答朱子書亦有自謂「學子相從講習，此理爲之日明，舞雩詠歸，千載同樂」之語。

答孫敬甫自修。書

程夫子之言曰：「涵養必以敬，而進學則在致知。」此兩言者，如車兩輪，如鳥兩翼，未有廢其一而可行可飛者也。世衰道微，異説蠭起，其間蓋有全出於異端，而猶不失於爲己者，其他則皆飾私反理，而不足謂之學矣。

語録

先生出示答孫自修書，因言陸氏之學雖是偏，尚是要去做箇人，若永康、永嘉之説，大不成學問。

曈按：朱子嘗曰：「明道適僧舍，見其方食，而曰：『三代威儀盡在是矣。』皆不得已而救時之弊也。」

答孫敬甫書

所喻因胸次隱微之病，而知心之不可不存，此意甚善。要之，持敬、致知，實交相發，而敬常爲主。所居既廣，則所向坦然，無非大路。聖賢事業，雖未易以一言盡，然其大槩，似恐不出此也。年來多病杜門，間中見得此意頗端的，故樂以告朋友也。

如陸氏之學，則在近年一種浮淺頗僻議論中，固自卓然，非其儔匹。其徒傳習，亦有能修其身，能治其家，以施之政事之間者。但其宗旨本自禪學中來，不可掩諱。當時若只如晁文元、陳忠肅諸人，分明招認，著實受用，亦自有得力處，不必如此隱諱遮藏，改名換姓，欲以欺人，而人不可欺，徒以自欺，而自陷於不誠之域也。然在吾輩，須知其如此，而勿爲所惑。若於吾學果有所見，則彼之言釘釘膠粘一切假合處，自然解拆破散，收拾不來矣。切勿與辨，以啓其紛拏不遜之論，而反爲卞莊子所乘也，少時喜讀禪學文字，見杲老與張侍郎書云：「左右既得此欛柄入手，便可改頭換面，卻用儒家言語説向士大夫，接引後來學者。」後見張公經解文字一用此策，但其遮藏不密線索，漏露處多，故讀之者一見便知其所自來，難以純自託於儒者。若近年則其爲術益精，爲説浸巧，抛閃出没，頃刻萬變而已不可辨矣。然自明者觀之，亦見其徒爾自勞，而卒不足以欺人也。近得江西一後生書，有兩語云：「瞋目扼腕而指本心，奮髯切齒而談端緒。」此亦甚中其鄉學之病也。然亦已戒之，姑務自明，毋輕議彼矣。

所論太極之説，亦爲得之。然此意直是要得日用之間，厚自完養，方有實受用處。否則只是空言，而反爲彼瞋目切齒者所笑矣。切宜深戒，不可忽也。

曈按：語録此書之作，蓋在慶元丙辰、丁巳之間。如云當時，亦可見其在子静既没之後。張侍郎即無垢子韶也。此書斥子静之學爲異端，反覆詳明，有目者皆可得而見矣。後世名學朱子之學，如草廬吴氏與今江湖有識之士，率謂朱、陸無異，而盛宗陸學，何居？蓋爲所謂「爲術益精，爲説浸巧，拋閃出没，頃刻萬變而已不可辨矣者」所欺而不能察邪！世之明者，幸正救之。

附黄勉齋撰朱子行狀

求道而過者，病傳註誦習之煩，以爲不立文字，可以識心見性；不假修爲，可以造道入德。守虚靈之識而昧天理之真，借儒者之言以文佛老之説。學者利其簡便，詆訾聖賢，捐棄經典，猖狂叫呶，側僻固陋，自以爲悟。立論愈下者，則又崇奬漢唐，比附三代，以便其計功謀利之私。二説並立，高者陷於虚無，下者溺於卑陋，其害豈淺淺哉！先生力排之，俾不至亂吾道以惑天下，於是學者靡然向之。

曈按：勉齋此説可謂深中陸學、浙學之弊，真知朱子之心矣。此所以卒傳斯道而爲朱子之肖子忠臣也歟！虚谷方氏讀朱子年譜詩曰：「王道浪談行伯説，儒言陰用佐禪機。貪狼巨矢觀星象，天遣吾公闢此非。」惜於浙學亦止斥同父耳。

【校勘記】

〔一〕不以泯心思滅聞見爲極致之歸也　「致」，原作「摯」，今據晦庵集卷八〇鄂州州學稽古閣記改。

〔二〕删定叔祖所以見教者　「者」字原脱，今據朱子語類卷一二〇補。

〔三〕皆從平地上做去　「從平地」，朱子語録卷一二四作「從乎實地」。

〔四〕今乃知其病之有在也　「今」字原脱，今據晦庵集卷五五答包顯道補。

〔五〕若涉大水　「涉」字原脱，今據朱子語録卷一二四補。

〔六〕臨了卻反有失心者　「者」字原脱，今據朱子語録卷一二四補。

〔七〕但恐似此一向虚掠　「虚掠」，晦庵集卷五四答傅子淵作「掠虚」。

〔八〕不當遽舍所受而遠求也　「求」，原作「來」，今據晦庵集卷六四答李好古改。

〔九〕然横拗粗疏　「拗」，原作「物」，今據晦庵集卷五三答劉季章改。

卷十

宋史

贈張九成官爵，録程頤後。寶慶二年。贈陸九齡等官，賜謚。録張栻、吕祖謙、陸九淵後。寶慶三年。

曈按：九齡、九淵之學，朱子指爲異端，而闢之明且嚴矣。當時朝廷録其後，錫之謚，乃與諸儒埒，則其去朱子數百年之後，而論其同者，烏足怪哉？

綱目

九淵生而穎異，與其兄自相師友，和而不同。其教人不用學規，有小過，言中其情，或至流汗，有懷於中而不能自曉者，爲之條悉其故，悉如其心。亦有相去千里，聞其大槩而得其爲人，嘗謂學者曰：「汝耳自聰，目自明，事父自能孝，事兄自能弟，本無欠闕，不必他求，在乎自立而已。」又曰：「此道與溺於利欲之人言，猶易；與溺於意見之人言，却難。」或勸其著書，九淵曰：「學苟知道，六經皆我註脚。」嘗與朱熹會於鵝湖，辨論多不合。及熹與至白鹿洞，九淵爲講「君子小人喻義利」一章，熹以爲切中學者隱微深痼之病。至於「無極而太極」之辨，則貽書往來，論辨不置焉。次兄九韶，亦學問淵粹。

愚按：綱目所書，乃朱子平日斥之爲禪者，曰「意見之人」者，指朱子也，俱取筆之而無貶詞，性理大全亦以朱、陸並隸諸儒爲一類，恐非朱子當時距闢之意，殆館閣鉅公之見，非草茅淺陋者可得而窺邪。

草廬吴氏送陳洪範序

朱子之教人也，必先之以讀書講學；陸子之教人也，必使之真知實踐。讀書講學者，因以爲真知實踐之地，真知實踐者，亦必自讀書講學而入。二師之爲教一也。而二家庸劣之門人，各立標榜互相詆訾，至于今學者猶惑焉。嗚呼甚矣！道之無傳而人之易惑難曉也。

愚按：世稱能嗣朱子之學者，草廬也。而於朱、陸之間，以是處之，況其下者乎？然夷考之，各立標榜，互相詆訾者，二師也。乃歸咎於門人，使學者斥語録爲不足信，至於今猶惑焉。草廬安能辭其鹵莽失言之責哉！

道園虞氏撰草廬行狀

先生嘗爲學者言，朱子道問學工夫多，陸子静卻以尊德性爲主，問學不本於德性，則其弊偏於言語訓釋之末，果如子静所言矣。今學者當以尊德性爲本，庶幾得之。議者遂以先生爲陸學，非許氏尊信朱子之義。然爲之辭耳，初亦莫知朱陸之爲何如也。

愚惟議者固莫知朱子師門傳授，龜山門下相傳指訣之所在，吾恐吴、虞亦莫知朱、陸之爲何如也。

劉文安公定之宋論

象山兄弟始與熹異論，而熹卒兼其所長以爲己有。予嘗考之，熹與項平父書云：「子静專尊德性，而熹平日所論道問學爲多，是以彼之學者多持守可觀，而看義理不詳。熹自覺於義理不敢亂説，而緊要爲己多不得力。今當反身用力，去短集長，庶幾不墮一邊爾。」又與吕祖謙書云：「子静好處，自不可掩覆，可敬服也。」祭子壽文云：「兄乃枉車而來教，相與極論而無猜。自是以還，道合志同。」又曰：「惟兄德之尤粹，儼中正而無邪。至其降心以從善，又豈有一毫驕吝之私邪？」然則所謂熹集諸儒之大成者〔一〕，度數也，述作也，事功也，史也，經也〔二〕，道問學也，尊德性也，其塗如此也。蔡也，周也，陳也，吕也，張也，陸也，諸儒之趨於其塗如此也。而熹據其會以要之，殊塗而同歸於己焉。所謂集諸儒之大成者，此之謂也。朱之與陸，以其所言而觀之，曷嘗終見黜哉？謂其終見黜者，未嘗考其所言者也，亦已甚矣。

愚按：此論正亦未嘗考其所言也，苟嘗考其所言，非直可見朱之黜陸，而陸之乖戾亦可見矣。其論集大成、尊德性者，蓋宗道園撰草廬行狀曰：「朱子集大成者，時則有若子静超然有得於孟子『先立乎其大者』之旨，其於斯文，互有發明，學者於焉見其全體大用之盛」之説也。然朱子斥子静之德性爲禪，陳之事功爲管、商，吕之史爲功利、術數，朱子曰：大事記甚精密，古今未有此書。但恐其所謂經世之意者，未離乎功利、術數之間，非筆削之本意云云。按：綱目成於乾道壬辰，大事記作於淳熙庚子，亦可考。而深憂甚懼，闢之救之，見於手書可考也。顧謂朱子集之何哉？正亦未嘗考其所言者也，亦已甚矣！若夫論朱子集諸儒之大成者，其源蓋自北溪陳氏、果齋李氏發之也，而其所指，猶朱子論孔子集羣聖之大成耳。不此之察，而乃肆爲辨論，可謂誤矣！近年莊定山與陳白沙所論，雖與此殊，而其失則一焉，餘又不足責云。

薛文清公瑄讀書録

象山謂人讀書爲義外功夫，必欲人静坐，先得此心，若如其説，未有不流於禪者。

丘文莊公濬大學衍義補

臣按：孔門之教，知行二者而已。「博學於文，約之以禮」，孔子之教也。「博我以文，約我以禮」，顔子受孔子之教以爲學也。子思所謂「博學而繼之以問，思辨而篤於行」，孟子謂「博學詳説而反之以約」，皆是理也。三千之徒，莫不聞其師説，而顔子獨以爲己有，而謂之「博我、約我」，則似孔子專爲顔子設此教也。嗚呼！此孔子所以善誘，而顔子所以好學也歟！曾子之作大學，「格物致知」而後「誠意正心」，子思得於曾子，孟子得於子思，一知行之外，無餘法焉。周、程、張、朱之學，皆不外此。而陸九淵者，乃注心於茫昧，而外此以爲學，果是聖人之學哉？

二

臣按：尊德性、道問學二者，儒者爲學之大端也，二者不可偏廢。致廣大、極高明、温故、敦厚四者，尊德性之目也。盡精微、道中庸、知新、崇禮四者，道問學之目也。朱子謂其「大小相資，首尾相應，聖賢所示入德之方，莫詳於此」，蓋二者可相有而不能相無。偏其一，則非聖人之道、儒者之學矣。彼九淵者，乃欲專以其一爲學，烏有是理哉？

丘文莊公世史正綱

九淵之學與朱熹異。熹嘗言曰：「近世乃有假佛釋之似，以亂孔孟之實者，其法以讀書窮理爲大禁。」蓋指九淵也。厥後元儒吴澄又謂：「熹道問學功多，九淵尊德性功多。」嗟乎！熹豈偏廢之學哉？熹之學，專主程頤所謂「涵養須用敬，進學在致知」二言，蓋孔、孟正傳，行之萬世而無弊者也。九淵則以讀書窮理者爲意見，而注心於茫昧不可執著之地，以求其所謂自悟者。誠如所言，則孔子之「博學於文」，顔子之「博我以文」，子思言博學而繼以問、思、辨，孟子言「博學而詳説之」，皆可廢，而惟從事於約禮篤行以爲學，可乎哉？九淵所學，淪於禪而不自知，吴澄以生同地而爲之回護，亦猶九淵之於荆舒也，其流弊至于今而猶未已。吁，可慨也夫！

愚按：世之所謂賢者，率謂朱、陸之學同；謂其異者，又虞氏所譏，初亦莫知朱、陸之爲何如也。惟薛公、丘公闢陸學之爲禪而有聲罪致討之心，然又不能盡究其實，而但舉其一偏耳。丘公拳拳於尊德性、道問學之辨，切矣；惜乎未探朱子答項平父書之本意，以祛百世承踵草廬之謬〔三〕。謂朱學專主程子「涵養須用敬，進學在致知」，當矣；惜乎未摭朱子受學延平之淵源，與其自謂「正心誠意，平生所學，只此四字者以證之」也。

會試策

象山之興，與朱子相反〔四〕。朱子有「子静之學似禪」之語〔五〕，蓋象山自謂以孟子爲師，欲先立乎其大者，不甚究心於文義。朱子意其流弊將入於禪而不自知也。象山晚歲追咎早年之粗心浮氣，而加意於窮理，故朱子有「去短集長」之言，蓋其加窮理之功於晚歲者可徵也。其專於尊德性而略於道問學〔六〕，則自主太過，不失於過中乎！

愚按：西涯李公批云：「援據成説，折以己見，論之當矣。」愚嘗反覆成説，而未之有得焉。其以追咎「去短集長」爲晚歲事，則又誤矣。

順天府鄉試策

同父，世所謂豪傑之才也。子静世所謂淵源之學也。一言一論，學者之視聽係焉，可以自恣意爲之乎？夫先王以道治天下，漢唐以智力把持天下，其不可同論審矣。而同父乃以堯、舜、三代與漢祖、唐宗比而同之，是金鐵之不辨也，其膠固於功利何如哉！故朱子屢書辨之而不已，蓋非爲同父辨也，不如是，則王霸、義利之説不白也。老氏言有無，以有無爲二，周子之言有無，以有無爲一，不相爲謀亦審矣。而子静疑濂溪之學出於老子，特攻而詆之〔七〕，是理氣之不分也。故朱子屢書，亦辨之而不已，蓋非爲子静辨也，不如是，則吾儒、異學之判不明也。異時朱子論海内學術之弊，則云「江西頓悟、永康事功〔八〕，若不極力争辨，則道不明」，此可觀君子之心矣〔九〕。

愚按：此策亦惟知、以辯無極者爲説耳〔一〇〕，朱子極力之所在，則尚未之及焉〔一一〕。

莊定山景寄婁一齋詩

朱學本不煩，陸學亦非簡。先生一笑中，皓月千峰朗。

愚按：此詩論朱、陸之學雖異而實同也。又有詩曰：「要知肝膽朱門學，不在經書傳註中。」陳白沙詩亦曰：「君若問鳶魚，鳶魚體本虚。我拈言外意，六籍也無書。」則似俱中子静之毒，而非朱子教人平實之旨也。瓊山謂「流弊至於今而猶未已，至今學者猶有假之以惑世廢學者」，殆指此類歟。

會試策

程子親受太極圖於周子而朱子釋之，義理精微，殆無餘藴。金溪於此，乃不能無疑焉。何歟？「易簡」、「支離」之論，終以不合。而今之學者，固欲强而同之，果何所見歟？豈樂彼之徑便，而欲陰詆吾朱子之學歟？究其用心，其與何澹、陳賈輩，亦豈大相遠歟？甚至筆之簡策，公肆詆訾，以求售其私見者，禮官舉祖宗朝故事，燔其書而禁斥之，得無不可乎？

愚按：嘉靖癸未主試者，蔣敬之、石邦彦也。二公雖有攻討之心，而其事惜未舉行，然於朱、陸是非同異〔一二〕，則亦未嘗指以示人，使其偏説至今愈熾〔一三〕，區區一念之私，則深有望於世之居要地、任斯道之君子〔一四〕。

【校勘記】

〔一〕然則所謂熹集諸儒之大成者　「則」字處原爲墨釘，今據上圖本補。

〔二〕史也經也　「史」原作「中」，今據上圖本改；「也經」二字原爲墨釘，今據上圖本補。

〔三〕以袪百世承踵草廬之謬　「謬」字處原爲墨釘，今據上圖本補。

〔四〕與朱子相反　「反」字處原爲墨釘，今據上圖本補。
〔五〕朱子有子静之學似禪之語　「有子静」、「語」原爲墨釘，今據上圖本補。
〔六〕其專於尊德性而略於道問學　「於」字處原爲墨釘，今據上圖本改。
〔七〕特攻而詆之　「特」字處原爲墨釘，今據上圖本補。
〔八〕則云江西頓悟永康事功　「則云」，上圖本作「亦曰」。
〔九〕此可觀君子之心矣　此七字原爲墨釘，今據上圖本補。
〔一〇〕此策亦惟知以辯無極者爲説耳　「知以辯無極者爲説耳」九字原爲墨釘，今據上圖本補。
〔一一〕則尚未之及焉　「之及焉」三字原爲墨釘，今據上圖本補。
〔一二〕而其事惜未舉行然於朱陸是非同異　「事惜未舉行然於」七字原爲墨釘，今據上圖本改。
〔一三〕則亦未嘗指以示人使其偏説至今愈熾　「嘗指以示人使其偏説至今」原爲墨釘，今據上圖本補。
〔一四〕區區一念之私則深有望於世之居要地任斯道之君子　「一念之私則深有望於世之居要地」原爲墨釘，今據上圖本補。

閑闢録書後

朱、陸之學，始終不同，具見兩家年譜及文集、語録中。夫何草廬吴氏創爲遷就調停之説，篁墩程公又繼爲始異終同之書，由是遂成「千古未了之公案，歷世不決之疑獄」，道無從授指南矣。我先君深爲此懼，爰取朱、陸之遺書，考其歲月之先後，明其旨趣之異同，旁蒐博采，輯以成編。其心即孟子閑先聖之心也。間嘗質諸覺山洪先生，先生謂「是録所見的確。譬諸堂上大人聽兩造是非〔一〕，援據律令，不使吏胥得以輕重下手〔二〕，爲斯學立一成案，裨益良多〔三〕。則千古未了之公案、歷世不決之疑獄，至是一朝而判〔四〕，無復盈庭之訟矣。」惜未板行。而世之務爲宏闊新奇之論者〔五〕，顧以陸學簡易直截，爲孟子之後一人〔六〕；而朱子循序教之，反詆爲鈍根無用而斥絶之〔七〕。學者亦多厭常趨異，從而和之，蕩然成風，莫知底止，正整菴羅氏所謂「認心爲性，相率而爲異端之歸也」。然則此書一出，而凡惑於兩岐之説者，宜亦知所適從也。噫！先君德音，不可復聞矣，而其手澤宛然，敬刻而傳之，謹識命工之歲月，併以繫無窮之悲。

嘉靖甲子春二月丁未，孤子纘洛百拜謹書。

【校勘記】

〔一〕譬諸堂上大人聽兩造是非　「聽」字處爲墨釘，今據上圖本補。

〔二〕不使吏胥得以輕重下手　「手」字處爲墨釘，今據上圖本補。

〔三〕爲斯學立一成案裨益良多　「斯學立一成案裨」原爲墨釘，今據上圖本補。

〔四〕歷世不決之疑獄至是一朝而判　「歷世不決之疑獄至是一朝」原爲墨釘，今據上圖本補。

〔五〕無復盈庭之訟矣惜未板行而世之務爲宏闊新奇之論者　「訟矣惜示板行而世之務爲宏闊新」原爲墨釘，今據上圖本補。

〔六〕顧以陸學簡易直截爲孟子之後一人　「簡易直截爲孟子之後」原爲墨釘，今據上圖本補。

〔七〕反詆爲鈍根無用而斥絶之　「根無」二字原爲墨釘，今據上圖本補。

附録

程曈小傳

［清］何應松

程曈，字啓皦，號莪山，富溪人。以孝友聞，弱冠即棄舉子業，潛心於涵養致知之學。其於六經性理之要，莫不研精覃思，以求真是之歸。當正嘉之際，禪陸盛行，曈獨立狂瀾，觝排攘斥，崇正道，闢邪説。故其言曰：「孟子没，而聖人之學不傳千有餘歲。至我兩夫子始得之於遺經，倡以示人，闢異端之非，振俗學之陋，而孔孟之道復明。又四傳，至我紫陽夫子，復泝其流，窮其源，折衷群言，集厥大成，而周程之學益著。」「然道之在天下，其實原於天命之性，而行於君臣、父子、兄弟、夫婦、朋友之間，而存於易、詩、書、禮、樂、春秋、孔孟氏之籍，本末相須，人言相發，皆不可一日而廢焉者也。蓋天理民彝，自然之物，則其大倫大法之所在，固有不藉文字而立者，然其精微曲折之際，非託於文字，亦不能不以文字傳也。故自伏羲以降，列聖繼作，至於孔子，然後垂世立教之具粲然大備。天下後世之人，自非生知之聖，則必由是以窮其理，然後知其所至而力行以終之。固未有飽食安坐，無所猷爲，忽然知之、兀然得之者也。故傅説之告高宗曰：『學於古訓乃有獲。』而孔子之教人亦曰：『好古，敏以求之。』然自秦漢以來，士子所求乎書者，類以記誦剽掠爲工，而不及乎窮理修身之要。其過之者，則遂絶學捐書，而相與馳鶩乎荒虚浮誕之域，二者之蔽不同，而於古人之意則胥失之矣。」其持論有功於聖學者類如此。

曈蚤失怙恃，終身痛瘝。事繼母二十餘年，盥櫛不入私室。年八十卒，祀鄉賢祠。所著有閑闢録、陽明傳習録考、朱子晚年定論考、朱子早年定論、新安學系録、新安經籍志、紫陽風雅。子纘洛，字速肖，號承齋。篤守家學，不干仕進，教授生徒，遠近争師事之。著有習大學翼、切字韻訣、承齋集百餘卷。（録自清嘉慶二十年刻本道光休寧縣志卷一二）

閑闢録序

［清］張伯行

程先生諱曈，字啓皦，休寧富溪人。生朱子之鄉，深於性理之學。先是，程篁墩敏正著道一編，謂：「朱陸之學，始異而終同。」先生歎曰：「今日以朱子爲同，他日必有斥朱子爲異者。」乃覃思著書，極疏瀹決排之力，名曰閑闢録。當是時，篁墩以文名，而學非醇儒，其所爲道一編不足爲有無。而在正德間，陽明之學已盛行於世，先生非排篁墩，乃闢陽明也。顧無一語及陽明，豈懼其氣焰張而羽翼盛哉？以爲澄其源則流自止，其獨立千仞、不屑一切之概可想見於筆墨之外，而用意深遠矣。夫當朱子時，不獨象山異趣，即陳同甫與吕子約輩談功利崇管商，朱子亦深闢之。蓋南渡之學有此二派，先生抉擇而攘斥之不餘遺力。明季梁溪顧允成亦取朱子二大辨，類而成書，然不若閑闢録之深切著明也。象山官止荆門，同甫晚而及第，無事功。陽明講學封侯，籠罩一世，極書生之榮遇，俎豆遍天下。後之執政柄者，若徐文貞、申文定皆崇尚其學，故姚江之説中于人心者尤深。今國家表章正學，特躋朱子於十哲之列，海内之士研經味道，非考亭之書弗讀也，姚江之燼熄矣。第人心不常好奇喜逕，則異端之乘閑竊發者，不可不力爲之距而嚴爲之防。故余復取閑闢録梓而行之。程先生去今幾二百年，新安士大夫始請當事祀于學宫，其人其書皆復顯於世，豈非閑正闢邪之功有不容泯没者歟？先生之子纘洛字速肖，篤學力行，不干仕進，發明理學，所著有大學翼及承齋集，其事皆載徽州府志。嗚呼，先生父子濟美，洵乎爲朱子之功臣，能世其家矣。（録自清康熙正誼堂本閑闢録卷首）

四庫全書總目提要

閑闢録十卷　浙江巡撫採進本

明程曈撰。曈有新安學系録，已著録。是編録朱子集中辨正異學之語，以闢陸王之說，凡九卷，末一卷則雜取宋史以下諸家之論朱陸者。其說不爲不正，而門户之見太深，詞氣之閒，激烈已甚，殊非儒者氣象。與陳建學蔀通辨均謂之善駡可也。江南通志載曈所著尚有新安文獻、紫陽風雅二書，今並未見，然大略可睹矣。（録自清乾隆武英殿刻本四庫全書總目卷九六）

鄭堂讀書記

［清］周中孚

閑闢録，十卷，明程曈撰。曈號莪山，休寧人。四庫全書存目。朱陸之學，始終不同，具見兩家年譜及文集、語録。吴草盧始創爲「遷就調停」之說，程篁墩又繼爲「始異終同」之書，由是遂成「千古未了之公案、歷世不決之疑獄」。莪山因取兩家之遺書，考其歲月之先後，明其旨趣之異同，旁搜博采，輯以成編。蓋即以朱子之辭而闢之，以閑聖道而正人心，且并以己說相爲發明。譬諸堂上大人於兩造是非，援據律令，不使吏胥得以輕重上下，以舞弄其文法，從此千古未了之公案以定，歷世不決之疑獄以判。然則是書一出，而凡惑於兩歧之說者，宜亦知所適從矣。蓋是時王陽明方藉陸學以簧鼓一時之學者，羲山懼其惑世誣民而充塞仁義，故不得已而作是書以救之，後惟陳清瀾學蔀通辨、孫退谷考正晚年定論二書同一用意，後學亟宜並讀而參觀也。書成於正德乙亥，自爲之序。至嘉靖甲子，其子纘洛始付諸刊，并跋其後。（録自民國吴興叢書本鄭堂讀書記卷三七子部之一下）

求是編

［明］馮柯 撰
顧宏義 劉向培 校點

目録

校點説明

求是編四卷，明人馮柯所撰。馮柯，字子新，號寶陰，浙江慈溪縣人。生於嘉靖二年（一五二三年）。自幼聰穎，「既長，精研性理，自信聖賢可學而至。讀書周津之萬卷樓，日積一寸。年二十二作三極通、質言等書，爲時所稱」。屢赴鄉試「不遇」。隆慶元年（一五六七年）詔舉賢良。時新學盛行，作求是編以正學術」。萬曆初年，嘗應襄藩之聘「修國史，爲著宗藩訓典」，襄王甚禮重之，賜號貞白高士。四庫全書總目卷一三二稱馮柯「字貞白」，誤。後授宗學教授，八年以疾歸。十年，建書院於湖濱，署爲適適山堂。其「爲人嚴正剛方，不欺暗室」。年七十九卒，清楊泰亨光緒慈谿縣志卷二九。時萬曆二十九年（一六〇一年）。著有三極通、質言、求是編、小學補、迴瀾正論等。

明代中期王陽明「心學」盛行，其學説以「致良知」爲核心，而記載其「致良知」學説之傳習録一書廣爲傳刊。故崇尚朱學之馮柯遂撰求是編以抨擊之。馮柯其學上承其父馮光浙。馮光浙，字邦鎮，嘉靖年間任懷安教諭。「其學以程朱爲宗，時方靡然於『致良知』之説，光浙力闢之，務在實踐。嘗於座右揭示諸生曰：『聖賢無一偏之學，不須立異，講良知便廢良能。』諸生敬而信焉」。後乞老以歸。乾隆福州府志卷四八。據馮柯求是編自敘所言，嘉靖丙寅（一五六六年）春，馮柯應郡博士張香山之聘「主會」講學，因「時陽明王氏致良知之學盛行，凡講學者莫不倚以爲説，然亦非能真知其是與非也，附和而已」，故針對會中有人以王陽明與南宋學者慈湖楊簡並提者，指出：「慈湖之學在不起意，以爲意不起，則性定而動一，故其所稱説輒惓惓於易『無思』、子『絶意』，而務持守於意態未動之先，以自爲一學。若陽明之致良知，則是即其心之所起以爲善而直從之，將必有孽孽奪宗、認賊作子者，此世所以多小人而無忌憚也。今以彼一心學、此亦一心學而概同之，過矣。」雖亦未敢就此著書，「然心則固任之矣」。隆慶庚午（一五七〇年）秋「痎瘧」，次年春「稍瘥，閉門養痾」，「遂取代行傳習録，沈潛根究，得其可疑者，章爲辯駁，以要於是」，而撰成求是編一書。是書雖「非傳習録而作」，然馮柯又言其「非敢非陽明，惟求其是而已，求其是則不得不於可疑者而論之，此余於傳習録雖不敢非之，而不得不論之，不得不論之而終不敢以爲非之也，惟求其是而已」，故以名書。

當時學風是王學「初特盛於江右，及華亭（指徐階）當國，亦復左袒，而吾邑登朝者雖知交受業，皆舍所學以從彼」，馮娗福建學道崇正堂翻刻求是編序。於是「有志聖學者，和陽明而異朱子且十八九」。沈枝求是編跋。爲此馮柯依傳習録次序，每章立一標目，分章摘段，或取其全條，或摘其要語於前，再將自己辨析之論附於後，支疏節駁，綱舉目張，指出王陽明之學雖「自謂得孟氏之傳者」，然觀其所言佛道二氏之學「其妙與聖人只有毫釐之間」，則其論佛氏，「名雖排之，而實與之」；馮柯斷言：「道無半和，真妄當究其指歸；心有極則，是非必剖其疑似。學者明於此編之説，則陽明不得同於慈湖，慈湖不得合於孔孟，而聖學之明，異論之息，端可冀矣。」馮柯求是編自敘。同時，馮柯明確自己擇取傳習録文本時，只取王陽明生前認可之言，以示自己立場之客觀：「余所辯傳習録蓋上册，是陽明在贛時，其徒徐曰仁、陸原静、薛尚謙之所録校，而下册則陽明歸越，而郡守南元善益以問答諸書者也」，而其出於王陽明卒後錢德洪、王汝中所「增定者」，則「其又何足以爲據而與之辯哉」？求是編卷四。求是編對傳習録之辯駁，主要圍繞「朱陸異同」、「心即理」、「致良知」、「知行合一」、「格物致知」及朱子晚年定論諸論題展開，專意於護朱攻王，而視同孟子之闢墨楊，故時有誤解王陽明思想之處。參見林月惠非傳習録：馮柯求是編析評，臺灣中國文哲研究集刊第十六期，二〇〇〇年三月。又是書注文有「王氏曰」、「煐曰」，王氏乃馮柯同邑王黎，號心聞子，事跡不詳；煐即馮柯季子。求是編書成，雖學人「争借傳寫幾偏」，而譽「其文章咳唾而成珠璣，其識見塵埃而遊霄漢」，馮烶求是編序。甚至有「鐫播四方，即尸祝致良知之學者靡不舌舉口呿」之説，馮煐求是編跋。然明清間評注傳習録之本甚夥，卻未見有引用馮柯此書者，故陳榮捷王陽明傳習録詳注集評對此評價道：「馮柯是書四卷共六十八章，其論『亦有其是處。其同邑王黎於馮柯評議又下斷語，無非贊助之詞，然間亦謂各有一理。馮柯之子煐亦附品評數語。馮柯固是門户之見，而諸集評從未有採馮柯者，則直以門户對門户耳』。

據馮烶求是編序及貞白五書敘，馮柯於病中編撰求是編，隆慶辛未（一五七一年）春始脱稿，「書成而疾亦愈，因梓家塾，合於三極通、質言、迴瀾正論、寓直録及詩賦序記等作，名曰馮子全書」。萬曆丙子（一五七六年），馮柯應襄王聘，遂「復合刻金陵考、賓襄録、襄史國書，名曰貞白全書」。癸巳（一五九三年），其子馮烶任奉新縣令，爲其父「刻宗藩訓典者十二帙，因翻刻貞白全書十帙，總名曰貞白支干集」。其「干集自三極通、質言、小學補、迴瀾正論、求是編五書四帙外，尚有寓直、賓襄、歸裁三録及金陵考、襄史國書、詩賦碑記等六帙；而支集十二帙，爲宗藩訓典」。其後乙未（一五九五年），宗室朱宸涂「取求是編七章，合小學一篇，刻爲巾幅以傳之」。庚戌（一六一〇年）春，馮烶以福建提刑按察司副使奉敕提督學校，遂於福建學道之崇正堂翻刻求是編一書，「匪直闡家學，實以端道術也」。此後又刊刻三極通、質言、小學補、迴瀾正論，與求是編合稱貞白五書。故求是編傳世版本，較爲通行者乃一九四〇年四明張氏約園據明萬曆間福建學道崇正堂重刻貞白五書影印本，收入四明叢書。其他有日本内閣文庫藏明萬曆間適適山堂刊貞白全書本，崇正書院翻刻馮貞白先生求是編四卷，日本慶安三年（一六五〇年）村上平樂寺和刻本等。因日本所藏兩個本子難窺其貌，而四明叢書本實源自馮烶刊於福建之本，故此次整理即以四明叢書本爲底本，校以王陽明傳習録及朱熹周易本義、朱子語類、陸九淵集諸與本書内容相關之書，並將原書之序跋、書目題記與著者傳記等資料附録於卷後，以便於讀者使用。

顧宏義

二〇一六年正月

求是編自敘

丙寅春，郡博士張香山先生脩齋創道，以柯學頗得源委，申請捐俸，延之主會。時陽明王氏致良知之學盛行，凡講學者莫不倚以爲説，然亦非能真知其是與非也，附和而已。一日，會中乃有推之以方慈湖楊子者，柯應之曰：「慈湖之學在不起意，以爲意不起，則性定而動一，故其所稱説輒惓惓於易『無思』、子『絶意』，而務持守於意態未動之先，以自爲一學。若陽明之致良知，則是即其心之所起以爲善而直從之，將必有孽孽奪宗、認賊作子者，此世所以多小人而無忌憚也。今以彼一心學、此亦一心學而概同之，過矣。」張公釋然，喜曰：「是也。」因命筆之，書以詔來世，而余謙讓未敢，然心則固任之矣。乃庚午秋痎瘧，至辛未春稍瘥，閉門養痾，人事阻絶，閒中意思亦甚安適，遂取代行傳習録，沈潛根究，得其可疑者，章爲辯駁，以要於是，成此編云。昔孔子没而楊墨之言盈天下，孟子辭而闢之，而楊墨息。孟子没而佛氏之言盈天下，其爲昌言以排之者，若原道而下固已多矣，而佛氏卒未息。何哉？蓋楊墨心髓之害在無父無君，孟子深探其故而鍼之，麾之門牆，比之禽獸，推其禍之所極，至於「率獸食人，人將相食」，故人視楊墨之説如毒藥、猛獸，惟恐其爲吾心術之害也而遠去之，故其説遂息。佛氏心髓之害，固未易知，而排之者乃謂其頗聰明識道理，又謂其比楊墨尤爲近理，又謂其知有極高明，又謂其只做得孟子盡心知性一段工夫，又謂其舉體於喜怒哀樂未發之中，又謂其高過於大學，則名雖排之，而實與之，其何以見其爲害之甚而必當攻之乎？此其説之所以未息也。陽明固自謂得孟氏之傳者，其於闢邪衛正之方，宜知之審矣，而其言乃曰：「佛氏之教與孔子間相出入，而措之日用，往往缺漏無歸。」又曰：「二氏之學，其妙與聖人只有毫釐之間，而頑空虚静，要之不可以治家國天下。」夫苗由根生，流自源出，既佛氏之學與孔子相出入，與聖人只毫釐，而豈有措之日用缺漏無歸，不可以治家國天下者乎？觀其缺漏無歸，則知其教與孔子相出入者，固大相遠者也。觀其不可以治家國天下，則知其妙與聖人只毫釐者，固千里者也。蓋佛氏惟知有其身而私之，故其學在明心見性，以出離生死爲事，而其效極於涅槃以成就自己。聖人則以天地萬物爲一體，而不私其身，故其學在克己復禮，以朝聞夕死爲可〔一〕，而其效極於家齊、國治而天下平。此其大致，固甚懸也。嗚呼！墨氏無父，而佛氏則棄親而谷隱，曰出家矣，非無父乎？楊氏無君，而佛氏則遺人而立於獨，曰出世矣，非無君乎？楊氏無君未必無父，墨氏無父未必無君，而佛氏兼無之，是合楊墨而爲一人也。楊墨且爲禽獸，合而一之者，其又何如？儒者不覩其害之若此，而徒心駭目眩於其超聖宏大之説，若有契於夫子之上達者，遂陰附而爲之辭，而不知夫子固學而達者也。上律下襲，明物察倫，一腔之中，灑然融釋，隨所證現，種種皆真。佛氏則離學以爲達者也。彼所謂大圓鏡中鑒照無礙者，不過存想之極，若有所見於恍惚微茫之中，如夢如幻，以自誑者爾，而非真能無不知、無不見、無不聞也。然則儒釋之辨，不於其用於其體，不於其麤於其精，而世恒昧昧焉。此求是編所以不得已而作也。道無半和，真妄當究其指歸；心有極則，是非必剖其疑似。學者明於此編之説，則陽明不得同於慈湖，慈湖不得合於孔孟，而聖學之明，異論之息，端可冀矣。雖然，非國語者即以非國語名其書，非非國語者即以非非國語名其書。其他疑孟之作、非相之篇，皆即以其所疑所非名。此編既非傳習録而作，乃捨之而名求是編，何也？蓋晦翁嘗言「講誦義理，只是大家商量尋箇是處，初無彼此之間」，而象山亦言學者求理，當惟理之從，豈可苟私門户？陽明，先輩也。先輩之言，竊爲擬議，固已偷矣，若遂以「非」名之，是妄分彼此而苟私門户也，可乎？故柯非敢非陽明，惟求其是而已，求其是則不得不於可疑者而論之，此余於傳習録雖不敢非之，而不得不論之，不得不論之而終不敢以爲非之也，惟求其是而已。嗚呼！是名也，即晦翁之尋是，象山之從理，凡以自見其不得已之志也，而世其孰肯爲柯諒之乎？雖以此獲罪於陽明，被姍於天下，吾無辭焉爾矣。時萬曆癸酉春三月清明日，慈谿馮柯敘。

同邑王黎曰：程子貽王介甫書云：「有未安，不妨更相辨論，不有益於余，必有益於介甫。」此真平心易氣之言也。況道本大公於天下，原非一家私議，論道者少有所偏，貽害不淺。如陽明公文章不易及也，事功不易及也，獨其偏於立教，淆亂聖言，世儒厭常喜新，隨聲附和，不知其非，又安知其是乎？詳玩此敘，發千聖傳心之祕，破千古不決之疑，挽回人心，關係世道，其功甚大。乃惓惓惟是之求，而不欲角勝於陽明，真可謂平心易氣矣。即陽明公而在，諒所樂聞。

【校勘記】

〔一〕以朝聞夕死爲可　「聞」原作「問」，論語里仁：「子曰：『朝聞道，夕死可矣。』」據改。

卷一

親民

愛問："『在親民』，朱子謂當作『新民』。後章『作新民』之文，似亦有據。先生以爲宜從舊本作『親民』，亦有所據否？"先生曰："『作新民』之『新』，是自新之民，與『在新民』之『新』不同，豈足爲據？『作』字卻與『親』字相對，然非『新』字義〔一〕。下面『治國平天下』處，皆於『新』字無發明〔二〕。如云『君子賢其賢而親其親，小人樂其樂而利其利』、『如保赤子』、『民之所好好之，民之所惡惡之，此之謂民之父母』之類，皆是『親』字意。『親民』猶孟子『親親仁民』之謂，『親之』即『仁之』也。『百姓不親』，舜使契爲司徒，『敬敷五教』，所以親之也。堯典『克明峻德』便是『明明德』，『以親九族』至『平章』『協和』，便是『親民』，便是『明明德於天下』。又如孔子言『脩己以安百姓』，『脩己』便是『明明德』，『安百姓』便是『親民』。說『親民』便兼教養意，說『新民』便覺偏了。"

古人「新」、「親」二字通用。大學「在親民」，以「新」爲「親」也。書曰「予小子其新」，逆以「親」爲「新」也。猶之中庸以「假」爲「嘉」、以「顯」爲「憲」，大易以「慎」爲「順」、以「烹」爲「亨」，皆以字之通用故也。且不必遠引，即如經文「知所先後」之「後」，作「後」字，「物格而后知至」之「后」，又作「后」字。夫「物格而后知至」一節，分明承上「先治其國」一節，則「后」固「後」意也。「後」、「后」迭見於經文，可因「後」以知「后」；「親」、「新」錯出於經傳，可因傳以知經。若「親」字必據本文作親愛之義，則「后」字亦當據本文作君后之義矣，而其說何以通乎？程朱不明古字通用之義，而但以考之傳文有據爲言，見或問。所以致陽明「豈足爲據」之論也。又云「作」非「新」字義，夫「作」固非「新」字義矣，然則有「親」字義乎？以愚觀之，作者振作，新者更新，義未甚别，若親則絶不相類矣。陽明求其說而不得，乃以親賢樂利、「如保赤子」、「民之父母」證「親」字爲切，而謂「治國平天下」之傳，「皆於『新』字無發明」。夫孝、弟、慈以教家，非新民於家乎？事君、事長、使衆而使國之興仁、興讓，老老、長長、恤孤而使民之孝弟不倍，非新民於國乎？「堯舜帥天下以仁，而民從之」，「未有上好仁，而下不好義者也」，非新民於天下乎？陽明捨此大義不言，而取一二之近似者以證其說，亦已疏矣。且以「親其親」而爲親也，則「賢其賢」獨不可以爲新乎？一「親」字尚足以爲證也。而「日新，日日新，又日新」、「作新民」、「其命維新」，五「新」字反不足證乎？「作新民」不足以爲新民之證，而「如保赤子」乃足據之以爲親乎？其他如「親親仁民」、「百姓不親」，凡經傳中言及「親」字者，輒引以曲證其説。孟子分明謂「君子之於民也，仁之而弗親」，今乃以「親之」即「仁之」，何其敢於叛經也！獨所謂「百姓不親」，「契敷五教以親之」似爲略近，然如其説，則親從五教中來，而亦適足以發明「親」之爲「新」耳。其於親賢樂利等證，亦自相背，惟所引堯典及孔子一段爲得其旨。至末又云「説『親民』便兼教養意，説『新民』便覺偏了」，則又不然。蓋以經文所謂「明明德於天下者」推之，則「新民」者原只是欲人之明其明德也，本無兼「養」字之意。傳文「絜矩」之義，乃是推本欲明其明德於天下，必先推己以度物，使之各得其願，而後可以興起其善心，以明其明德，是高一層意，豈可因此而謂「新」字之偏哉？若必欲兼之，而以「新」爲「親」，則不但「新」字爲偏，「明明德」之「明」字，亦有格、致、誠、正等目，格、致於「明」字有發明，而誠、正無發明，亦將嫌「明」字之偏，而思有以更之乎？故以「后」例之，而知「親」之可「新」也；以「明」例之，而知「新」之不偏也。程朱之説，不可易矣。王氏曰：據經而辨，反覆痛快，悉中理解，使聖經賢傳昭昭揭日月於中天。詎惟程朱點頭，即孔子、曾子亦拍手道是矣。

知止

愛問：「『知止而後有定』，朱子以爲『事事物物，皆有定理』，似與先生之説相戾。」

先生曰：「於事事物物上求至善，卻是義外也。」

昔陸子靜謂朱子讀書講求義理，正是告子義外工夫。朱子曰：「不然，如子靜不讀書，不講求義理，只靜坐澄心，卻是告子外義〔三〕。」今陽明猶祖陸説以非朱子，豈其未聞朱子所以斥陸者乎？夫告子之外義，所以見譏於孟子者，以「不得於言，勿求於心」故也。孟子之所以異於告子者，以「知言」故也。讀書講求義理，非即所謂「知言」者乎？既以此爲知言，則陸子斥朱子之義外者，失其旨矣。「不讀書，不講求義理，只靜坐澄心」，非即所謂「不得於言，勿求於心」者乎？既以此爲「不得於言，勿求於心」，則朱子斥陸子之外義者，中其病矣。嗚呼！陸子非特斥朱子爲義外，又嘗指其爲禪宗。然渠非不知其非告子也，因己之有似於告子，恐爲所斥，故先斥其讀書窮理之功爲義外以制之；亦非不知其非佛氏也，因己之陰用乎佛氏，恐爲所指，故先指其「無極」「太極」之論爲禪宗以沮之，卒之義外、禪宗不得以加於朱子，而已不免焉，亦何益哉？王氏曰：事事物物之理，皆統於心。以吾心求事物之理，使事物之理皆明於吾心，安得爲義外？此辨不惟中陽明病根，且中陸子病根，公是公非，曉然具見。

知行

若會得時，只説一箇知，已自有行在；只説一箇行，已自有知在。古人所以既説一箇知，又説一箇行者，只爲世間有一種人，懵懵懂懂的任意去做，全不解思惟省察，也只是箇冥行妄作，所以必説箇知，方纔行得是。又有一種人，茫茫蕩蕩懸空去思索，全不肯著實躬行，也只是箇揣摸影響，所以必説一箇行，方纔知得真。此是古人不得已補偏救弊的説話。若見得這箇意時，即一言而足。今人卻就將知行分作兩件去做，以爲必先知了，然後能行。我如今且去講習討論做知的工夫，待知得真了，方去做行的工夫，故遂終身不行，亦遂終身不知。此不是小病痛，其來已非一日矣。某今説箇知行合一，正是對病的藥。又不是某鑿空杜撰，知行本體原是如此。

陽明所謂「且去講習討論做知的工夫，待知得真了，方去做行的工夫」者，蓋指朱子言也。然朱子嘗有言曰：「《大學》之書，雖以格物爲用力之始〔四〕，然非謂初不涵養踐履，而直從事於此也，又非謂物未格、知未至，則意可以不誠，心可以不正，身可以不脩，家可以不齊也。」「若必俟知至而後可行，則夫事親從兄，承上接下，乃人生所不能一日廢者，豈可謂吾知未至，暫輟以俟其至而後行哉？」觀此則陽明之意，朱子已先得之，特陽明未加深考耳。

然則知行本體，信如陽明合一之論乎？曰：易以乾、坤分易知、簡能，孟子以不學、不慮分良能、良知，是可見知行本體原是兩件也。然易則先之以易知，而孟子又先之以良能，是可見知行雖是兩件，而又不可截然分爲一先一後也。所以大學既詳爲學之次，而朱子又發此段之言，學者誠於此身體而熟察之，則所以爲知行者，自可以判然而無疑矣。陽明此論未爲無見，然亦如朱子所以發明格物者云爾，遂以爲知「自有行在」，行「自有知在」，而曰「知行本體原是如此」，豈其然乎？王氏曰：知行互藏，非無此理，但指爲本體，而謂無知行之分，又無先後之別，則失之遠矣。辨極精明，有功聖學，至陽明是處，原不掩他，故曰「求是」。

盡心知性

盡心、知性、知天，是生知、安行事；存心、養性、事天，是學知、利行事；「殀壽不貳，脩身以俟」，是困知、勉行事。朱子錯訓「格物」，只爲倒看了此意，以盡心、知性爲物格、知至，要初學便去做生知、安行事，如何做得？」愛問：「盡心、知性，何以爲生知、安行？」先生曰：「性是心之體，天是性之原，盡心即是盡性。『惟天下至誠，爲能盡其性』，『知天地之化育』。存心者，心有未盡也。『知天』，如知州、知縣之『知』，是自己分上事，己與天爲一；『事天』，如子之事父，臣之事君，須是恭敬奉承，然後能無失，尚與天爲二。此便是聖賢之别。至於『夭壽不貳』其心，乃是教學者一心爲善，不可以窮通夭壽之故，便把爲善的心變動了，只去脩身以俟命。見得窮通壽夭，有箇命在，我亦不必以此動心。『事天』雖與天爲二，已自見得箇天在面前。『俟命』便是未曾見面，在此等候相似。此便是初學立心之始，有箇困勉的意在。今卻倒做了，所以使學者無下手處。」

盡心、知性爲「知天」，存心、養性爲「事天」，「夭壽不貳，脩身以俟」爲「立命」，命即天也。始而知之，既而事之，又其極則命自我立，而與天爲一矣。此孟子立言之本意，而朱子發明之無餘蘊矣。易曰：「窮理盡性，以至於命。」此之謂也。今乃曰：「盡心、知性、知天，是生知、安行事；存心、養性、事天，是學知、利行事；『夭壽不貳，脩身以俟』，是困知、勉行事。」而遺卻「立命」二字，陽明豈不知有此二字而遺之哉？正以言立命則於義不通，故特遺之，而以「俟命」對「知天」、「事天」也。然本文二字怎生遺得？其所以爲此言者，蓋看得夭壽事爲輕耳。殊不知死生亦大矣。聖門惟一曾子能易簀不貳其心，然在一貫之後方能之。其次子路之結纓，子羔之入室，雖其殆庶幾，而皆已不免於君子之議矣。此豈初學之事？且如仙釋，陽明以爲上達處與聖人略同，其視仙釋高矣。然老氏貪生，佛氏怖死，而其爲教，皆欲出離生死，以死爲一大事。陽明嘗出入二氏者，而顧輕之以爲初學事乎？蓋徒見夫「脩身以俟」，有似於「行法俟命」之説，故遂爲此論，而不知德之不脩，亦聖人之所憂也。精一、執中，堯舜之脩也；勤儉、敬義，禹湯之脩也；緝熙、執競，文武之脩也；仰思待旦，周公之脩也；忘食忘憂，不知老之將至，孔子之脩也。不以夭壽貳其心，而惟脩身以俟死，蓋達於死生之故，通於性命之情，非天下之至聖不足以當此也，而顧以困勉當之，然則堯、舜、周、孔亦困勉者耶？堯、舜、周、孔不得以言困勉，則「夭壽不貳，脩身以俟」決非困勉之事可知矣。至其知州知縣、事父事君之喻，亦爲未然。蓋知州、知縣雖是自己分上事，然欲知之，又須竭其耳目心思始得。若但如廣都長之衆事不理，潘孟陽之飲酒遊山，官縱以「知」名，安能知其事而與之一乎？子之事父，臣之事君，雖是必恭敬奉承，然後能無失，然亦何者非臣子分内之事？至於舜盡事親之道，而瞽瞍底豫，伊尹相湯，咸有一德，則心與之一，而未始有違矣。況知州、知縣所以盡臣子之職也，事理本無二致，忠孝出自一原，知行元不相離，天人由來同貫，安得以此爲聖賢之别，而謂朱子之訓爲錯訓，看爲倒看哉？王氏曰：余初亦惑其説，及玩此辨中陽明之病根，得往聖之心法，即起孟子而質之，雖不好辨，其論決不踰此。夫李石麓公，從陽明之學者也，目眵，得是編，令侍史揭讀一章，偶及此，曰：「此段原卻差些。」夫讀一篇而遂知其爲差，要知特未聞及各章耳。公是之在人心，固不泯也。

格物

「格物」，如孟子「大人格君心」之「格」，是去其心之不正，以全其本體之正。但意念所在，即要去其不正，以全其正，即無時無處不是「存天理」，即是「窮理」。「天理」即是「明德」，「窮理」即是「明明德」〔五〕。

「去其心之不正，以全其本體之正」，是正心之功也；「意念所在，即要去其不正，以全其正」，是誠意之功也。而陽明以訓「格物」，則格物即正心誠意爾。然則經文只言正心誠意足矣，何必又言格物以爲架牀疊屋之説乎？此決知其不然也。王氏曰：每見「格去」之説，於心終不安。此辨即其所言而看出正心誠意之功，則不特聖經格物之旨復明於世，而馮子知言之學可據見矣。

良知

知是心之本體，心自然會知。見父自然知孝，見兄自然知弟，見孺子入井自然知惻隱，此便是良知，不假外求。若良知之發，更無私意障礙，即所謂「充其惻隱之心，而仁不可勝用矣」。然在常人不能無私意障礙，所以須用「致知」、「格物」之功，勝私復理，即心之良知，更無障礙，得以充塞流行，便是致其知，知致則意誠。

孟子曰：「人之所不學而能者，其良能也；所不慮而知者，其良知也。孩提之童，無不知愛其親也；及其長也，無不知敬其兄也。」前節是兩下説，見「知」、「能」不可渾作一箇，後節是一滚説，見「知」、「能」不可分作兩箇，此孟子説知行本旨也。陽明説「見父自然知孝，見兄自然知弟，見孺子入井自然知惻隱，此便是良知，不假外求」，分明出於孟子，然而不説良能以良知之中兼得，良能則亦只是得他後節意思而已，故其「致良知」之説，雖覺新奇，終不免危殆而不安也。下文「若良知之發，更無私意障礙，即所謂『充其惻隱之心，而仁不可勝用』」，「勝私復理，即心之良知，更無障礙，得以充塞流行，便是致其知」之説，其病根皆自此中發來，然其理愈悖，而其詞愈戾矣。蓋「良知」者，知也；「惻隱之心」，仁也；「致知」「格物」，求知之方也；「勝私復理」，爲仁之功也。譬之水、陸兩路相似，水路用舟楫，陸路用車馬，有人於此本欲從水路，乃釋舟楫之用而驅車策馬，於波濤流蕩之間以求其濟，其勢必有所不行矣。且曰「此便是舟楫也」，不亦欺己欺人之甚乎？王氏曰：「致良知」之説，陽明自以爲新奇，人亦喜其爲新奇，此獨説其本於孟子，是看破他帖括，不明其「仁」、「知」之別，是切中他膏肓。夫道若大路，然彼問道於盲者，可以翻然悟矣。

博約

愛問：「先生以博文爲約禮工夫，深思之未能得，略請開示。」先生曰：「『禮』字即是『理』字。理之發見可見者謂之文，文之隱微不可見者謂之理，只是一物。約理只是要此心純是一箇天理〔六〕。要此心純是天理，須就理之發見處用功。如發見於事親時，就在事親上學存此天理；發見於事君時，就在事君上學存此天理；發見於處富貴、貧賤時，就在處富貴、貧賤上學存此天理；發見於處患難、夷狄時，就在處患難、夷狄上學存此天理。至於作止語默，無處不然。隨他發見處，即就那上面學箇存天理。這便是博學之於文，便是約禮的工夫。」

詳味此論，蓋以人要約此心於天理，須於理之發見於行事。而爲文者，著實去學，著實去存，以做約理的工夫，則工夫全在博文上，此陽明自謂知行合一之學得先聖相傳心法肯綮〔七〕者，所以他説「惟精是惟一的工夫」，「格物是誠意的工夫，明善是誠身的工夫，窮理是盡性的工夫，道問學是尊德性的工夫」，皆是此意。殊不知「惟精惟一」以「允執其中」，精一本執中之功也，而以「精」爲「一」的工夫，其如「執中」之義何？博文約禮以弗畔於道，博約本致道之功也，而以「博」爲「約」的工夫，其如「弗畔」之義何？蓋聖賢立言，自有本等正意，其言外之意雖亦有之，然以之相發可也，而欲遂以之正釋經文則非矣。如「君使臣以禮，臣事君以忠」，本是對説，而尹氏卻謂「君使臣以禮，則臣事君以忠」；「恭、寬、信、敏、惠」，本是平説，而敬夫卻謂「恭其本歟」；「禮之用，和爲貴」，本是説禮，「灑掃應對」，本是説器，而程子卻謂「禮勝則離，樂勝則流」，「灑掃應對，便是形而上者」。蓋或推其所未發，或補其所未圓，或足其所未竟，或決其所未明，不出本文之意，而又不是本文之意〔八〕，不是本文之意，而又不戾本文之意，夫是之謂言外之意。陽明議論，多半倣此，雖時有所明，偏有所得，要之非聖賢正意，不足以相發，而適足以相戾矣。豈若直玩經文而體認之，使其字歸本義，義歸本經，自然明當平正而無失之爲得乎？然則以「禮」字即訓「理」字，其説如何？曰：「禮者，天理之節文。」言禮，而理自在其中。若言理，則理原是無形影的物事，學者無從下手，高者必入於玄虚，卑者必溺於意見，故聖門教人只説「禮」字，如曰「約之以禮」、「立於禮」、「詩書執禮」、「克己復禮」、「齊之以禮」、「非禮弗履」、「禮儀三百，威儀三千」，以至著爲儀禮、禮記等書，無非以禮能善物，學者循是而入，有據依也。由此觀之，「理」之一字，聖人尚不肯説，以起學者之疑，而況吾人乎？陽明開口便説此字，蓋徒樂其説之直截超曠，而不知聖人固憂之深而慮之遠也。且如事親「就在事親上學存此天理」，事君「就在事君上學存此天理」，驟看其言，豈不有理，然細論之，終亦鶻突。蓋孝是天理，申生不敢明驪姬之過而寧死，非天理乎？然不合於禮。必如舜之「祇載見瞽瞍，夔夔齋栗」，「烝烝乂，不格姦」，方是禮。忠是天理，鬻權兵諫亦是他愛君之心所發，非天理乎？然亦不合於禮。必如孔子所謂「人臣不顯諫」，「三諫不聽，則逃之」，方是禮。以至證父之直、蝤李之廉、抱梁之信、輒難之死、延陵之讓，非不是一箇天理，只因無禮，便不是。巾幅刻此。○王氏曰：孔子之博約，即舜之精一，此萬古聖聖傳心之要典，豈可妄生意見？此説陽明以餘意爲正意，切中病根，並無人説到。且辨「禮」「理」二字極精極透，喚醒心目。且如一「禮」字亦多不同，有指心而言者，如「克己復禮」是也；有指事而言者，如「恭而無禮」是也；有指綱常言者，如「殷因於夏禮」是也；有指儀文言者，如「曲禮三千」是也。約禮之「禮」，則兼身心而言，大抵是理上有節文耳。

人心道心

愛問：「『道心常爲一身之主，而人心每聽命。』以先生『精一』之訓推之，此語似有弊。」先生曰：「然。心一也，未雜於人謂之道心，雜以人僞謂之人心。人心之得其正者即道心，道心之失其正者即人心，初非有二心也。程子謂『人心即人欲，道心即天理』，語若分析而意實得之。今曰『道心爲主，而人心聽命』，是二心也。天理、人欲不並立，安有天理爲主，人欲又從而聽命者？」

「人心」之「人」，非以雜以人僞而謂之人也，孟子所謂「耳目口體之欲」，小體也。「道心」之「道」，非以未雜於人而謂之道也，孟子所謂「仁義禮智之心」，大體也。從其大體爲大人，從其小體爲小人。「道心爲主，而人心聽命」，從其大體者也。道心不能爲主，而反見役於人心，從其小體者也。朱子之言分明出於孟子，豈有弊哉？陽明乃謂「天理、人欲不並立，安有天理爲主，人欲又從而聽命者」，而不知非朱子之言有弊也，乃己錯看「欲」字故也。耳目口體之欲，人之所不能無；天理人欲之欲，人之所不可有。於人之所不能無者，而以人之所不可有者視之，無怪乎其以朱子之言爲有弊也。然則程子之言非歟？曰人心、道心均之爲心也，特有人與道之分爾；小體、大體均之爲體也，特有小與大之差爾。若天理、人欲，則分別甚矣。看來惟荀子「天君」「天官」之喻庶幾近之。巾幅刻此。〇王氏曰：大抵陽明之說似是而非，易以惑人，非析理甚精，安能把持得定而辨折之詳徹乎？至味孟子謂「養心莫善於寡欲」，「寡」之一字，正以其不能無耳。

文中子韓退之

愛問文中子、韓退之。先生曰：「退之，文人之雄耳；文中子，賢儒也。後人徒以文詞之故，推尊退之，其實退之去文中子遠甚。」

退之原道諸篇造深見卓，非文人所及，但律身欠嚴，所以其徒有駁雜無實之譏。然大處分明，小出入未害也。文中子自是一儒者，所著中說，其間論文史及時事世變，儘有可觀，至其本領處，恐未必過於退之。退之上相書，文中子則獻太平十二策；退之待五六十著書，文中子未三十續六經。二子未知其孰賢，然而退之近實也。陽明乃謂退之去文中子遠甚，何哉？蓋退之闢佛，以佛爲夷狄之一法；文中子佐佛，以佛爲西方之聖人。而陽明學於佛氏，故黨其同而伐其異爾，非通論也。王氏曰：品騭二子甚當。黨同伐異，誅心之論。

六經刪述

自伏羲畫卦，至於文王、周公，其間言易如連山、歸藏之屬，紛紛籍籍，不知其幾，易道大亂。孔子以天下好文之風日盛，知其說之將無紀極，於是取文王、周公之說而贊之，以爲惟此爲得其宗，於是紛紛之說盡廢，而天下之言易者始一。書、詩、禮、樂、春秋皆然。書自典、謨以後，詩自二南以降，如九丘、八索，一切淫哇逸蕩之詞，蓋不知其幾百篇；禮、樂之名物度數〔九〕，至是亦不可勝窮，孔子皆刪削而述正之，然後其說始廢。如書、詩、禮、樂中，孔子何嘗加一語？今之禮記諸說，皆後儒附會而成，已非孔子之舊。至於春秋，雖稱孔子作之，其實皆魯史舊文。所謂「筆」者，筆其舊；所謂

「削」者，削其繁。是有減無增。

陽明之意，蓋謂夫子以煩文盛而衆説紛，有以大亂吾道，故删述六經，以廢衆説，去煩文使歸於一，其意頗美。然即其所爲論者而考之，則皆一時草率禦人之語，而未得事理之實，不足據也。何以言之？伏羲畫卦，只有八卦之名耳。夏則首艮而名之爲連山，商則首坤而名之爲歸藏，周則首乾而名之爲易，三説之外，更無他書，而易之名至周始有。此三代聖人所以先天開人，隨時立教，以幸天下後世者也。正如子、丑、寅之迭建，而於義皆得；忠、質、文之異尚，而其歸則同。孔子周人，贊周易者，即從周之意爾。其連山、歸藏固自在也，不然，何梁之劉勰著文心雕龍，而猶按歸藏之經以證諸子也耶？九丘即禹貢，以其述九州上中下之賦，故曰九丘；八索即八卦，以其有一索、再索、三索之義，故曰八索。禮樂之名物度數具存，三禮等書何説可廢，亦未嘗廢也，但火於秦，或逸或亂爾。至於春秋，則夫子以魯史不明，故復爲筆削之詞，以明素王之道，存先王之迹，則是魯史之外加一魯史，非廢魯史也。陽明以連山、歸藏皆所以言易而亂易，是不知周之前無易也；以伏羲至周公其間言易不知其幾，是不知三説之外無他書也；以孔子取文王、周公之説爲得其宗而贊之，是不知從周之意也；以孔子贊易而紛紛之説盡廢，是不知歸藏之經六朝猶存也；又八索不屬之易而屬之典、謨，二南之後爲一切淫哇逸蕩之詞，孔子所删，是不知八索之即八卦也；以書、詩、禮、樂，孔子未嘗加一語，是不知詩有大序，而禮所記夫子之言，未必盡漢儒之附會也；以春秋爲筆舊刪繁，有減無增，是不知春秋增魯史之義，非減也。嗚呼！墳、典、丘、索，自倚相能讀之後，識者有矣；禮、樂、春秋，自孔子脩正之後，習者多矣。而陽明乃爲是言以罔天下，豈以天下無人爲可罔耶？王氏曰：世儒皓首窮經，未觀旨歸，此辨一出，而千古帝王道脈炳若日星，大有功於聖門，甚有補於來學。

六經文教

孔子述六經，懼繁文之亂天下，惟簡之而不得，使天下務去其文以求其實，非以文教之也。

孔子之述六經也，自天道以及人事，自五帝以及春秋，自朝廷以及閭巷，自禮樂以及鬼神，自人倫以及庶類，靡不包羅綜括。蓋惟恐一理之或遺，一事之未備，而無以寄斯道於無窮也。故其說夏、商之禮，深慨杞、宋文獻之不足以證其言；而其作春秋，雖其闕文疑義如「夏五」之類，亦謹書之而不忽。書列二帝、三王之訓誥，不及五霸，苟秦繆有悔過之誓，亦必取之，以附於後。詩三百，本紀周之盛衰，不及異代，然祖遺商頌五篇亦不忍棄。今詩有三百五篇，此其故也。則是聖人述經之意，豈「懼繁文之亂天下，惟簡之而不得」者哉？使果欲簡之而不得，則不如弗述，縱述之亦可不備乎六經，備六經亦可去其闕文疑義之類，而不使後之學者皓首窮年不能通之矣。春夏秋冬具而後歲功成，青紅赤白合而後文章著，易詩書春秋禮樂備而後大道彰，故聖人之述六經也，如五星麗天，不可少也，如五嶽亘地，不可缺也。所謂聖人之道，大而能博，觀人文以化成天下者也。而陽明乃謂非以文教之。嗚呼！六經非文，誰爲文乎？六經而非以文教，則善誘、首博、四教先文，豈虚語乎？竊意陽明之爲此言，非真以文爲繁文而可去也。蓋文之爲文，其爲法至密而難入，其爲義至大而難精，而病於法之難入，困於義之難精，則更爲大言而小技之遂，務專精於子貢之所謂「不可聞」者，而廢棄乎其所可聞者，而不知文章、性天道，元非二物也。夫子之文章，夫子之性天道也；堯之文章，堯之峻德則天也；文王之所以爲文，文王之德之純也。自子貢以「可聞」、「不可聞」二之，而世之拙於文者，因借其説以自便而不復致力，此文之所以日卑，而可愛、可傳者蔑有於天下也。近晉江王慎中有曰：「其才不足以有言，則愧其不能。矯爲之説，誣焉以自高，而掩其不能之愧，以爲是不足爲也。其弊於今爲甚。」關中王維楨亦曰：「公今講學，棄去文詞不理，此近世道學自護其短之巧術，乃公柰何蹈之？」夫二公之所造，固未知其果能有見於文章之即性天道與否，然其發明文章之不可去，與夫今日所以必欲務去之情，則實深切而著明矣。有志斯文者，其毋爲其巧術之所眩惑，而矯爲之説以自誣也哉！王氏曰：陽明意在厭文捄世，而不知其言之悖理。其辯透徹痛快，有功聖門。

焚經

春秋以後，繁文益盛，天下益亂。始皇焚書得罪，是出於私意，又不合焚六經。若當時志在明道，其諸反經叛理之説，悉取而焚之，亦正暗合删述之意。

仲尼信而好古，而删述六經，六經所以出也。始皇惡諸生是古而非今，而焚六經，六經所以亡也。意正相反，事固懸殊，而陽明乃以焚書爲暗合删述之意，吾不知之矣。王氏曰：陽明謂六經是富家册籍，又謂六經亦只是史，則謂不合焚六經者，亦只是體面徇情之言耳。

經傳案斷

愛曰：「伊川亦云：『傳是案，經是斷。』如書弑某君、伐某國，若不明其事，恐亦難斷。」先生曰：「伊川此言，恐亦是相沿世儒之説，未得聖人作經之意。如書『弑君』，即弑君便是罪，何必更問其弑君之詳？征伐當自天子出，書『伐國』，即伐國便是罪，何必更問其伐國之詳？」

世儒相沿之説，自有不可易者，要不可以彼所嘗言而故爲異論以藩籬之也。如伊川説春秋「傳是案，經是斷」，本無可疑，陽明乃謂「書『弑君』，即弑君便是罪」，「書『伐國』，即伐國便是罪」，而不必更問其所弑、所伐之詳，無非欲任經廢傳以爲異耳。春秋本因魯史而作，傳固史也，安可廢哉？試即以「弑」、「伐」言之。春秋「無將，將而必誅」，則弑君三十六，皆首惡也。然其中如趙盾之弑爲穿，許世子止之弑爲不嘗藥，又似有可矜者，使不以傳考之，而何以知乎？春秋無義戰，則敵國相伐，皆不義也。然其中如齊侯伐楚爲獎王室，公伐邾爲明有禮，又似彼善於此者，使不以傳考之，而何以知乎？故春秋不可以無傳，猶法家不可以懸斷。而書「弑」、書「伐」，乃獨不因案以別白之而概同焉，何也？蓋夫子雖以一字定人物之衡，而實不以一法盡作經之變，或心迹始終之所當原，或爵邑氏名之所當辨，而於焉執此以劑量之，有善善之詞，有惡惡之詞，有美惡不嫌同詞，有互見其意而爲之詞。大義數十，其指數千，而疑似同異之間，正夫子筆削之所在而深致意者也。如「弑」、「伐」之書，美惡之同詞也；悼公書葬，盾復見經，詞意之互見也。故經不可以直會，必擬議而後情理暢；律不可以遽斷，必比況而後枉濫平。至於情理暢、枉濫平，而功功罪罪各得其所矣。此春秋之書所以文則史，義則竊，而爲史外傳心之要典也。若如陽明之説，乃史一切法耳，稍識名理者，皆可與能，何游、夏而不能贊其詞哉？觀游、夏之不能贊，則知法有餘意，字不盡情，而所弑、所伐不可不問其詳矣。王氏曰：反覆論傳之不可廢，深得春秋微旨。且透徹痛快，易覺羣迷。陽明只是要直截，不免誤人。

聖教

聖人或因人請問，各隨分量而説，亦不肯多道，恐人專求之言語，故曰「予欲無言」。

子曰：「吾與回言終日。」又曰：「吾無隱乎爾。」又曰：「有鄙夫問於我，空空如也，我叩其兩端而竭焉。」又曰：「誨人不倦。」則是夫子之教人，固已展盡底藴，惟恐其不詳且盡也，何嘗不肯多道哉？其所以不多道者，蓋如天地之簡易而造化無窮，詞雖約而意則盡，非若他人之賢者，必廣肆其詞，而後其説可明也。即如孟子願學孔子，豈不欲如他做一句道了？然只是學不得。何以言之？孔子論性，只「相近」二字。孟子必説足之同屨、口之同嗜、耳之同聽、目之同視，以明心之同，然其實則「相近」而已。孔子論政，只「富」「教」二字。孟子必説五畝之宅、百畝之田、雞豚狗彘之畜、庠序學校之設，以爲王道之成，其實則「富」「教」而已。孔子説蒸民之詩，只以一二字點綴出來。孟子説北山之詩，必旁引曲證，而後其意始暢。孔子答學稼之問，只以禮義信，明其焉用稼。孟子闢並耕之説，必極陳堯、舜之論官，禹、稷、契、皋陶、伯益之任職，而言其不暇耕、不用耕。其他手足腹心、犬馬國人、土芥寇讎之論，即忠禮之對也，而説則詳矣；楊墨「率獸食人，人將相食」之論，即攻乎異端之害也，而詞則嚴矣；「何必利」之説，本諸「放利多怨」者也，必推至大夫、士、庶人之交征而國危，君臣、父子、兄弟之懷利而國亡然後已；「禹德衰」之辨，出「禪繼義一」者也，必極論有德、有薦與繼世之不賢，伊尹、周公、仲尼之不有天下然後備。豈孟子故好爲此辯，以與孔子不多道之旨殊哉？蓋詞者所以達己之意也，己之意足，以一二言而達，則一二言不爲少，必待千百言而後達，則千百言不爲多。故孔子之不多道，非不肯多道也，不必於多道也；孟子之詳辯，亦非好辯也，不得不辯也，欲爲孔子而不得也。此孔、孟聖賢之別也。陽明乃以孔子恐人專求之言語，故不肯多道，而且引「予欲無言」以爲證。夫「予欲無言」，乃夫子點化子貢之微言，而豈可以之概其平日耶？其失之遠矣！王氏曰：深得聖賢立言之旨。

删書

孔子云：「吾猶及史之闕文也。」孟子云：「盡信書，不如無書。吾於武成，取二三策而已。」孔子删書，於唐、虞、夏四五百年間，不過數篇。豈更無一事？而所述止此，聖人之意可知矣。聖人只要删去繁文，後儒卻只要添上。

上古穴居而野處，後世聖人易之以宮室，宮室固文於穴居也。古之葬者，厚衣之以薪，葬之中野，不封不樹，後世聖人易之以棺槨，棺槨固文於中野也。上古結繩而治，後世聖人易之以書契，書契固文於結繩也。文則素，質則簡；文則密，質則疏；文則華，質則實；文則迂，質則直，其勢使然也。唐虞夏書之數篇，亦是風氣初開，人文始著，故其事闊疏，而其書簡略爾，非聖人數篇之也。使果以爲聖人要删去繁文而故少之，則唐虞之前并數篇亦無之者，豈删之又删，以至於無耶？虞夏之後如商如周如秦者，豈其書過於唐虞而詳述之耶？可見聖人删書，只是有者自有，無者自無，多者自多，少者自少，但於其中序正之爾。故曰孔子序書自唐虞以下，而不言删字，以此也夫。王氏曰：兩説具在，或是或非，必有能辨之者。

法古

唐虞以上之治，後世不可復也，略之可也。三代以下之治，後世不可法也，削之可也。惟三代之治可行。孔子告哀公曰：「文武之政，布在方册。其人存，則其政舉。」言治天下者，不可不法三王也。孟子謂景丑氏曰：「我非堯舜之道，不敢陳於王前。」言治天下者，不可不法堯舜也。陽明乃謂唐虞之治不可復，而惟三代之治可行，何哉？若以古今殊勢，因革隨時，則商周之治或與唐虞異，而虞夏之治又大略相同。蓋虞之地平天成，六府三事允治，皆禹爲之。而禹之菲飲食、惡衣服、卑宫室、盡力溝洫，自其受禪時，舜固以克勤於邦、克儉於家美之矣。董子所謂虞夏不言損益，正有見於此也。豈有虞之治不可復，而夏治乃可行乎？故言治者必行夏之時，乘殷之輅，服周之冕，樂則韶舞，如孔子所以答顏淵爲邦之問然後可。王氏曰：辨證虞夏同道，真不易之論，無可回說。

經史

五經亦只是史。

史者，記事之書也，以其出於史官，故謂之史。五經惟書與春秋爲正史。詩雖非史，亦附見當時之事，故古者天子巡狩，太史陳詩，則謂詩爲史之餘，亦可也。若易陳卦畫，禮言經曲，何與於時事，而亦謂之史耶？王氏曰：經者，經常不易；而史乃一時記載之事也。以經爲史，敝且廢經，而坑焚之禍起矣，所辨關係甚大。

删詩

愛問：「詩不删鄭衛。先儒謂『惡者可以懲創人之逸志』，然否？」先生曰：「詩非孔門之舊本矣。孔子云：『放鄭聲，鄭聲淫。』又曰：『惡鄭聲之亂雅樂也。』『鄭衛之音，亡國之音也。』此是孔門家法。孔子所定三百篇，皆所謂雅樂，皆可奏之郊廟，奏之鄉黨，皆所以宣暢和平，涵泳德性，移風易俗，安得有此？是長淫導奸矣。」

詩言志。孔子删詩，想是删其不出於自然言志者爾，非存其美而去其惡也。夷狄、鳥獸並育於覆載之間，所以爲大；共驩、元愷兼容於堯舜之世，所以爲弘。若必其美者存之，惡者删之，亦介焉褊焉，示人以不廣矣。況王者之政，任德必貳以刑；聖人之教，循名必責其實。聖人作經以寓政教，而不慎諸此哉？故其删詩，既録雅樂以示法，兼收鄭衛以杜奸。鄭聲淫，必使人知其所以淫。鄭聲亂雅樂，必使人知其所以亂。鄭衛亡國之音，必使人知其所以亡。正如作易，吉、凶、悔、吝無不繫；作春秋，弑父與君無不書之意也。使不删鄭衛爲「長淫導奸」，是悔、吝之繫爲教人以規避之術也，弑君、父之書爲啓人以篡賊之端也，而可乎？陽明嘗謂「五經皆是史」，何不以易、春秋例看乎詩？王氏曰：不磨之論。○煐曰：「詩三百，一言以蔽之，思無邪。」按二南列風一百六十、大雅三十一、小雅八十、頌四十，凡三百十一。信如先生之言，則邶鄘皆衛，内除邶十九，鄘衛各十，鄭二十一，非三百矣。即鄭衛中非無可存者，而列風中亦有可删者，毋論失「思無邪」之旨，且非詩三百之數。

【校勘記】

〔一〕然非新字義　「新」字，王守仁王文成全書卷一傳習録上作「親」。

〔二〕皆於新字無發明　「於」原作「與」，據王文成全書卷一傳習録上改。

〔三〕卻是告子外義　「是」，朱子語類卷五二作「似」。

〔四〕雖以格物爲用力之始　「格物」下，朱熹晦庵先生朱文公文集卷四答吴晦叔有「致知」二字。

〔五〕「窮理」即是「明明德」　「窮理」原脱，據王文成公全書卷一傳習録上補。

〔六〕約理只是要此心純是一箇天理　「約理」，王文成全書卷一傳習録上作「約禮」。

〔七〕肯綮　原作「肯棨」，該詞出莊子，因改。

〔八〕而又不是本文之意　「本」原作「木」，據上下文義改。

〔九〕禮樂之名物度數　「之」下原衍一「之」字，據王文成全書卷一傳習録上删。

卷二

主一

澄問："主一之功，如讀書則一心在讀書上，接客則一心在接客上，可以爲主一乎？"先生曰："好色則一心在好色上，好貨則一心在好貨上，可以爲主一乎？是所謂逐物，非主一也。主一是專主一箇天理。"

明道讀史不蹉一字，作字亦必甚敬，此正"讀書一心在讀書上"之謂。接客雖是細事，然心或不在，則古詩所謂"仰面貪看鳥，回頭錯應人"者有之矣。澄之所問未爲不是，陽明乃比之好色、好貨而謂之逐物，何哉？究其病原，蓋以"一"字看作"理"字故也。殊不知"主一"之説本出自程子，程子但言"主一之謂敬，無適之謂一"，是主一者，不過心有主而不他適之謂耳。陽明不考程子訓"一"之義，而以"主一是專主一箇天理"，故於讀書、接客皆看做外物，而以一心在讀書、接客上爲逐物也。夫主一自是與逐物不同。主一者，其主在我，所謂「以心使心」也。逐物則心馳於外而忘其在我，所謂「心從法華轉，非是轉法華」矣。毫釐千里之分，全在「主」字、「逐」字上。陽明卻就「一」字、「物」字上分别，所以失之。且既以讀書、接客爲外物矣，及論「格物」，則又謂「心外無物」，而以物爲心焉，何其言之不相應哉！蓋由陽明以心學爲主，而格物是大學入門下手處，故硬以「心」字訓「物」字，以爲不如此則與逐物者無異也。卻不思格物逐物、爲己爲人之别不在「心」字、「物」字上，亦全在「格」字、「逐」字上。王氏曰：析理精確，不易之論。要知陽明亦造次禦人之詞，非實見得是也。○煐曰：出門如賓，使民如祭，仁之則也。夫且則仁，奚言逐物？況先生曰「博文是約禮功夫」，則讀書必非逐物矣。

堯舜桀紂

聖如堯舜，然堯舜之上善無盡；惡如桀紂，然桀紂之下惡無盡。使桀紂未死，惡寧止此乎？使善有盡時，文王何以「望道而未之見」？

善如堯舜，善到分際，惡如桀紂，惡亦已到分際，都無去處。陽明乃謂「桀紂未死，惡寧止此」，非也。借桀紂未死，只是他爲惡之件數多些，亦必不能復加。何也？桀之惡，至於「率遏衆力，率割夏邑」，使「有衆率怠弗協，曰：『時日曷喪，予及汝皆亡！』」紂之惡，至於

「焚炙忠良，刳剔孕婦」，「斮朝涉之脛」，「作炮烙之刑」，使「民罔弗欲喪，曰：『天曷不降威？大命不摯。』」夫紂之民非桀之遺民也，而或欲與亡，或欲與喪，怨若一口，則以桀紂之惡，異代同甚故也。向使二惡未甚，民尚有生路之可移，則孰忍以父母妻子所仰賴之身，而願與之喪、與之亡者哉？子貢稱紂之惡不如是之甚，非以爲不甚也，正甚紂之惡，以爲不應有此爾，所謂「商罪貫盈」是也。今曰「桀紂未死，惡寧止此」，是猶以其惡爲未甚未盈也。使果未甚未盈，必何如而後謂之甚且盈耶？武王作誓，惟言「受罔有悛心」，正以罪惡至此，不可復加，一無悛心，便爲極惡。然則受雖再生數十年，亦只是不悔前惡而已。况强弩之末，不穿魯縞，潮勢之緩，不流束薪，桀紂果若未死，則其人向老，亦當頗有慈心，如唐史所論武后者矣，豈有更甚之理乎？陽明但欲伸其惡無盡之説，而乃爲桀紂分疏，亦異乎子貢之見矣。至於望道未見之説，亦只是孟子狀文王之心如此，非文王真有未見也。詩曰：「誕先登于岸。」岸固道之盡處也。傳曰「穆穆文王，於緝熙敬止」：「爲人君止於仁，爲人臣止於敬，爲人子止於孝，爲人父止於慈，與國人交止於信。」仁、敬、孝、慈、信者，至善也。至善者，善之盡處也。岸而登，至善而止，故曰「周之德可謂至德也已矣」。乃因其望道未見之心，而遂謂善無盡，何待文王反不如待桀紂也耶？王氏曰：開手四句，便已斷盡春秋筆也，後邊辨析詳盡，議論不磨。

精一

問：「『惟精』、『惟一』是如何用功？」先生曰：「『惟一』是『惟精』主意，『惟精』是『惟一』功夫。非『惟精』之外，復有『惟一』也。」

昔屠宗師講學於天寧寺，問「精一」之旨如何？慈學李占泉對曰：「『精』是『一』的工夫。」予曰：「不然。當初堯授舜時，只說『允執厥中』。至舜授禹時，始益之以『人心惟危，道心惟微。惟精惟一，允執厥中』。可見『精一』是『執中』的工夫。若『精』是『一』的工夫，當初下語時，不當以二『惟』字對言，下文又不須贅著『允執厥中』矣。」李默然。府學周太霞曰：「陽明先生以世儒分析太甚，故言『惟一』是『惟精』主意，『惟精』是『惟一』工夫』，爲合一之說。占泉蓋忘卻主意一邊爾。」當時倉卒，亦不復辨究，以爲「精」、「一」對言者，乃分陰、分陽之意。而陽明「主意」、「工夫」之說，殆根陰、根陽之意而已矣。今讀此段，而以其結句「非『惟精』之外，復有『惟一』」者反覆推之，然後知其所謂「主意」、「工夫」者，正是發明「精」是「一」的工夫之旨。太霞蓋考之不詳，而予於是時亦失其所以辨詰也。蓋天地絪緼之理，不出一高一厚之外，幽明感通之故，不在一卜一祝之間。纔說「精一」，則中間許多意義，合下便已渾全周備，不容説矣。陽明乃以世儒分析之故，而爲説以教之，已自多了。借欲救之，亦必以「惟精」爲「惟一」的主意，「惟一」爲「惟精」的工夫，庶幾彼此相發而分合可明。若如今所云，則是以「惟一」爲先，「惟精」爲後，既失其本文之序；「惟精」則重，「惟一」則輕，復失其交戒之意。雖若以「主意」、「工夫」對言，而實與李説無大相遠矣。豈非欲矯分析之失，反成偏廢之弊，而其爲害，又有甚於分析者乎？此愚所以深疑而未解也。及考曰仁所録，有言「知是行的主意，行是知的工夫；知是行之始，行是知之成」，然後釋然自喜曰：知行、精一，其名殊，而理則一者也。安有論知、行則主意、工夫如此，而論精、一則主意、工夫又如彼？必陽明所説，只是這箇，而傳而習之者或以爲如此，或以爲如彼爾。至其訛以傳訛而不知其非，假之又假而遂信其是，則其説益長而其見益錮，其見益錮而其真益亂，其真益亂而其和益衆，其和益衆而其術益行，以至今日而猶未已，可畏也。故知語録等書最不易看，蓋其所聞或有親承、傳説之不同，所記或有工拙、詳略之各别，或得意於語言之外不拘其詞，或模擬於形迹之間反失其意，或不徒失其意而且併其詞而失之，或不徒失其詞而甚以己意而入之，苟不參互考訂以知其説，則如此疑者終不可得而解矣。幸其得失是非彼此錯見，而明者或因得之以爲左證也。不寧惟是，嘗觀王龍溪所録沖玄會載陽明之言曰：「戒慎、恐懼是本體，不覩、不聞是工夫。」果如其説，豈不顛倒錯亂而爲賊道之尤乎？及考其平日之言，但曰：「戒懼亦是念，戒懼之念無時可息。」又曰：「戒慎、恐懼便是脩道工夫。」其言如此，初未嘗以戒愼、恐懼爲本體，而不作工夫也。故凡此等可疑處，皆是其徒傳録之誤，未必本來如此。然博文即約禮的工夫，惟精即惟一工夫，曰仁亦有此語，且以爲始雖「落落難合」，久之「不覺手舞足蹈」，何也？曰道理至大。便如此說，亦非無一般意思可想處，且其端緒亦有自來。如云「博學而篤志，切問而近思，仁在其中矣」，豈非學、問、思、辨即爲仁的工夫耶？「博學而詳說之，將以反說約也」，豈非博學詳說即反約的工夫耶？陽明不把將來說破與人，以自神其說，正是禪家莫度金針之意。而其徒一向傾信他，也不去思量到這箇是孔門弟子尋常講習的舊話，便遂以爲「落落難合」，又遂以爲「不覺手舞足蹈」，皆坐見小爾。何但博文即約禮工夫，便說約禮即博文工夫，亦未必無理；何但惟精即惟一工夫，便說惟一即惟精工夫，亦自有可通，然終是偏枯險絶之論。聖門自有平易正大的門户，何苦不去理會，而必尋討傾邪捷窄之路以快一時之論，而蕩惑天下後世之人心耶？巾幅刻此。〇王氏曰：陽明只是以餘意爲正意，而自以爲奇，所以失之偏僻。此論委曲詳盡，徹上徹下，金針之度，無以踰此，大有功於聖學。即置百喙，不能爲陽明分疏矣。

心

或問：「晦菴先生曰：『人之所以爲學者，心與理而已。』此語如何？」曰：「心即性，性即理。下一『與』字，恐未免爲二。此在學者善觀之。」

晦菴嘗言：「心者人之神明，所以具衆理而應萬事。」又言：「聖人之心，萬理畢具。」又言：「方寸之間，虛靈洞徹，萬理咸備。」又言：「性是心之道理。」又言：「心、性、理拈著一箇，則都貫穿。」則所謂「心即性，性即理」之說，朱子豈不知之，而下一「與」字於心、理之間哉？蓋以人而言，則「心即性，性即理」，若下「與」字，是二之也。以人對事物而言，則在人爲心，在物爲理，不下「與」字，又無別也。朱子此言爲格、致而發。致知者，致吾心之知也；格物者，格事物之理也。不無内外精麤之別，故下一「與」字，非專指人心而言也。所謂言「固各有攸當」也，正如孟子嘗斥「食色，性也」之非矣，而其自言又曰：「口之於味也，目之於色也，耳之於聲也，鼻之於臭也，四肢之於安佚也，性也。」豈可據其前說而謂後說之非乎？程子亦有「性即理也」之說矣，而他日又曰：「惡亦不可不謂之性。」豈可信其前說而疑後說之反乎？蓋道不可以一端盡也，而言亦不可以一概斷也。有偏者、有全者，有異者、有同者，有前後不相應者、有彼此互相發者，有文詞不類而意實同者、有形迹脗合而道殊絶者，苟不參伍以通其變，融會以要其歸，或以文害詞，或以詞害意，或滯其迹而不稽其心，或得其一而不知其二，是爲高叟之固、咸丘蒙之執矣，幾何不以小弁之怨爲小人，北山之說爲臣父哉？「周公思兼三王，以施四事。其有不合者，仰而思之，夜以繼日，幸而得之，坐以待旦。」朱子「心與理」之言，正其不合而可疑處。使陽明如周公之仰思繼日，將必有幸而得之者矣。而遂指斥其下字之非，蓋由不根究其語意所自，徒見此語何如之問，遂以己意答之而已。嗚呼！先輩不可輕議也。如議之，當如老吏斷獄，必搜尋其案卷，鉤當其情由，的的焉無毫髮可借，而後決之，然後被罪者心服而無辭。若陽明者，不盡其辭而決之者也，設晦菴復生，其肯伏之乎？其能無辭乎？或曰：是固然矣，但不以理屬人而屬之物，是人之靈不如物矣，不能無疑。曰：是不然。「心即性，性即理」，言心則理自該，故只言心無害也。若事物則不可以言心，但有理而已，故不得不屬之爾。且如孔子言「仁者，人也」，孟子則言「仁，人心也」，朱子又言「仁者，心之德、愛之理也」，豈孔子之言不及孟子之切，而孟子之言又不及朱子之切乎？要之，孔子只言一「人」字，而孟子、朱子之言固在其中矣。朱子只言一「心」字，而理亦在其中矣，不必拘拘於説之同也。況朱子此言之下，明繼之曰：「心雖主乎一身，而其體之虛靈，足以管乎天下之理；理雖散在萬事，而其用之微妙，實不外乎一人之心，初不可以内外精麤論也。」則是晦菴於人心、物理，且知其不可以内外精麤論，況心中所具之理，而反不知其不可以二之乎？然則是言也，信非朱子下字之誤，乃陽明看書之誤爾。王氏曰：原朱子爲格致而説，此案卷也，引孟、程之言爲證，此援例也。是非曲直，昭然立見，且中間辨折精明，議論的確，正如老吏斷獄，心伏無辭。

性

性一而已。自其形體也謂之天，主宰也謂之帝，流行也謂之命，賦於人也謂之性，主於身也謂之心。

易曰：「一陰一陽之謂道。繼之者善也，成之者性也。仁者見之謂之仁，智者見之謂之智。」則是在天者，只有一陰一陽之道耳。自繼此善於人而成之於己，則謂之性。性者，非他也，仁智也，言仁智則禮義兼舉之矣。孟子「仁、義、禮、智是性」之説、程子「性即理也」之説，皆本於此。要而言之，理即是仁、義、禮、智，仁、義、禮、智即是性，性即是善，善即是道，道即是陰陽。但自天言之謂之道，謂之陰陽；自人言之謂之善，謂之仁、義、禮、智，謂之性，謂之理云爾。則是性也者，分明屬人而言。今陽明乃曰：「性一而已。自其形體也謂之天，主宰也謂之帝，流行也謂之命，賦於人也謂之性，主於身也謂之心。」是以天也、帝也、命也、性與心也，皆屬之性矣，而可乎？既以是五者而皆屬之性，則所謂賦於人而謂之性者，又誰賦乎？豈別爲一性乎？蓋陽明不識「性」字，把「性」字只當一箇「太極」字看了，所以舛錯至此。然「天地之性人爲貴」，是亦以性言天也，何居？曰天地之性的「性」字，只當箇「生」字，所謂「天地之生人爲貴」也。正如天地無心，而又曰「復其見天地之心」，非直以爲有一箇心在焉，只言其死而復生，一似有心然耳。不然，則是所謂「天聰明」者，真有箇耳目來視聽耶？所謂「天步」者，真有箇足來行耶？大抵説此等處，須要以意去會，不可執定，不比説在人之性，便是説人之性也，要看得好。蓋性雖只是仁、義、禮、智四者之理，然理卻不是死物，須有箇活動去處。這活動便能顯仁藏用，鼓舞萬物，以成其日新之盛德，富有之大業。程子所謂「心如穀種」，其仁具生之理，是性是也。「性」字正就那活動處而言，所以説他不是理不得，説他即是理也不得。蓋説他不是理，則這活動的便要認做知覺運動，陷入「生之謂性」裏去。若説即是理，則性又是箇四塊死殺的物事，無緣做得「成性存，存道義之門」出來。故性者理之機，理者性之實，離也離不得，合也合不得，所以古人説「理」字，又説「性」字。其謂「仁、義、禮、智即是性」，「性即是理」者，只因自來説性者都含糊不明，故迫切言之，以曉示學者，其實與理差得些子，然卻不是兩物。此等處須要看得分曉始得。王氏曰：此篇分别性天本原，勘破陽明病根，殆聞性道而有得者。且「性者理之機，理者性之實」二語，不可磨滅。

學庸

澄問學、庸同異。先生曰：「子思括大學一書之義爲中庸首章。」

大學説「明德」，中庸説性道、中和。大學説「格致誠正」，中庸説「明善誠身」。大學説「新民」，中庸説「盡人之性」、「盡物之性」。此其同也。至於大學只説「明德」，中庸則推言「天命之性」。大學只説「謹獨」，中庸則推言「戒謹不覩，恐懼不聞」。大學只説「忿懥好樂」、「已發之心」，中庸則推言「未發之中」。大學只説齊治平在孝弟慈，中庸則推言「天地位，萬物育」、「工夫效驗」。中庸比大學俱高一層，此其異也。陽明不分別其同異，乃以「子思括大學一書之義爲中庸首章」，蓋但論其大綱意思云爾。夫千聖一心，萬古一道，大綱意思，豈惟學、庸類哉？以論語首章言之，「學」即「明明德」也，「時習」即「格致誠正」之緝熙也，「有朋自遠方來」即「新民」也，「説樂不慍」即「喜怒憂懼」得正之心也，「不亦君子乎」即「止於至善」也。雖謂括大學一書之義爲論語首章可也。以孟子首章言之，「何必曰利，亦有仁義而已」者，即「明明德」也；「不遺其親，不後其君」者，即「新民」也；「王曰何以利吾國，大夫曰何以利吾家，士庶人曰何以利吾身」，即「一人貪戾，一國作亂」也；「苟爲後義而先利，不奪不饜」，即「絜矩」之反而「不以義爲利，以利爲利也」。雖謂括大學一書之義爲孟子首章亦可也。何也？於此不同，不足以謂之聖賢之學也，然又不可緣是而遂謂學、庸、語、孟果可盡同也。大學説學而規模整密，中庸明道而義理精深，論語記言而旨意渾含，孟子論事而議論發越。有一書則有一書之格局，有一章則有一章之發揮。苟徒欲得其所以貫通之意，而不詳察其文理之精微，雖其一時議論若有可喜，終不免於無星之秤、無寸之尺而已矣，其何以致用而爲吾儒之實學哉？此窮經者不可以不審也。王氏曰：始詳學、庸之同異，已屬不刊，後復推語、孟之異同，透徹精當，真聖經羽翼，萬古不磨。陽明好奇，立論多有渾合之病，至論仙釋，亦會吾儒爲一，此病之病也。

中和

不可謂「未發之中」常人俱有。蓋「體用一原」，有是體即有是用。有「未發之中」，即有「發而皆中節之和」。今人未能有「發而皆中節之和」，須知是他「未發之中」亦未能全得。

「未發之中」，性也。「發而皆中節之和」，情也。性、情原是一本，中、和初非二物。但「未發」之時，即「人生而静」以上不容説者也，固無「不中」。至於「發」，則或乘之以氣拘物蔽之昏，而未必「皆中其節」矣。譬之木性本直，而遇地有傾側欹突之不同，則其影亦因之而異矣。然影雖有異，而木之性則未嘗不直也。陽明乃以「不可謂『未發之中』常人俱有」，又謂「今人未能有『發而皆中節之和』，須知是他『未發之中』亦未能全得」，是因影而疑木也，可乎？且如人有不葬其親，非發不中節乎？見狐貍食之、蠅蚋姑嘬之而顙泚，則以其有

「未發之中」也。兄弟鬩於牆，非發不中節乎？外禦其侮，則以其有「未發之中」也。乞祭墦間，非發不中節乎？恥妻妾之見，則以其有「未發之中」也。無禮義而受萬鍾，非發不中節乎？不食嘑蹴之食，則以其有「未發之中」也。功不加百姓，非發不中節乎？見觳觫而哀，則以其有「未發之中」也。以土地之故糜爛其民，非發不中節乎？移民移粟，則以其有「未發之中」也。惟其有「未發之中」，故先王所以立教以易其惡，以止其中。使人即其所不忍，以達之於其所忍，即其所不爲，以達之於其所爲，如子思所謂「致曲」，如孟子所謂「擴充其四端」，如朱子所謂「因其所發而遂明之」，此人皆可以爲堯舜，而中和、位育之化所以充滿布濩於宇宙之間也。陽明此論，但知天下無性外之情，而不知人心無不善之性，正孟子所謂「率天下之人而禍仁義」者，必自此言矣，烏可置之勿論哉！王氏曰：因影疑木，喻甚的確。且歷引已發未發印證見道分明，提醒人心，與孟子道性善旨同。○煐問：「『民之秉彝，好是懿德』，則『未發之中』，當是民秉。」居方兄曰：「然良知雖屬已發，常人所同有，儻若無『未發之中』，良知亦何自而生？」

夜氣

「夜氣」是就常人說。學者能用功，則日間有事無事，皆是此氣翕聚發生處。聖人則不消說「夜氣」。

「夜氣」之説，非始於孟子。「一氣孔神兮於中夜，存虛以待之兮無爲之先」，子晉已言之矣。「至虛極，守静篤，萬物並作，吾以觀其復」，老氏又言之矣。然皆用之以養生爾。至於「觀好惡之近於平旦，存仁義之良於幾希」，則自孟子發之。然在常人，有常人之夜氣，如求放心於「旦晝牿亡之後」者是也；在賢人，有賢人之夜氣，如「静中看喜怒哀樂未發前氣象」是也；在聖人，有聖人之夜氣，如「定之以仁義中正而主静」是也；在天地，有天地之夜氣，如「復其見天地之心乎」，「不翕聚則不能發散」，「不專一則不能直遂」是也。陽明乃謂「『夜氣』是就常人説」，「聖人則不消説『夜氣』」，此恐未然。王氏曰：「夜氣」雖天地聖賢皆有，孟子所説「夜氣」，是就常人言耳。陽明説亦有見，而此又擴充之，更妙。○煐曰：「夜氣」既爲常人所有，則「夜氣」之所由發，當知有「未發之中」在。

蓍龜

蓍固是易，龜亦是易。

蓍出於羲，龜出於禹；蓍數用偶，龜數用奇；蓍所以筮，龜所以卜；蓍繇以易，龜繇以疇，較然不同，審矣。陽明何所見，而謂「龜亦是易」哉？易傳曰：「天生神物，聖人則之。河出圖，洛出書，聖人則之。」釋者曰：「此聖人作易之所由也。」又曰：「易有聖人之道四焉，以言者尚其詞，以動者尚其變，以制器者尚其象，以卜筮者尚其占。」夫以圖、書爲聖人作易之由，以卜筮爲易之聖人之道，此陽明所以有「龜亦是易」之論也。殊不知此是孔子因圖而及書，因筮而及卜，正猶孟子言禹、稷當平世三過其門而不入，因禹而及稷之類耳。使以易傳之言而遂謂「龜亦是易」，然則亦可以孟子之言，而謂稷真三過其門耶？王氏曰：謂九疇不本於洛書，而圖、書皆所以作易，宋儒劉子澄已有是言。以今觀之，書之理本通於圖，謂書亦可作易是也。但圖出於伏羲之時，而八卦已畫，禹時洛書方出，則不襲伏羲之卦，而但取其數以爲九疇耳。蓍、龜之不同爲易，無疑也。

執一

問孟子言「執中無權猶執一」。先生曰：「中只是天理，只是易。隨時變易，如何執得？須是因時制宜，難預先定一箇規矩在。如後世儒者要將道理一一説得無罅漏，立定箇格式，此正是『執一』。」

中是理，權是易，執中無權，所以爲執一。陽明卻謂「中只是易」，是但知從權而不知中之當執，但知惡「執一」而不知遂至於無所執，故其説道理，終不免於罅漏也。且陽明譏諸儒爲「執一」，看來陽明是真「執一」。何以言之？象山教人專欲管歸一路，陽明得此把柄，故與人議論，不管是與不是，合與不合，件件歸到良知處，更無別法，真所謂「執一」，反謂諸儒「要將道理説得無罅漏」是「執一」。然則説道理，固欲其有罅漏耶？孟子所以惡「執一」者，爲其舉一廢百而賊道也。舉一廢百，正是罅漏。設以無罅漏爲「執一」，聖人之言顛撲不破，曾子之言盛水不漏，皆爲「執一」矣，豈不大失孟子之意耶？故陽明真是「執一」，真是舉一廢百，真是「賊道」，真是孟子所惡。王氏曰：推勘到底，無所逃遁。

治生

許魯齋謂儒者以治生爲先之説，亦誤人。

三代之儒所以無治生之説者，蓋由人君制民之産，有田以食，有室以居，有蠶桑以衣，爲之治其生，故不必自治之也。後世則無制産之君矣。雖士嘗學問知禮義，然亦人爾，一日不再食則饑，終歲不製衣則寒，決不能枵腹裸形以待斃也。況上有父母，下有妻子，縱能以堅忍自勉，其何以行孝慈乎？曾子敝衣而耕於魯，是以耕治生者也。子貢之貨殖，是以賈治生者也。抱關擊柝，乘田委吏，淵明所謂己之出仕爲饑所敺，是以仕治生者也。賈逵之舌耕，是以教治生者也。嚴君平之賣卜，韓康之行醫，是以醫卜治生者也。王福之圬，是以圬治生者也。許子捆屨織席以爲食，是以捆織治生者也。郭橐駝之種樹，移徙無不活，是以樹治生者也。昌黎之衣食於奔走，是以奔走治生者也。仲尼爲養祭而釣弋，是以獵較治生者也。東平之瓜，成都之桑，長安之橘，是以種植治生者也。皇甫湜之利潤筆，是以鬻文治生者也。故曰：「治生不待危身取給，則賢士勉焉。本富爲上，末富次之，奸富爲下。」危身取給者，奸富也，儒者不可爲也。若曾子則本富矣，其餘皆所謂末也，皆所以治生也，皆儒者所得爲也。其言上之、次之者，蓋以人之體有强弱，性有逸重，業有本末，遇有順逆，而爲之區别，則如此爾，非謂人之品係於此也。正如夫子論避地、避人、避言之不同，而非有優劣也。又如孟子論士所就、所去之三，而非有高下也。不然，夫子獵較，曾子躬耕，曾子賢於仲尼矣。故苟可以治生，本可也，末亦可也，但不可因此以奪志爾。苟不以此奪志，則其所以治生者，乃其勵志進德之資，可以行孝，可以行慈，可以顧廉恥，可以興禮義，固儒者所不廢也。世儒見孔子以簞〔一〕瓢屢空賢顔子，以貨殖不受命譏子貢，遂恥言「治生」二字，而不知儒者固不必以此爲諱也。不然，而上既不制其産，身又不治其生，其不爲溝中瘠者幾希矣，其何以爲從善之地乎？故魯齋之説未爲誤人。然則陽明譏之非歟？或有問陽明，以爲學以親故，不免業舉之累者。陽明答曰：「以親之故，而業舉爲累於學，則治田以養其親者，亦有累於學乎？」由此觀之，陽明固亦未嘗以治生爲誤人矣。而其所以譏魯齋，豈亦爲危身奪志者立戒歟？王氏曰：學何爲也？所以成己、成物，使天地融然太和，共成一箇生生之理耳。故危身奪志〔一一〕，不知爲學者也。怠荒不治生，亦不知爲學者也。此皆至當不易之論。○熯曰：此篇總見治生之説不爲誤人耳，若夫義命當安之説未嘗不在也。或謂菽水可以承歡盡孝，何必治生？是不然。顔子簞瓢陋巷，猶有簞瓢陋巷在也。今有貧無立錐之儒，不識治生，室人交謫，何言承歡？且曾子敝衣耕魯矣，其言曰：「吾及親仕，三釜而心樂，後仕，三千鍾，不洎〔一二〕，吾心悲。」此正是治生以盡孝處。儒者事親，若曾子可也。苟非爲貧而仕，則仕以行義，又自有忘身、忘家之道在，與此論不相妨。

天聰明

善念發而知之，而充之；惡念發而知之，而遏之。知與充與遏者，志也，天聰明也。聖人只有此，學者當存此。

善念固當充矣，然何以知其念之善也而充之？惡念固當遏矣，又何以知其念之惡也而遏之？陽明嘗言人若「實致其良知」，則「自能知得」，即此「天聰明」之説也。自古天聰明者幾人？其意之所起，即粹然出於正者，固亦有之。然念慮少差，意見少偏者，亦未必其盡無也。故大學所以必先格物，中庸所以必先擇善，以致吾心之知，使其光明浄瑩，無少瑕疵，而後是非善惡不能蔽也。今不加格物擇善之功，而但謂「實致其良知」，則「自能知得」，是聖賢之訓皆無用之剩語，而一任其聰明之所作用矣，其不務爲穿鑿而見惡於孟子也者幾希。夫鏡之欲發其明也，必視其體之清濁，以多寡其藥物而磨之，然後鏡可得而明也。有賤工於此，必去藥物而磨之，以爲鏡體本明，吾但磨之足矣，何必借資於外物？然磨愈力而鏡愈昏，卒之明不可得，而頑然一銅矣。由此觀之，雖天聰明之盡者，要亦不可以無開發之助，而況天聰明者一二，不天聰明者千百，豈可望一二於千百，而竟以致良知爲致知之功乎？然陽明所以爲是言，亦未必謂天下之學者果皆天聰明之士，而可無事於此也，蓋由誤認「良知」二字之義爾。孟子曰：「人之所不慮而知者，其良知也。」則「良知」之「良」，非「善」也，不過以其不假於思慮而出於天性自然之謂也。「孩提之童，無不知愛其親也；及其長也，無不知敬其兄也」，固爲「不慮而知」矣。然「孩提之童，無不知甘其食也，及其長也，無不知悦其色也」，此豈待慮而知者乎？愛親敬長，甘食悦色，既皆不慮而知，則是皆可以謂之良知矣。故曰：「口之於味也，目之於色也，耳之於聲也，鼻之於臭也，四支之於安佚也，性也，有命焉，君子不謂性也；仁之於父子也，義之於君臣也，禮之於賓主也，知之於賢者也，聖人之於天道也，命也，有性焉，君子不謂命也。」聲色、臭味、仁義、天道而皆歸之性，愛親敬長、甘食悦色而皆謂之良知，其義一也。但當時知食色之爲性，而不知仁義之爲性，故孟子於論良知，特舉重而言之，恐爲多欲者立赤幟也，而非以甘食悦色有礙於良，而故遺之也。陽明見其獨舉愛親敬長而不及甘食悦色，遂以爲人之良知，以其有愛親敬長之良心，而謂之良。嗚呼！使以其愛親敬長之良心而謂之良，何其論眸子之良而亦兼夫瞭與眊也耶？觀眸子之良，不止於瞭，則知良知不止於愛親敬長。良知既不止於愛親敬長，則致良知者又安能必其不出於愛親敬長之外而實致之哉？是故以愛親敬長之知而實致之，則心體清明，義理昭著，而於意念之所發，自能洞見其是非好惡之所在而無遺矣。苟以其甘食悅色之知而實致之，將不至於「紾兄之臂而奪之食」「踰東家牆而摟其處子」不止也。如此則心志蠱惑，四體繆迷，以是爲非，以非爲是，以賢爲不肖，以不肖爲賢，如瞽者眯目而簸糠，上下四方易位矣，安能於意念之所發而知其善惡以充之、遏之乎？然則陽明雖說良知，其實未知良知，而彼又確然自信以爲真知，於凡意之所起，皆以爲善而著實推致，不使少有依違遷就於其間，甚而破格越調爲人之所不敢爲。或有論議，則倚借講學之名以鄙薄之，曰：「此流俗，不足顧也。」世人本無學術，見其如此，遂以爲或者其果是也，而靡然從之。此自古收名鬻僞之士所以玩侮天下而愚之，大抵皆用此術。如鄉愿自以爲是；如色取仁而行違者居之不疑；如少正卯言僞而辨，行僻而堅；如小人之中庸，小人而無忌憚。蓋以自己不信，安能使人之必信？自己疑於所行，安能使人之必行？故雖或明知其有所未安，而且執之以不回也。然而自信愈篤，則所行愈悖，所行愈悖，則其流毒愈深。何也？小人之爲不善也，猶必有所顧忌，如閒居爲不善者，厭然於見君子之時，是其心猶知君子之可畏也。其心猶知君子之可畏，是其不善，猶可以君子而懼之使不縱也。而今所爲若此時，又甚於閒居不善之小人，而凶邪强戾，其毒將膠固深結而不可解矣。世人飲其毒，以至顛踣暈厥瀕死者數矣，而猶幸殘喘之僅存，以爲長生妙藥也，方且匍匐以告人。嗚呼！何其愚哉！王氏曰：即愛敬，亦有多少節目委曲。若不講求，有愛非所愛，敬非所敬，心自爲孝弟而淪於不孝不弟矣。夫六言六蔽，必曰好學，陽明欲人自致其良知，何哉？

大本達道

澄問〔四〕：「喜怒哀樂之中和，其全體常人固不能有。如一件小事當喜怒者，平時無有喜怒之心，至其臨時，亦能中節，亦可謂之中和乎？」先生曰：「在一時一事，固亦可謂之中和，然未可謂之大本達道。人性皆善，中和是人人原有的，豈可謂無？但常人之心既有所昏蔽，則其本體雖亦時時發見，終是暫明暫滅，非其全體大用矣。無所不中，然後謂之大本；無所不和，然後謂之達道。」

平時無有喜怒之心者，中也；臨時亦能中節者，和也。中即性也，和即情也，性情即道也，道一而已矣。在全體大用，固此道也，初無所加。在一時一事，亦此道也，初無所損。陽明乃謂「一時一事之中和，未可謂之大本達道」，必「無所不中，而後謂之大本；無所不和，而後謂之達道」，是以道爲有二也。齊宣易牛，不過一事之中和耳，而孟子以爲是心足以王。宋景君人之言三，不過一言之中和耳，而熒惑爲之退舍。然則大本達道，何必無所不中、無所不和而後可哉？譬之擊石之火，只星星子耳，纔引著便可以燎原。故星星之火即燎原之火，非小也；燎原之火即星星之火，非大也。知火則知中和矣。故事無所謂大，傳禪亦尋常也；亦無所謂小，一介即千駟也。時無所謂久，天地亦須臾也；亦無所謂暫，殤子即彭、聃也。陽明每以剖藩籬，觀昭曠，自偉其識者，而見不及此，何哉？王氏曰：大本達道，即中和便是。一時之中和，一時之大本達道也。一事之中和，一事之大本達道也。所辨甚當。

中

曰：「澄於『中』字之義尚未明。」曰：「此須自心體認出來，非言語所能喻。『中』只是天理。」曰：「何者爲天理？」曰：「去得人欲，便識天理。」曰：「天理何以謂之中？」曰：「無所偏倚。」曰：「無所偏倚是何等氣象？」曰：「如明鏡然，全體瑩徹，略無纖塵染著。」曰：「偏倚是有所染著，如著在好色、好利、好名等項上，方見得偏倚。若未發時，美色、名利皆未相著，何以便知其有所偏倚？」曰：「雖未相著，然平日好色、好利、好名之心原未嘗無。既未嘗無，即謂之有。既謂之有，則亦不可謂無偏倚。

譬之病瘧之人，雖有時不發，而病根原不曾除，則亦不得謂之無病之人矣。須是平日好色、好利、好名等項一應私心掃除蕩滌，無復纖毫留滯，而此心全體廓然，純是天理，方可謂之『喜怒哀樂未發之中』，方是『天下之大本』。」

未發之中，純是天理，寂然廓然，無所偏倚。陽明謂其「如明鏡然，全體瑩徹，略無纖塵染著」似矣。然又謂美色、名利「雖未相著」，而其「平日好色、好利、好名之心原未嘗無」，「譬之病瘧之人，雖有時不發，而病根原不曾除，亦不得謂之無病」，則有深可疑者。蓋瘧乍發乍止，乍止乍發，則發固瘧也，其不發之時亦瘧也。今乃以不發之瘧況未發之中，是未發之中特其好色、好利、好名之心未形見者爾。如此，何以爲天下之大本耶？何其與明鏡之言自相戾耶？鏡本無塵，而塵生於染；人本無瘧，而瘧生於病；心本無偏倚，而偏倚生於意。故未發之中，即無疾之人、無塵之鏡也。而以病瘧喻之，豈非引喻之失當者耶？何以異於荀卿之以性爲惡者耶？此段本論未發之中，而反覆玩之，始則曰「去得人欲，便識天理」，末則曰「須是平日好色、好利、好名等項一應私心掃除蕩滌，無復纖毫留滯，而此心全體廓然，純是天理，方可謂之『喜怒哀樂未發之中』」，皆是偏倚之後下致中工夫的說話，非所以爲未發之中也。豈其溺於良知之學，皆從已發處見得而爲是言耶？其亦失之遠矣。

王氏曰：是是非非，昭然可覩。若有辨，若未始有辨。

格致誠意

工夫難處全在格物致知上，此即誠意之事。

陽明之學，以誠意去格物，把誠意、格物滚作一團，故以爲工夫難處全在格物致知上，言格致以該誠意也。然格物、誠意分明是兩段工夫，陽明乃渾言之，所以格不成格，誠不成誠，工夫都無下落。周子嘗言「幾善惡」，程子亦謂「其要只在謹獨」，看來工夫難處還在誠意。只觀傳大學者，釋格物致知，釋正心脩身，釋脩身齊家，釋齊家治國，釋治國平天下，皆合兩事爲一傳，而惟於誠意則獨爲一傳以釋之，其意自可見矣。然程子亦曰「格物窮理，但立誠意以格之」，其遲速則在乎人之明暗耳。豈程子亦不知大學「知至而後意誠」之説，而爲是艱難險絶之論乎？曰此疑最切，昔人亦有舉此問朱子者，朱子曰：「此『誠』字説較淺，未説到深處，只是確定其志朴實去做工夫。如胡氏『立志以定其本』，便是這意。此與經文誠意之説不同也。」又曰：「誠意不立，如何能格物？所謂立誠意者，只是要著實下工夫，不要若存若亡。若大學『物格而后知至，知至而后意誠』，蓋言其所止之序。」由此觀之，則其所謂「立誠意」者，即所謂「致知在乎所養」之「養」字，「人道莫如敬」之「敬」字，與夫「非存心無以致知」之「存」字云爾。故不徒曰「誠意」，而必曰「立誠意」，精神骨力全在「立」字上。

但説了「誠意」二字，便與經文「誠意」二字相涉。陽明既勦得此語，又適見古本大學之誤，遂毅然斥朱子分章補傳之非，而不知程子之意固非此之謂也。大抵讀書當會其意，不當泥其詞。會意則通，而得聖賢之心；泥詞則滯，而害作者之志。如中庸言「喜怒哀樂之未發謂之中，發而皆中節謂之和」，而周子則曰：「中也者，和也。中節也，天下之達道也。」豈故與中庸戾哉？惟以意通之，而知其不相悖也。大學言「脩身在正其心」，而孟子則曰「必有事焉，而勿正心」，豈故與大學反哉？惟以意逆之，而知其不相害也。故物格而后知至，而后意誠者，經文之正意也。格物窮理，但立誠意以格之者，程子之借詞也。以誠意去格物，而謂格物致知即誠意之事者，陽明之蹈襲而失其旨者也。王氏曰：説程子之言與經文誠意之説不同，極中理解。又辨程子之言不可泥，痛快切當。

儒墨

問：「程子云：『仁者以天地萬物爲一體。』何墨氏兼愛，反不得謂之仁？」先生曰：「此亦甚難言，須是諸君自體認出來始得。仁是造化生生不息之理，雖彌漫周徧，無處不是，然其流行發生亦只有箇漸，所以生生不息。如冬至一陽生，必自一陽生，而後漸漸至於六陽，若無一陽之生，豈有六陽？陰亦然。惟其漸，所以便有箇發端處。

惟其有箇發端處,所以生。惟其生,所以不息。譬之木,其始抽芽,便是木之生意發端處。抽芽然後發榦,發榦然後生枝生葉,然後是生生不息。若無芽,何以有榦有枝葉?能抽芽,必是下面有箇根在。有根方生,無根便死。無根何從抽芽?父子、兄弟之愛,便是人心生意發端處,如木之抽芽。自此而仁民,而愛物,便是發榦生枝生葉。墨氏兼愛無差等,將自家父子、兄弟與途人一般看,便自没了發端處。不抽芽,便知得他無根,便不是生生不息,安得謂之仁?」

墨氏所以不得爲仁者,非謂其發端之無漸也。施由親始,是猶知有始矣。亦非謂其二本而無父也。施由親始,是猶知有親矣。故陽明「没端」「無根」之論,雖若辨析,要不足以服其心也。程子曰:「仁者以天地萬物爲一體,莫非己也。認得爲己,何所不至?」可見先有己,而後以天地萬物爲己,故曰「一體」。子曰:「己欲立而立人,己欲達而達人。」傳曰:「賢者以其昭昭,使人昭昭。」又曰:「有諸己而後求諸人。」又曰:「自愛乃能愛人,愛人乃能愛物。」皆以己及人之謂。「墨氏兼愛,摩頂放踵利天下爲之」,非不似一體也,然欲利天下而摩頂放踵,則併其欲利天下之一身已先滅之矣,其何以及人而利天下?身在井上,然後可救井中之人。若從之於井,則不復能救之矣。仁者身在井上者也,墨氏從之於井者也。知從井者之非仁,則知墨氏之不得爲仁矣。或曰摩頂放踵,孟子形容之耳,非實事也,是又不然。佛氏廣大慈悲，至捨身飼虺蚊虻而不恤，曰：「吾以是廣度衆生。」然則佛氏亦非實事耶？楊墨一也。禽子問楊子曰：「去子體之一毛以濟一世，汝爲之乎？」楊子曰：「世固非一毛之所濟。」「假濟，爲之乎？」楊子弗應。然則楊子亦非實事耶？王氏曰：陽明有見於兼愛、無父之言，此有見於摩頂放踵之言，皆本諸孟子，而各有一理也。

心理

問：「延平云『當理而無私心』，當理與無私心，如何分別？」先生曰：「心即理也。無私心即是當理，未當理即是私心。若析心與理言之，恐亦未善。」

當理以事言，無私心以心言，此當理與無私心之别也。文中子曰：「心迹之判久矣。」天下固有事當理而心則私者，如召陵之師問楚之沈昭王事，非不正也，而其心只欲假此以服楚耳；縞素之師擊項之弑義帝事，非不當也，而其心亦欲因是以制項耳。然則豈可因其事而與其心哉？亦有心雖無私，而事不當理者，如崔浩之直書時事，心豈有私也？然其事適足以暴揚國惡；王荆公之青苗等法，心豈有私也？然其事適足以騷動邦本。又豈可以因其心而與其事哉？由前言之，「當理而無私心」之謂仁，延平之説是也；由後言之，「無私心而合天理」之謂仁，朱子之説是也。然而事當理者恒多，假之易也；心無私者恒少，性之難也。聖人懼世之立僞行以亂真，盜虚聲以眩實，因立爲觀人之法曰：「視其所以，觀其所由，察其所安。」夫「視其所以」，是視其事之當理否也；而繼之「觀其所由」、「察其所安」，是察其心之無私否也。故夷、齊之讓，必以心之無怨而後信其仁。苟不知其心，則雖忠清如子文、文子之難能，亦不輕與也。今陽明乃謂「無私心即是當理，未當理便是私心」，則觀人者，視其所以而足矣，觀其所由，察其所安，不殆於言之贅而法之深耶？王氏曰：陽明有混淆之失，此辨深得聖人之旨。又曰：論道者憫斯世之陷溺而欲捄正之心，可謂無私矣。然立言之間，或矯枉過正，安可謂當理也？心本無私，而不當於理，便非仁者之言矣。況務爲名高，而欲誇耀天下，心又未必無私者乎？

【校勘記】

〔一〕世儒見孔子以篁　「篁」原作「簞」，據論語改。下同。

〔二〕故危身奪志　「奪」原作「篤」，據上文改。

〔三〕不洎　「洎」原作「治」，據莊子寓言改。案祝穆古今事文類聚後集卷三三釜不及引莊子作「後仕，三千鍾，而不洎吾親，吾心悲」。

〔四〕澄問　「澄」原作「發」，據王文成全書卷一傳習録上改。

卷三

涵養講求

侃問：「專涵養而不務講求，將認欲作理，則如之何？」先生曰：「人須是知學，講求亦只是涵養。」

陽明嘗謂「朱子即物窮理之説」，「務外遺内，博而寡要」，是「玩物喪志」。又謂：「於事事物物上求至善，卻是義外。」又謂：「聖人到位天地、育萬物也，只從未發之中養來。後儒不明格物之説，見聖人無不知、無不能，便欲於初下手時講求得盡，豈有此理？」又謂：「養得心體，果有未發之中，自然發而中節，無施不可〔一〕。苟無是心，雖預先講求得世上許多名物度數，與己原不相干，只是裝綴臨時，自行不去。」又謂：「世儒舍心逐物，將格物之義錯看了，終日馳求於外，只做得箇義襲而取，終身行不著，習不察。」觀此數段，可見陽明專欲在涵養上用功，而不必講求矣。「認欲作理」之問，正是把陽明當頂門一鍼，於是復逃遁爲「人須是知學，講求亦只是涵養」之説，其實非其本意也。使果以講求爲只是涵養，則朱子即物窮理正講求之事也，何獨不以爲涵養，而謂之「玩物喪志」哉？吾聞佛氏善遁，見人説他是空，他便語實際；見人説他無父母，他便談父母經；見人説他怖死，他便臠身烙臂，曰登正覺；見人説他貪財，他便委身蚊蚋，曰捨内財；見人説他忍，他便説大悲，願力盡度衆生；見人説他是夷，他便説洛陽是神州別中，而天竺爲中。陽明學於佛氏，故得其邪遁之法以爲周遮之説，而不知其欲蓋彌章，祇益其文過飾非之尤而已，無益也。陽明亦嘗深考或問乎？或問：「格物致知之學與世之博物洽聞者，奚以異？」朱子曰：「此以反身窮理爲主，而必究其本末是非之極至。彼以徇外夸多爲務，而不覈其表裏真妄之實。究其極至，是以知愈博而心愈明；不覈其實，是以識愈多而心愈窒。」由此觀之，博物洽聞且不足以言格物致知矣，況得以「玩物喪志」譏之哉？然則朱子之説固得以兼乎陽明，而陽明者蓋由不知朱子而妄爲之説者也。王氏曰：直事涵養，乃陽明本旨，「講求亦只是涵養」，乃牽搭之言耳。辨爲遁辭，其説窮矣。

朱王同異

吾説與晦菴時有不同者，爲入門下手處有毫釐千里之分，不得不辯。

陽明之學只在致良知，致良知只在去人欲、存天理，千言萬語皆是此意。愚考晦菴平日之所究心，以爲極看得透者，在大學一書。而大學者，又程子所謂「初學入德之門」也。使其入門下手處果與陽明不同，則必於此異之矣。然其言「明德者，人之所得乎天，而虚靈不昧，以具衆理而應萬事者也」，非即陽明所謂「良知」者乎？其言「但爲氣稟所拘，人欲所蔽，則有時而昏，然其本體之明，則有未嘗息者」，非即陽明所謂「雖昏塞之極而良知未嘗不明」者乎？其言「學者當因其所發而遂明之以復其初」者，非即陽明所謂「致良知」者乎？其言至善，必有「以盡夫天理之極，而無一毫人欲之私者」，非即陽明所謂「去人欲、存天理」者乎？而陽明顧自異之，以爲入門下手不同，何哉？蓋陽明本學晦菴之學，而欲以新奇聳天下之聽聞，非創立一説不可，故論格物，論知行，論博約，論精一，論居敬、窮理，論涵養、講求，論尊德性、道問學，論知天、事天、立命，皆與晦菴相反，以爲見得本原，而不知説來説去，終不能逃於晦菴大學「明德至善」之説。明者一見，自當了然。而世之學者乃附和之，以朱子爲支離，陽明爲簡截，可哀也已。又曰良知雖與明德一般，然言明德則無病，纔説良知，便有良能作對，便作偏了。王氏曰：原心之論，至當不易。

天理人欲

吾輩用功，只求日減，不求日增。減得一分人欲，便是復得一分天理。養心莫善寡欲，克己乃能復理。陽明所謂「減得一分人欲，便是復得一分天理」者，意出於此，但説得太快，未免有失。蓋天理猶元氣也，人欲猶邪氣也。人惟耗損其元氣，則邪氣入之而爲疾矣。治疾者不攻其邪氣，則元氣固無可復之理。然使邪氣既退之後，而所以調攝將養者不加之意，則其元氣亦必不能充滿而積實也。故瞑眩以攻其邪氣，攝養以復其元氣，則爲無疾人矣；察治以減其人欲，涵養以復其天理，則爲無欲人矣。陽明此論，是以其治疾者而概養生也，可乎？王氏曰：求減人欲，乃聖人以克己爲先之意。既察治，又涵養，始爲全功，乃至正之論。

六籍考索

孔子退脩六籍，删繁就簡，開示來學，亦大段不費甚考索。孔子贊易，韋編三絶，謂其「不費考索」，誣矣。王氏曰：言簡旨透。

朱子著書

文公早歲便著許多書，晚年方悔是倒做了。

蓋不悔者不改也，不改者不悔也，悔所以改也。若朱子晚年果悔著書之倒做，則當及此改之，大改前日之所爲，而不復著書矣。然年至七十，且註離騷，易簀之時，猶改大學，則其著書之心，雖至於死而不忘也，何名爲悔哉？意者陽明見其答張敬夫書有云：「平日解經多是推衍文義，自做一片文字，使人看者，將註與經作兩項工夫，方知漢儒可謂善説經者，不過只説訓詁，使人以訓詁玩索經文，訓詁經文不相離異，只做一道看了。」故遂以朱子爲悔，而不知此言解經之法當如此耳，非謂己之著書是倒做而悔之也。然經固知當解矣，老而註離騷，是亦不可以已乎？曰：國風好色而不淫，小雅怨誹而不亂，離騷則固兼之者也。風雅之詞，夫子猶勤删述，離騷之賦，朱子何惜討論？且屈子怨生而作離騷，朱子蓋重有感也。寧宗之不明，猶楚懷、頃襄也。韓侂胄、林栗之讒妬，猶令尹子蘭、上官大夫也。既逐其身，又逐其徒，至自號遯翁，雖一劄子而不敢上，猶屈子之窮也。身雖遯，乃心罔不在王室，猶屈子放流，睠顧楚國，不忘欲返也。則其每有味於其言而爲之註釋者，豈徒以其詞而已哉？王氏曰：著書不必論早晚，但恐人不能著，著者未必成書耳。不然，程子所謂「天地間一蠹」，可嗤也。論註離騷一段，既見他不是悔早年倒做，且推原朱子之心，洞若觀火，晦菴知己也。

花間草

侃去花間草，因曰：「天地間何善難培，惡難去？」先生曰：「未培未去爾。」少間曰：「此等看善惡，皆從軀殼起念，便會錯。」侃未達。曰：「天地生意，花草一般，何曾有善惡之分？子欲觀花，則以花爲善，以草爲惡。如欲用草時，復以草爲善矣。此等善惡，皆由汝心好惡所生，故知是錯。」

善雖難培也，用力培之，何善不滋？惡雖難去也，用力去之，何惡不盡？故「未培未去」一言，已足以答侃矣。至於少間所論，則佛氏邪淫之旨，而非儒者之言也。何以言之？天地生意，花草固一般，然其材質之宜，臭味之性，則物物各具於乾道變化之中，而善善惡惡至紛若也。如花則培之，以其悦目也，非有悦於我也。花間之草則去之，以其蠹花也，從其去於蠹也。花固善矣，亦有爲祅花而不祥者；草固惡矣，亦有爲靈草而甚珍者。所謂物之不齊，物之情也。故天之生物也，必因材而篤，以顯其廣生大生之仁。聖人之理物也，亦必因物而就，以成其不過不遺之能。陽明徒見觀花則以花爲善，草爲惡，而時乎用草，復以草爲善，因謂「此等善惡，皆從軀殼起念」，「皆由汝心好惡所生」，而「知其錯」。則是物之善惡在我而不在物，而爲佛氏無善無惡之説矣。嗚呼！無善無惡故無錯，有善有惡便會錯，既以爲無而又指其錯，何其自相背也？蓋陽明不明格物誠意之學，而以意之所用爲物，故遂以好惡爲善惡，而不知其背之至此爾。試即其言而推之，如淇竹況君子之斐，善矣，乃杜甫卻言「惡竹應須斬萬竿」；山茅塞高子之心，惡矣，乃易傳卻言「茅之爲物，薄而用可重」；紉蘭爲佩，貴之也，而見其在門，則必鋤；茀厥豐草，賤之也，而窗前得意則不去。此皆所謂「從軀殼起念」，「由汝心好惡所生」者。但念何從起，心何從生？見善則好，見惡則惡。是好惡從善惡而生，非善惡由好惡而生也。善惡既不生於好惡，則物理本自天定，豈因軀殼而變哉？譬之用藥，參苓其善者也，烏附其惡者也。欲養生，固以參苓爲善，烏附爲惡矣；如疾，非烏附不可而用之，要亦以權用而終不謂善也。譬之使人，信義其善者也，貪詐其惡者也。當平世固以信義爲善，貪詐爲惡矣。如勢非貪詐不行而使之，要亦以權使而終疑其心也。故能明乎格物誠意之學，則必知善惡之所在，而區以別之，栽培傾覆，一循其自然之理。人官物曲，各中其當然之則極，而裁成輔相，參贊彌綸，自此而馴致之矣。當斯時也，好惡不作於思，惟善惡咸歸吾陶冶，無所謂錯，亦無所謂不錯，神化融於無迹，而天地與之同流，此蓋至誠盡性之極功，而非學者所可驟而語者也。彼陽明之空曠，佛氏之邪淫，窺其似爾。窺其似而昌言之，幾何而不爲賊道之尤哉？王氏曰：物之善惡，固有定體。人之好惡，亦有常情。其有或純於好，或純於惡，或始好終惡，或始惡終好，或好中有惡，或惡中有好，亦各因其物之善惡不同，而非以我之好惡生彼之善惡也。今陽明謂物無善惡，似乎昧物理。又謂因好惡生善惡，而恐其錯，似乎薄人情，皆非定論矣。此篇前段透切，後段精徹。

分兩喻聖

德章曰：「聞先生以精金喻聖，以分兩喻聖人之分量，以鍛鍊喻學者之工夫，最爲深切。惟謂堯舜爲萬鎰，孔子爲九千鎰，疑未安。」先生曰：「此又是軀殼上起念，故替聖人争分兩。若不從軀殼上起念，即堯舜萬鎰不爲多，孔子九千鎰不爲少。」

堯舜者，得位得時之孔子也；孔子者，不得位不得時之堯舜也。堯舜、孔子只一般，以孔子賢於堯舜者，私孔子者也，固非也；以孔子爲九千鎰者，小孔子者也，尤非也。陽明見德章未安之疑，遂亦不敢自安，遁而爲「軀殼起念」之説。使果以替聖人争分兩爲軀殼起念，則陽明前日以分兩喻聖人分量者，獨非軀殼起念乎？使前日之喻非軀殼起念，何獨以今日之疑爲軀殼起念乎？既自以爲不從軀殼起念，不替聖人争分兩，何不以孔子爲萬鎰，堯舜爲九千鎰乎？要之，萬鎰爲多、九千鎰爲少者，多多少少，余之所知也；萬鎰不爲多、九千鎰不爲少者，以多爲少，以少爲多，余之所不知也，余固知其爲遁也。欲自救其九千鎰之説，故爲是瀾翻之辯，而終不能使九千鎰之爲萬鎰也，吾是以又知其窮也。是猶雞兩足、臧兩耳，而辯者必曰雞三足、臧三耳，其實言兩者易也而是也，言三者難也而非也。亦猶洛陽天下之中，而辨者必曰我知天下之中央，越之南、燕之北也。其實言洛陽者易也而是也，言越南燕北者難也而非也。嗚呼！陽明學朱子則斥朱子，而又懼人之譏其背朱也，則又爲晚年定論以救之；學孔子則小孔子，而又懼人之疑其叛孔也，則又爲「軀殼起念」之説以救之。取舍不常，言論靡定，若陽明者，真「軀殼起念」者也。嗚呼！朱子已矣，聖如孔子，乃亦不滿於陽明乎？王氏曰：説堯舜、孔子一般，當是定評。説陽明瀾翻救護處，明白痛快。

上智下愚

問：「上智下愚，如何不可移？」先生曰：「不是不可移，只是不肯移。」陽明之意，蓋以天下無不可變之人，但其心不肯移爾。設使肯移，必無不可移者。殊不知此以論凡人可也，非所以論上智下愚也。蓋上智之善，如冰之必寒，火之必熱，冰必不能移之爲熱，火必不能移之爲寒。雖欲肯移，而器局已定，未有哲人而愚者也。下愚之惡，如蝎之必螫，穢之必臭，螫必不能移之爲善，臭必不能移之爲香，雖使肯移，而蔽錮已甚，未有小人而仁者也。故夫子不言其不可移，亦不言其不肯移，但曰「不移」而已。然則「惟狂克念作聖，惟聖罔念作狂」，非歟？曰狂非下愚也。上焉者與狷一類，爲任道之器，特非中行；下焉者與矜直一類，爲氣稟之偏，亦非惡德。故聖罔念下而入於狂，狂克念遂可進而入於聖，以其相近也。「人皆可以爲堯舜」，亦謂凡人也相近者也；「途之人可以爲禹」，亦謂途之凡人也相近者也。天下惟凡人最多，故須設教以移之，此先王禮樂、刑政所由立也。

王氏曰：若有一念肯移之心，便不是上智，便不是下愚。惟上智下愚故不移，惟不移乃見上智下愚。後一段辨狂非下愚，直不磨之論。

一貫

國英問：「曾子三省雖切，恐是未聞一貫時工夫。」先生曰：「一貫是夫子見曾子未得用功之要，故告之。學者果能忠恕上用功，豈不是一貫？一如樹之根本，貫如樹之枝葉，未種根，何枝葉之可得？體用一源，體未立，用安從生？謂『曾子於其用處，蓋已隨事精察而力行之，但未知其體之一』，此恐未盡合。」黄誠甫問「女與回也孰愈」章。先生曰：「子貢多學而識，在聞見上用功，顔子在心地上用功，故聖人問以啓之。而子貢所對又只在知見上，故聖人歎惜之，非許之也。」

先儒説聖門顔子而下，穎悟莫如子貢；曾子而下，篤實無如子夏。蓋以顔子是明睿的人，曾子是魯的人，而商、賜二子資頗相近，故分屬之。陽明以子貢對顏子，亦不脱先儒之見，其實都在形迹上比擬，非真知顏、曾者也。顏、曾之學一也，子貢則幾於顏、曾而少下之者也。何以言之？「博之以文」，顏子之聞見上用功也；「克己復禮」，顏子之心地上用功也。至於聞一知十，則爲夫子之一貫矣。「曾子之問」，曾子之聞見上用功也；「吾日三省」，曾子之心地上用功也。至於忠恕之發明，則亦夫子之一貫矣。若夫多學而識，則子貢之聞見上用功也，猶之顏子之博文、曾子之問也；無諂無驕，則子貢之心地上用功也，猶之顏子之克復、曾子之三省也。獨其聞一知二，若與知十者不同。然性與天道，知其不可得聞，則亦非局於知二者矣。聞一貫而無所發明，雖與論忠恕者有間。然我不欲人之加諸我者，我亦欲無加諸人，則亦莫非忠恕之事矣。故顏、曾之下，須還子貢。王氏曰：子貢之事見於論語者，如「我不欲人加於我」章，「博施濟衆」章，「多學而識」章，「一言而可以終身行之」章，皆得聞聖人一貫忠恕妙理，其餘輩弟所不及也。謂子貢次於顏曾，極是。

外　好

欲樹之長，必於始生時删其繁枝；欲德之盛，必於始學時去夫外好。如外好詩文，則精神日漸漏泄在詩文上去。凡百外好皆然。

此段意全重在「始學時」三字。蓋學以致其道，不專心致志，則不得也。故鴻鵠之思戒於孟子，亡羊之喻警之龜山，外好信不可不去也，然亦爲初學者立戒爾。若學成之後，則把柄既持而指撝悉在其掌握，運用既熟，而縱横不出其範圍，雖處百般可喜可悦外好之中，亦將如展禽入袒裼之黨，油油自如，徐公居無常之世，綽綽有裕，而不足以移之矣，何必去之而後可哉？繁枝所以妨木，然榮木者亦此繁枝也；外好所以分心，然熟心者亦此外好也。種德而刊繁，是内而非外，則徒見其迫切窄狹之易窮，而不見其優游厭飫之可味，聖學殆不如是也。若夫詩文則性靈之流暢，語言之成章，尤非其他外好之可比。陽明乃慮精神之漏泄，而欲首去之，則是佛老專精守神之意，而非儒者之所當言矣。聖人作六經，把天機亦漏泄了，何況精神。王氏曰：初學宜守陽明之説。○煐曰：只看資性何如。

草　木

「先儒謂『一草一木亦皆有理，不可不察』，如何？」先生曰：「夫我則不暇。」

孔子論學詩之益，而曰：「多識於鳥獸草木之名。」孟子論君子之存幾希，而曰：「舜明於庶物。」以至大學之教，格物爲先。中庸之功，育物爲極。一草一木，何可以莫之察也？陽明「夫我不暇」之論，似有以先儒專務外求而少向裏之意。然詳考程子之論，則以理無物我，道合内外，不可以偏廢也。見人先求之四端，則曰「求之四端」，「固切於身，然一草一木亦皆有理，不可不察」。見人大去理會外事，則曰「致知之要」，「當知至善之所在，如父止於慈，子止於孝之類。若不務此，而徒泛然以觀萬物之理，吾恐其如大軍之游騎，出太遠而無歸也」。皆是幫補説去，以求合内外之道。然於性情，曰「切身於草木」，曰「亦有理於孝慈」，曰「知至善於萬物之理」，曰「泛觀則其先後緩急之間，固自有不可紊者」，於其語意之間而可知也。再考朱子之論，則曰：「内事外事，皆是自己合當理會的，但須是六七分去裏面理會，三四分去外面理會方可。若是工夫中半時亦自不可，況在外面工夫多，在内工夫少耶？此尤不可也。」又曰「格物之論」，「伊川雖謂眼前無非是物，然其格之也，亦須有緩急先後之序」，「如今爲學而不窮天理，明人倫，論聖言，通世故，乃兀然有心於一草木器用間，此是何學問」。即此觀之，先儒何嘗不理會向裏工夫，但語大而不遺其細，語本而不遺其末，故謂如草木之類，亦皆有理，不可不察爾。陽明不詳其語意之所自，直以爲不暇而不之察，以專事其心焉，則是離事物以爲心，捨形器以爲道，非惟失先儒之意，而且將陷於佛老詖淫邪遁之談矣，豈聖賢大學之實學哉？王氏曰：全觀程朱之論，始知其立言有本末次第，而「夫我不暇」之言過矣。

戒懼慎獨

正之問：「『戒懼是己所不知時工夫，慎獨是己所獨知時工夫』，此説如何？」先生曰：「只是一箇工夫。無事時固是獨知，有事時亦是獨知。人若不知於此獨知之地用力，只在人所共知處用功，便是作僞，便是『見君子而後厭然』。此獨知處便是誠的萌芽，此處不論善念惡念，更無虚假，一是百是，一錯百錯，正是王霸、義利、誠僞、善惡界頭。於此一立立定，便是端本澄源，便是立誠。古人許多誠身的工夫，精神命脈，全體只在此處，真是莫見莫顯，無時無處，無終無始，只是此箇工夫。今若又分戒懼爲己所不知，即工夫便支離，便有間斷。既戒懼即是知，己若不知，是誰戒懼？如此見解，便要流入斷滅禪定。」

中庸之書，自是與大學不同。説天命之性，説未發之中，説費隱，説鬼神，説天道人道，説鳶魚飛躍，説聖人天地之不能有憾，説不顯如毛、無聲無臭，於上達處較多。若大學則説爲學次第，所謂「初學入德之門」也，工夫只在誠意謹獨上。蓋意是心之萌動，人雖不知而己獨知之地也，正所謂「王霸、義利、誠僞、善惡界頭」。若於此不謹，便是有人則作，無人則輟，便是「閒居爲不善，見君子而厭然」之小人矣。故必致謹於此，去自欺，求自慊，以誠其意，則自此尋向上去，心亦自正，身亦自脩，自然到上達處，工夫亦甚真切。但在已發之後，是下一層工夫。中庸則説「喜怒哀樂未發之中」，正是不覩不聞，己所不知之地也。延平所謂要「看喜怒哀樂未發前氣象，以求所謂中者」，亦是看此求此而已。戒謹恐懼，正是看之、求之之功。所謂「涵養須用敬」也，乃是謹獨前一段工夫。陽明以爲「既戒懼即是知，已若不知，是誰戒懼」，因謂戒懼、謹獨「只是一箇工夫」，而以分戒懼爲己所不知，是支離，是間斷。嘗有問陽明「未發之中是如何」者，陽明告以「汝但戒慎不覩，恐懼不聞，養得此心，純是天理，便自然見」，則陽明亦分明以「不覩不聞」爲「未發之中」矣，何獨於此又以戒懼渾入於謹獨，而謂「只是一箇工夫」耶？涵養何見其支離？不覩不聞亦戒懼，何以爲間斷？且己所不知是對獨知而言，戒懼是對「慎」字而言。今陽明乃曰「既戒懼即是知」，蓋徒欲以己所不知作獨知，故爲此説，而不知以戒懼爲知，則本體工夫無所分別，所以沖玄會中，遂有「戒慎恐懼是本體，不覩不聞是工夫」之説也，然失則遠矣。又曰：「如此見解，便要流入斷滅禪定。」夫斷滅禪定，以其不知戒懼也，既戒懼則靜中有物，非所謂斷滅禪定矣，柰何以斷滅禪定疑之？蓋盜跖恥盜，故謂孔子爲盜，以自解其非盜；陸子恥禪，故謂朱子爲禪，以自解其非禪。陽明之意亦此類也。然陽明之學，乃從心之知處、意之動處作用，未見其斷滅禪定也，何必解曰佛氏，亦何曾斷滅禪定，得他以心法起滅天地，則其斷滅是起滅也，禪定是禪法也。陽明全得這些子簸弄，遂以爲無復未知未動處工夫。其爲此解，蓋亦明知佛氏之未嘗有是，而借之以斥朱説之斷滅禪定爾。其實朱説得之不覩不聞之中庸，中庸得之何思何慮之易，易得之無聲無臭之天。王氏曰：辨不覩不聞爲己所不知，極有原委，極見細密。蓋以戒懼謹獨只是一箇工夫，原是陽明牽合混淆之失。辨曰：「既戒懼，便不是斷滅禪定。」此名言確論。

克己

所謂汝心，卻是那能視聽言動的，這箇便是性，便是天理。有這箇性，才能生這性之生理，便謂之仁。這性之生理，發在目便會視，發在耳便會聽，發在口便會言，發在四支便會動，都只是那天理發生，以其主宰一身，故謂之心。這心之本體，原只是箇天理，原無非禮。這箇便是汝之真己。這箇真己，是軀殼的主宰。若無真己，便無軀殼。真是有之即生，無之即死。汝若真爲那箇軀殼的己，必須用著這箇真己，便須常常保守著這箇真己本體，戒慎不覩，恐懼不聞，惟恐虧損了他一些。才有一毫非禮萌動，便如刀割，如鍼刺，忍耐不過。必須去了刀，拔了鍼，這才是有爲己之心，方能克己。汝今正是認賊作子。

能視聽言動者，氣也，非心也，非心則非性也。陽明乃以「這箇便是性」，是以氣論性，如告子之説矣。然朱子有言：「目之視，耳之聽，手之執捉，足之運奔，皆説得箇形而下者。」且如手之執捉，若是執刀胡亂殺人，亦可謂性乎？陽明乖覺，恐人把朱子之説來破他，遂説「這箇便是天理，便謂之仁」，「這箇便是真己，這箇真己便是軀殼的主宰」，則是以形下之氣説做形而上的去了。此段本論克己爲仁而發，既以此爲形而上之天理，則信目所視皆爲正視，信耳所聽皆爲正聽，信口所言皆爲正言，信四體所動皆爲正動，自無執刀胡亂殺人之事矣，自無一毫非禮之萌動矣。凡世之不矇、不聾、不瘖啞、不痿痺，而稍能視、聽、言、動之人，皆可謂之仁矣，何必克己復禮，然後爲仁乎？所謂雖常常保守「戒謹不覩，恐懼不聞，惟恐虧損一些」者，保守箇恁？虧損箇恁乎？既無刀割，安用其去？既無鍼刺，安用其拔？既無其己，安用其克？真己之己，天理也；克己之己，非禮也。所謂「認賊作子」者，正爲其誤認非禮之己爲真己也。能視聽言動的，既便是性，便是天理，便是仁，而謂之真己，何緣生出賊來？既是有賊生出來，則能視聽言動的，可見只是箇氣，不可以言便是性，便是天理，便是仁，而爲真己矣。陽明議論前後錯戾如此。蓋實見得者，雖縱横反覆多至數千萬言，參差難看，而實如繩貫，如棊局，條理井然，彼此相照。若以聰明意見揣摩而言之，雖十分裝裹得好，終未免出手露腳，被人看破矣。且如能視聽言動的，本形下之氣，他卻喚做理、性與仁；本形上之理，他卻又喚做氣，是理、氣兩無所當也。豈以陽明而不察乎？此蓋他把心看做箇空空洞洞、把捉不定的物事在面前相似，故不分理氣，不別内外，不考同異，不問是錯，凡能知覺運用、鼓舞發揮處，皆唤做心之精神妙用，自祕以爲得力處，然卻不知此乃禪家的使機關，善賣弄，自私自利，終不可以入堯舜之道者也。且「真己」二字亦下得不是。「真」字對「假」字而言，纔説真時，便知有假在。以能視聽言動的作真，則是以軀殼的作假。夫軀殼者，麤迹也，能視聽言動者，良能也，皆天之所以與我者，果孰爲真、而孰爲假乎？看來惟孟子説大體、小體，荀子説天君、天官，自是穩當。然則性與氣何别？曰「性」字從心從生，則是能生其心者，性也。若能視聽言動的，是生其身者也，非性也，氣也。性、氣由身心而别，但究其極，凡生皆屬氣，性亦不可不謂之氣也。此未易言。王氏曰：以視聽言動便爲心，便爲性，又是陽明混淆之失。況真己之説，本孔子「人之生也真」，孟子「仁也者，人也」之説來。此説有真必有假，何等見道分明。

四代禮樂

黄誠甫問：「先儒以孔子告顔淵爲邦之問，是立萬世常行之道，如何？」先生曰：「顔子具體聖人，其於爲邦的大本大原，都已完備。夫子平日知之已深，到此都不必言，只就制度文爲上説。此等處亦不可忽略，須要是如此方盡善。又不可因自己本領是當了，便於防範上疏闊，須是要『放鄭聲，遠佞人』。蓋顔子是箇克己向裏、德上用心的人。孔子恐其外面末節或有疏略，故就他不足處幫補説。若在他人，須告以「爲政在人，取人以身，脩身以道，脩道以仁」，達道九經，及誠身許多工夫，方始做得這箇，方是萬世常行之道。不然，只去行了夏時，乘了殷輅，服了周冕，作了韶舞，天下便治得。後人但見顔子是孔門第一人，又問箇爲邦，便把做天大事看了。」

孔子以四代禮樂荅顔淵爲邦之問，正先儒所謂「立萬世常行之道」者。陽明乃以制度文爲、外面末節言之，何其敢於非聖人乎？夫孔、顔授受，正如舜、禹授受。舜之授禹也，曰：「人心惟危，道心惟微，惟精惟一，允執厥中。」而繼之曰：「無稽之言勿聽，勿詢之謀勿庸。」孔之授顔也，曰：「行夏之時，乘殷之輅，服周之冕，樂則韶舞。」而繼之曰：「放鄭聲，遠佞人。鄭聲淫，佞人殆。」大旨略同。但舜自心上説，而亦未始不兼乎事。「執中」者，言其動静云爲無適非中也；「勿聽」「勿庸」，則分明就用人説矣。孔自事上説，而亦未始不兼乎心。夏時，時之中也；殷輅，周冕，文質之中也；韶舞，樂之中也。精察四事而守之，執中也。鄭聲淫，恐其蕩吾中也；佞人殆，恐其敗吾中也。且其所言皆禮樂之事，人而不仁，如禮何？人而不仁，如樂何？顔子克己復禮，其心固已仁矣。非如舜授禹時，未見其所以事心之功，故必以精一先之，而後之以事也。然則克復即精一也，仁即道心也，禮樂之中即執中之中也，鄭聲、佞人即無稽之言、勿詢之謀也，放之、遠之即勿聽、勿庸也。陽明見夫子在事上説，遂以制度文爲、外面末節視之，而爲達道九經等説，方是立萬世常行之道，其亦誤之甚矣。蓋問爲邦，自與問政者不同，故告爲邦，亦與告問政者不同。達道九經，夫子爲哀公治魯而發也，故所言之事切而詳。四代禮樂，天子爲萬世王者而脩也，故所言之事大而略。且陽明既知「九經」之説矣，獨不知所謂「三重」者乎？經者，常也，常道人皆可勉，故曰「果能此道矣，雖愚必明，雖柔必强」。重者，言三者之所係至重也，心思必通乎性命而後可以語之，故曰「君子未有不如此而蚤有譽於天下者也」。四代禮樂，非即三重中所議所制之事耶？若以此爲制度文爲、外面末節而輕視之，則是三重者亦可以爲制度文爲、外面末節而不重之矣。不得以三重爲制度文爲、外面末節而不重，又安得以四代禮樂爲制度文爲、外面末節而輕視之哉？周官一書，無非三重之事；孔子作春秋，亦以四代禮樂爲主而脩之。陽明乃曰「只去行了夏時，乘了殷輅，服了周冕，作了韶舞，天下便治得」，正由不知爲邦之道固自不同於爲政爾。如始皇以智力把持天下，亦能終其身富强，豈可謂其不能治天下？只爲其建亥不行夏時，鼓缶烏烏，不作韶舞，便覺舛戾急迫，無三代和緩氣象。漢文以黄老經理天下，亦能致其國於治安，豈可謂其不能治天下？只爲其禮樂謙讓未遑，不改正朔，不易服色，凡所爲皆襲秦故，所以卒止於漢而不能齊肩於三代之上也。夫子以四代禮樂告顏子，蓋以四代望之也。子曰：「昔大道之行，與三代之英，吾未之逮也，而有志焉。」又曰：「吾其爲東周乎？」又曰：「用之則行，惟我與爾有是。」夫夫子不是以區區治天下望顏子，直是欲與顏子爲虞夏商周之治。細思之，若無此等氣象，便是功利，便是霸術。王氏曰：此一章書得如此發揮，乃知上承執中之統，與中庸三重相表裏，而爲邦與爲政不同，聖人之教始明矣。

誠　意

大學工夫即是明明德。明明德只是箇誠意，誠意的工夫只是格物致知。若以誠意爲主，去用格物致知的工夫，即工夫始有下落。即爲善去惡，無非是誠意的事。如新本先去窮格事物之理，即茫茫蕩蕩，都無著落處，須用添箇「敬」字，方才牽扯得向身心上來，然終是沒根源。若須用添箇「敬」字，緣何孔門倒將一箇最緊要的字落了，直待千餘年後要人來補出？正謂以誠意爲主，即不須添「敬」字。所以提出箇誠意來説，正是學問的大頭腦處。於此不察，真所謂毫釐之差，千里之謬。

大學經文，古本與新本不異，惟傳有錯簡，故朱子依經文之次而改之，非好爲異也，蓋復傳之舊以明經也。陽明據古本之誤，以誠意去格物，遂謂「新本先去窮格事物之理」爲

「無著落，須用添箇『敬』字，方才牽扯得向身心上來，然終是没根源」。殊不知聖學自有大根源，人自不察爾。何以言之？古者教人之法，有小學以教小子，有大學以教成人。方其入小學也，所以收其放心，養其德性，而大學之基本已豫。故其入大學也，即以其所收之心、所養之性而窮格事物之理，以充廣其知而盡其心，自不消説「敬」字。況窮者，心窮之也；格者，心格之也。才説窮格，則心固已在矣，即非茫茫蕩蕩無著落矣，亦不必添箇「敬」字而後牽扯得向身心上來也。程朱所以添箇「敬」字者，非謂孔門落此一字不言而補之也。詳味或問之旨，亦謂年之已長而未曾從事小學者，則其工夫之次第條目，自當以「敬」字代小學之工夫爾。陽明不悟格致之前已有此小學一段工夫，而疑其没根源。又不悟程朱之説爲未曾從事小學者而設，而譏其牽扯，遂據古本之誤，以誠意代「敬」字。其心以爲「誠」、「敬」二字，意義相近，説誠意則不言敬，而敬在其中，而不知以誠意去格物，成恁説話，成恁工夫？雖自謂信古，而實不免於叛經矣。或曰：子尊信程朱如此，然朱子已有小學矣，而子復作小學傳，何也？曰：此大有説，「弟子入則孝，出則弟，謹而信，汎愛衆而親仁。行有餘力，則以學文」者，小學之方也。若今所傳大學者，大學之道也。合二書而遞觀之，則是學文者，小學之終，事格物者，大學之始。事格物，正承學文而言，但學文説較淺近，格物説較開廣。知學文之爲窮理，則知格物之爲窮理必矣。此愚所以信程朱之説不可易也。但

「弟子」章隱於魯論之中，人不知其即爲小學。大學雖汨没於戴記，幸曾子嘗爲之傳，而程朱又表章之，列爲四書。故諸儒但於大學研窮講究，而於小學遂置不問，所以格物之説紛紛，至今爲一大疑。程朱窮理之説雖極明當，然程子未嘗有一言及學文者。朱子小學雖取此章，又雜之曲禮、少儀、弟子職諸篇，與夫古人嘉言善行之中，亦未見格物即承學文之意，所以當時不能折服異論之心。柯賴天之靈，幸窺此義，遂輒忘僭妄，表章論語「弟子」章以爲之傳，而補小學之缺，非敢自附於曾子，亦使經傳體製頗與大學相類，令初學小子無苦難厭煩之心，且一開卷即曉然，知小學、大學相承之次，而於格物之旨不講而明，諸儒之疑不辯而決，是因小學而兼明大學，未必無小補於聖門矣。不然，朱子小學固已詳盡無遺矣，而柯復爲此，不幾於畫蛇添足，可已而不已乎？巾幅刻此。○王氏曰：此辨既得陽明疑誤之由，又得古人教人之法，而誠意不專於格致，八條目俱出於敬自明矣。至論大學、小學，而以「弟子入則孝」一章補之，有裨來學，有功聖門。○煐曰：經文謂「欲誠其意者，先致其知」，此不論新本、古本，無一字錯。但玩一「先」字，則知誠意與格致工夫原自不同。

陸象山

兄又舉「太極」之辯，以爲象山於文義且有所未能通曉，而其强辯自信，曾何有於所養。夫謂其文義之有未詳，不害其爲有未詳也。謂其所養之未至，不害其爲未至也。

伊川易傳序曰：「得於辭、不達其意者有矣，未有不得於辭而能通其意者也。」則文義之不可不詳也審矣。象山非讀書窮理之說，而自謂理會文字頗與人異。又謂解説文義，嘗令文義輕而事實重，於事實則不可須臾離於文義，則曉不曉，不足爲重輕。象山於文義之不詳，固其素也。文義且不詳，又安望得其辭以達聖賢之意哉？至其「太極」之辯，則但不曉文義，不得於辭，不通其意，而强辯好勝，甚以朱子「所謂『太極真體』、『不傳之祕』、『無物之前』、『陰陽之外』、『不屬有無』、『不落方體』、『迥出常情』、『超出方外』等語」爲「莫是曾學禪宗所得」。如此是蓋憒其嘗以「蔥嶺帶來」見斥，故亦以禪宗譏之。出爾反爾，無異兒童之見。在朱子初無加損，而爲象山所養之累多矣。然象山雖以文義爲輕，亦非專空守枯，若世之鹵莽於文字者，要不可以太極之辯而遽少之也。觀其與邵中孚、劉深甫二書論讀書之法，一則謂「訓詁既通之後，但平心以讀之，不必强加揣量」，一則謂「訓詁章句，苟能從容勿迫而諷詠之，其理當自有彰彰者」，固非不詳文義之謂也。若陽明則直謂不詳之不害矣。以不詳爲不害，則必以詳文義爲害，而不肯平心定氣從容諷詠乎章句訓詁間矣，豈象山問學之旨乎？而世方羣然謂象山復出也，其亦盲者揣管撫盤以爲日者等爾。吁！

王氏曰：理會不詳，便有鹵莽之失。心氣不平，便有執拗之病。此皆不可與道也。況記象山者，亦謂其檢閱終夜不輟，則象山非專空守枯明矣。○煐曰：詳味二不害之言，即告子制心之學，不知孟子之接道統，其功全在知言、養氣。

尊德性道問學

夫「君子之過也，如日月之食，人皆見之，更也，人皆仰之」，而「小人之過也，必文」。世之學者，以晦菴大儒，不宜復有所謂過者，而必曲爲隱飾增加，務詆象山於禪學以求伸其説，且自以爲有功於晦菴，而更相倡引，謂之扶持正論。不知晦菴乃君子之過，而吾反以小人之見而文之。晦菴有聞過則喜之美，而吾乃非徒順之，又從而爲之辭也。

道猶路也。聖人之道如十字路頭，四方八面，皆可至焉。象山以象山入者也，朱子以朱子入者也。正如回、路殊科，師、商各體，雖不無遺論，其爲聖人之徒則一也。當時「無極」七書之辯，鵝湖三詩之旨，固已不免幾於誚矣，然猶實見得而論之者也。陽明未窺朱陸之藩籬，徒以無意中得此良知一助，遂自謂合於象山而斥朱子。謂「君子之過」，不惟斥朱子爲過，而且以是朱子者爲小人之文過，何異秦人非古聖王之道而焚之，又以諸生是古而欲坑之者也，悖亦甚矣。嗚呼！顔子之聰明，去生知無幾，其見道卓爾也，猶必待仰鑽瞻忽，既竭吾才而後至。陽明豈聰明過於顔子乎？而乃無意中得之也。惟其得之無意，是以言之太易，而不知朱子不可毁也。朱子之學，正顔子之所以學也。何以明知大道必低回，而務爲捷徑者不免於荆棘；聖學必平實，而喜爲高論者終入於邪淫。譬之作字，古者以篆爲文，其勢繁難，故其事不得不簡。自秦人改隸，而簿書始多矣。譬之經野，古者以井里授民，其事繁難，故其俗不得不淳。自戰國蕩爲阡陌，而民始無耻心矣。譬之行酒，古者賓主百拜，終日而不得飲，此其所以無酒禍也。晉人縱之而爲清虚，遂成戎狄之俗。譬之行師，古者以車戰，出則爲行陣，入則堅營壁，此其所以無敗亡也。後世廢之而用騎步，遂無紀律之師。譬之爲文，古者以理爲主，不務纖奇，常有欲工不能之意，故治日盛。自洩之於淫巧，無復渾厚之氣，而治日衰矣。譬之爲治，古者以道爲主，雖草木鳥獸之微，無不爲之經畫區處，故世日隆。自急之以功利，爲一切苟且之法，而世日偷矣。然則朱陸之學，豈不從是而可别白之哉？格、致、誠、正、脩、齊、治、平，其序不亂而其功不缺者，聖人之學也。一超直入，自謂了心，而無所用於家國天下者，佛氏之學也。朱子所入，雖若支離，而其實則聖人之無欲速、無見小利、下學而上達者也，自是有博厚、高明、悠遠的氣象。象山所入，雖若超脱，其實則佛氏之緒餘，而氣脈不深長，意味則淺薄，自是有叔季、苟簡的規模。後儒陰爲陸地，乃以陸「尊德性」、朱「道問學」而兩解之，曰：此亦晦菴意也。豈知當時渠特不欲有所軒輊以起事端，故即其所近似者以分屬之，而實非切案也。蓋尊德性而不道問學，是天上有不識字之神仙，非真尊德性者也；道問學而不尊德性，是聖人果在於多學而識之，非真道問學者也。觀非存心，無以致知，朱子之學何嘗不從尊德性上來；而陸子後來議論，雖肯向講學上理會，終不免亦有舊病。則分屬之説，決非晦菴意矣。夫文章與時高下，學術關運盛衰。方當盛明之世，而使叔季、苟簡之學術得以聾瞽乎天下而愚之，憂世道者不能以無概也，況今之學，又非象山之學者乎？驤失而駘矣，人且以爲驤也；駘又失而巨蠹矣，人猶以爲驤也，則將何所終耶？必也有力者禁而絶之，無力者亦辭而闢之，庶乎邪説不得以誣民，而上古渾厚之風，三代寬裕之意，可以復見於今矣。或曰：尊德性、道問學，既非朱陸切案，然則竟何學歟？曰：朱子以讀書窮理做著實基址，而後悟其支離，以爲言語文字之外，真別有用心處，是從顏子博文約禮以入者也。陸子以静坐澄心做直截工夫，而後頗知講學，以爲大端既明，趨向既定，則明善喻義，當使日進，是從子思尊德性、道問學以入者也。若陽明以博文即約禮工夫，道問學即尊德性工夫，則不惟有戾於朱，抑且有悖於陸，而兩無所據矣。乃嘐嘐然欲爲象山，一暴其説以爲陸也。譬之倫類，其猶養子木寄生也與！曰：若是則朱陸果無軒輊矣，何以又斥陸爲駘也？曰：博文約禮，乃是堯舜以來傳到孔門的舊法，顏子親炙聖人之門，步亦步，趨亦趨，其於聖人體段無纖毫差異，故曰學聖人者必自顏子始。若子思，則去聖人固已遠矣，尊德性、道問學之論雖卓然有見，但於孔門所傳舊法，未免微失其先後緩急之宜。所以傳到孟子，直以求放心爲學問之道。荀卿有言「亂天下者子思、孟軻也」，其言若過，然後來禪學實假此爲媒，則荀卿豈無所見而云然哉？況朱子到得恍然自失，有頓進之功，便與顏子喟然而歎意味相似，把博文約禮都若多了。陸子連那「道問學」三字尚未肯索性説出，況望到此地位？斥陸爲駘，亦其宜矣。王氏曰：此辨朱陸同異與陽明之失，較若畫一矣，有益世道不淺，宜家傳人誦之也。

大學古本

來教謂某「大學古本之復，以人之爲學，但當求之於内，而程朱格物之説不免求之於外，遂去朱子之分章，而削其所補之傳」，非敢然也。學豈有内外乎？大學古本乃孔門相傳舊本耳，朱子疑其有所脱誤而改正補緝之。在某則謂其本無脱誤，悉從其舊而已矣。

致知格物之傳本未嘗缺，但簡錯爾。朱子以己意補之，則因其錯而謂其缺，固非也。陽明見其補之非也，遂削之而復古本，則因其不缺，而謂其不錯，亦非也。至如董槐、葉夢鼎諸公，欲移經文「知止」以下二條之說，與夫近日蔡介夫欲移「物有本末」條於「知止」之上之說，則世之學者類喜言之。然經文一章，吴草廬所謂玉盤無缺者也。以傳簡之錯，遂割不錯之經文以補之，則欲以補其瘡而先剜肉以爲瘡矣，尤非也。以愚考之，朱子之改正則是，朱子之補緝則非。今但據其所改正，而以「聽訟」之釋本末者爲釋格物致知，則節次分明，意義周密，不必補，不必復，不必移，而傳自完矣。何也？傳之所釋者，惟三綱領及八條目而已。其「知止」二條及末二條，皆所不釋，何獨於本末而釋之？且既釋本末，又何獨於終始而不釋之也？故愚以爲，「聽訟」之章決當屬在三綱領之傳之後，而爲致知格物之傳也。蓋物有是非，猶訟有曲直，聽訟者以其是非之心而斷其曲直，皆窮理之事也。心通乎道，然後能別是非。如人身在堂上，然後能斷堂下人曲直。至於「無情者不得盡其詞，大畏民志」，則民有恥且格，而訟可無矣。向使心不通於道，則情僞微曖而兩造之陳者將眩惑而不知矣，其何以格物而使之無訟乎？故曰此謂知本，此謂物格，此謂知之至也。「聽訟」者，知本也，明明德也；「無情者不得盡其辭，大畏民志」，物格也，新民也。格物之物，分明指物有本末之「物」字而言。而世儒皆不之察也，所以辯愈多而旨愈晦，言愈詳而意愈訛也。但傳文之例，自「誠意」以下皆引經文而釋之，而此獨不然，似爲可疑。及以諸傳考之，三綱領俱直說起，而於條目始引經文。格致雖屬條目，然正接「止至善」，故以起句用綱領例，而以結句用條目例也，復何疑哉？再以經文考之，三綱領則說三「在」字，條目中皆用「先」、「後」字，而獨於致知格物，則下一「在」字，與綱領而四，物格知至仍用一「後」字，與條目而八，爲綱領、條目之間。蓋即「聽訟」章起結異例之意也。此非愚之臆説也。「知止」一條原係「止至善」之後，則致知格物自當承之，故三綱領之「在」字，下連格致之「在」字。「聽訟」之不用經文，上接三綱領之不用經文，皆聖賢之微意。然則「聽訟」之傳，信乎其爲釋格物致知，而非釋本末矣。巾幅刻此。○王氏曰：此篇説「聽訟」章即是格致傳，而謂朱子不必補；説傳釋三綱領、八條目，而謂本末、先後不必釋。文理接續，血脈貫通，聖經賢傳始成全璧，而千古不決之疑，諸子紛紛之論，渙然釋冰矣。甚有功於聖門，當不在曾子下。

【校勘記】

〔一〕自然發而中節無施不可　王文成全書卷一傳習録上作「自然有發而中節之和，自然無施不可」。

卷四

晚年定論

其爲朱子晚年定論，蓋亦不得已而然。中間年歲早晚誠有所未考，雖不必盡出於晚年，固多出於晚年者矣。然大意在委曲調停，以明此學爲重。

朱子之學蓋與顏子同。昔顏子於聖人之道而未得也，仰之鑽之，瞻之忽之，既博之文，又約之禮，以竭其才。及其立卓之後，然後發喟然之歎，以爲前日仰鑽瞻忽，博約竭才，皆爲多事而極於欲從末，由此顏子之所以庶幾也。朱子之窮理反躬，銖積寸累，正顏子仰鑽瞻忽、博約竭才之事。及其豁然貫通之後，乃恍然自失，以爲向來誠是大涉支離，覺得閒中氣象甚適。此其悔悟，正與顏子喟然之歎相似，未必其出於晚年也。使以朱子之悔爲晚年，則顏子之歎亦爲晚年乎？看他次第是工夫先後，而非年歲早晚。博約後方歎，歎後終不成，窈窈冥冥，遂廢了博約。惟其工夫循環不窮，所以智益明，德益熟，而具體乎聖人也。

積累後方悔，悔後亦不成，昏昏漠漠，遂廢乎積累。惟其工夫周流不已，所以學日充，德日起，而集大成於諸儒也。陽明不達於此，遂取朱子平日與人答問手札中厭煩就約、絶學捐書之語，爲晚年定論之書。夫謂之晚年，必其果出於晚年而後可也。然以今考之，此書之意本出於程篁墩道一編，而去取互有得失，年歲互有異同，固有不可得而盡信之者。如與吴茂實書，乃篁墩録之於始，以爲若冰炭之相反者，蓋以其有譏陸子省發覺悟、流於怪異之説。陽明則削之，而取其前段所謂「向來工夫多不得力者」以爲晚年。如答吴伯豐書，篁墩録之於終，以爲若輔車之相倚者。陽明以其徑趨簡約、脱略、過高之語，似乎譏陸雖有欠卻涵養本原工夫，不可不自反之説，而不收於晚年。至於與林擇之書，説陸之門人氣象皆好，此間學者只成説話，陽明以爲晚年，而篁墩則録之於中，以爲疑信之相半，蓋以其有陸子壽兄弟其間亦有舊病之説也。然則其早、其晚、其定、其未定，皆以己之私意臆斷之者也，而何足據之以爲朱陸之評乎？且陽明亦自謂其年歲早晚誠有所未考，則其不必出於晚年者，在陽明固已知之矣。既知之，則不當復爲之，而猶且必爲之，蓋爲其平日所著或問、集註諸書意義浩博，議論參差，其間有疑於支離泛濫者，有得於親切簡要者，與己專致良知之説多半不合，故悉指爲中年未定之説，而特取其相近數札，概目爲晚年悟後之論以自證，庶幾己説不至大謬於朱子，而可少挽其立異好奇之失焉爾。夫朱子之易簀也，猶改「誠意」

章，以爲絶筆，則其集註、或問之類，固其所終身者也，固其既悔之後而三復删定者也，烏得以意義浩博、議論參差，而遂指爲中年未定之説哉？論語，孔門傳道之書也。「多聞多見」之説與夫「一以貫之」之説，「好古敏求」之説與夫「予欲無言」之説，間見錯出，各有發明，而集註、或問無非明此而已。若集註、或問而謂之中年未定之説，則如論語者，亦將議其孰爲中年而未定者乎？孰爲晚年而定者乎？豈夫子亦有未定之説乎？聖人之道，千門萬户，彼此自不相妨。曲儒之學，管歸一路，四旁都不見得。今以一路之學而窺聖人千門萬户之道，無怪乎其合者少而不合者多也。於其合己也，則雖其年歲早晚誠有所未考者，而謂之晚年；於其不合己也，則雖其既悔之後三復删定者，而謂之中年。吾意晦菴有知，亦當付之一笑而已矣。由此觀之，陽明非真以定論取朱子也，特以見定論之外皆非定論也。今既定論不必於晚年，而集註、或問之類又不必於中年，則朱子之學何者而非聖人之學，朱子之言何者而非終身之定論乎？而又何以此書爲也？陽明乃謂此書出於不得已而然，又謂「意在委曲調停，以明此學爲重」。此學者，彼蓋以爲聖人之學也。夫既以明聖人之學爲重，而使朱子之説果有背乎理而不足以明之，則雖直非之，以爲先哲之忠臣何害，而又何必委曲以調停乎？用人而調停，則賢不肖渾淆，而不肖者終至於必勝；行政而調停，則邪正雜糅，而正法必至於漸湮。故調停之説，在識微之士猶深非之以爲不可，而況陽明之於朱子，又皆洗垢索瘢以陰行其私，簸弄筆舌以玩侮先正，而初無委曲調停之意，則其所謂不得已以明此學者，非真有不得已之心，如孟子闢邪説以衛聖道之心也，特調停其説以委曲遷就乎己之學爾。且既以委曲遷就乎己，而爲此書，而深考其説，則又有宜爲陽明之所深諱而亦取之者，如答呂子約書，謂：「近日方實見得向日支離之弊，雖與彼中證候不同，然忘己逐物、貪外虚内之失，則一而已。」與蔡季通書又謂：「間與季通講論，因悟向來涵養工夫全少，而講説又多彊探必取、尋流逐末之弊，恍然自失，似有頓進之功，然非如近日諸賢所謂頓悟之機也。」陽明喜其「見得支離」之説，而不暇詳其所謂「與彼中證候之不同」；喜其「恍然」「頓進」之説，而又不暇詳其所謂「非如近日諸賢之頓悟」，故遂取之定論之中，而不知識者已因此而得其亂真之故矣。頓進者，猶人按步而移，雖未易遽進，然一進則所移者，皆吾得力處。頓悟者，猶坐而馳，雖日行萬里之遥，然自身卻只在此，於道無得也。惟頓進，故見得向日之支離；非頓悟，故不同彼中之證候。而陽明之學，正近日諸賢頓悟之機也，正朱子所謂證候之不同而斥外之者也，而猶自幸己説之不謬於朱子。蓋欲援儒以入墨，推墨以附儒爾，然而毫釐千里之謬終不可掩。如此二書之説，豈非天不欲斯文之喪而故爲此隙，令後之學者得有所據以證其似是之非耶？又曰：篁墩見朱子奠陸子壽「方相與極論無猜，道合志同」之語，而陸子奠呂伯恭亦有「追惟曩昔麤心浮氣，徒致參辰」之語，遂謂二氏之學早異晚同，而著道一編。然朱子表曹立之墓有「敬夫、子壽、伯恭皆盛年相繼淪謝」之語，則是作於「道合志同」之後，宜無復異同之疑矣，而其言乃曰：「陸氏兄弟獨以心之所得者爲學，其説有非言語文字可及。」又曰：「今必先期於一悟，而遂至於棄百事以趨之，吾恐未悟之前，狼狽已甚，又況忽下趨高，未有幸而得之者。」皆所以深譏陸子之失，則是朱陸之學，雖至於晚年而猶未之一也。蓋朱子所説的涵養，實異乎陸子之涵養；陸子所説的講學，實異乎朱子之講學。所以朱子譏子静雖已轉步，而未曾移身。其實身不移，則所謂轉步者，亦五十步之走爾，濟不得甚事。篁墩陰附陸子，遂謂朱子晚年兼收陸學，而詆世儒以其早年未定之論，致夫終身不同之決，惑於門人紀録之手，不取正於朱子親筆之書。嗚呼！曹表豈非朱子親筆之書，而晚年已定之論耶？然則朱陸之不同，固非篁墩之説所能强而一矣。獨其奠文之語似乎可據，然詳味之，恐亦以其講論之際頗覺和平，非復昔時氣盛語健之比而云然，非真謂其道之一也。故不徒曰「曩昔參辰」，而必曰「麤心浮氣」，不徒曰「道合志同」，而必曰「極論無猜」，此其立言之間，亦自可見其微矣。王氏曰：此篇考據精詳，議論的確，鑿鑿乎無以易也。至篁墩設爲佛辨，無非推墨以附於儒，其道一編又豈有定論也？若夫調停之説，是即鄉愿。

知　行

知之真切篤實處即是行，行之明覺精察處即是知。知行工夫，本不可離，只爲後世學者分作兩截用功，失卻知、行本體，故有合一並進之説。真知即所以爲行，不行不足謂之知〔一〕。

聖門説知行處甚多：如「行有餘力，則以學文」，此行先知後也。「博學於文，約之以禮」，此知先行後也。「知至，至之可與幾也；知終，終之可與存義也」，此知不可無行也。「知譬則巧也，聖譬則力也。由射於百步之外也，其至爾力也，其中非爾力也」，此行不可無知也。「惟精惟一」，「道學自脩」，此知行並進也。「道之不行也，智者過之，愚者不及也；道之不明也，賢者過之，不肖者不及也」，此知行互力也。「民可使由之，不可使知之」，此行易知難也。「知之非艱，行之惟艱」，此行難知易也。「知及之仁，不能守之」，此偏於知也。「行之而不著，習矣而不察」，此偏於行也。雖其意之所指，功之所施，各各不同，至於知自知、行自行，則千聖萬賢固無有不同者也。今陽明乃謂「知之真切篤實處即是行，行之明覺精察處即是知」，「真知即所以爲行，不行不足謂之知」，則知行是一箇儱侗的物事，聖賢何苦如此分別出來？只緣自己講學專主於致良知，分別缺了行的一邊，故立爲是説以護持之，而實非確論也。王氏曰：真知即是行，不行不足言知，亦有此理。只是據其極言之，而非平常之道，終歸混淆而已。

致知格物

朱子所謂格物云者，在即物而窮其理也。即物窮理，是就事事物物上求其所謂定理者也，是以吾心而求理於事事物物之中，析心與理而爲二矣。夫求理於事事物物者，如求孝之理於其親之謂也。求孝之理於其親，則孝之理，其果有於吾之心耶〔二〕？抑果在於親之身耶？假而果在於親之身，則親没之後，吾心遂無孝之理歟？見孺子之入井，必有惻隱之理，是惻隱之理果在於孺子之身歟？抑在於吾心之良知歟？其或不可以從之於井歟？其或可以手而援之歟？是皆所謂理也。是果在於孺子之身歟？抑果出於吾心之良知歟？以是例之，萬事萬物之理莫不皆然，是可以知析心與理爲二之非矣。夫析心與理而爲二，此告子義外之説，孟子之所深闢也。若鄙人所謂致知格物者，致吾心之良知於事事物物也。吾心之良知即所謂天理也，致吾心良知之天理於事事物物，則事事物物皆得其理矣。致吾心之良知者，致知也。事事物物皆得其理者，格物也。是合心與理而爲一者也。

父子有親，是由父子而後有親之理也，無父子則親不可見矣；君臣有義，是由君臣而後有義之理也，無君臣則義不可見矣。事事物物無不皆然，所謂在物爲理也。今陽明非之，以爲親在而孝，親没而亡，是心與理爲二也，是義外也。殊不知以吾心而求理於事事物物之中，此正所謂處物爲義也，正孟子所謂集義也。告子不得於言，勿求於心，正爲其不以吾心求事物之理，故謂之義外。今反以告子之義外非朱子之窮理，是以孟子之集義與告子之義外無異矣，可乎？且陽明自以爲致吾心良知之天理於事事物物，是合心與理爲一。夫心而無理，何以窮格事物之理？物而無理，又何以使之各得其理？則所謂「致吾心良知之天理於事事物物」，與夫「以吾心求理於事事物物之中」，果何所分别，而有一則析心與理爲二，一則合心與理爲一之殊耶？吾恐析心與理爲二者，未必析心與理爲二，而自謂合心與理爲一者，將未免析事與理爲二矣。且以心求理於事事物物之中，工夫全在「求」字上，所謂格之者也。致吾心良知之天理於事事物物，工夫全在「致」字上，而「格」字反無骨力矣，豈經文之旨乎？不特此也。其曰「致吾心良知之天理於事事物物，則事事物物皆得其理矣」，味其語意，分明以上句爲格物，下句爲物格也。既以上句爲格物，不當又言「致吾心之良知爲致知」；既以下句爲物格，不當又言「事事物物皆得其理爲格物」。此其言論背馳，不待咀嚼而可見，而況夫所謂「事事物物皆得其理」者，又出於朱子者也。朱子註易大傳有曰：「窮理者，謂隨事得其條理也〔三〕。」竊朱子窮理之訓以解格物，而又非朱子不當以窮理訓格物，不幾於盜憎主人乎？殊可怪也已。王氏曰：見極精明，推原刺骨。○煐曰：經文實字以爲主，虛字以爲用。其曰「在格物」，曰「而后知致」，玩三虛字自見，固難議傳叛經。

學問思辨行

夫問思辨行，皆所以爲學，未有學而不行者也。如言學孝，則必服勞奉養，躬行孝道，而後謂之學，豈徒懸空口耳講說，而遂可以謂之學孝乎？學射，則必張弓挾矢，引滿中的；學書，則必伸紙執筆，操觚染翰。盡天下之學，無有不行而可以言學者。則學之始，固已即是行矣。篤者，敦實篤厚之意已行矣，而敦篤其行，不息其功之謂爾。蓋學之不能以無疑，則有問，問即學也，即行也。又不能無疑，則有思，思即學也〔四〕，即行也。又不能無疑，則有辨，辨即學也，即行也。辨既明矣，思既慎此下原闕一頁〔五〕。

（上闕）之中句句兼五句之義矣。既句句兼五句之義，則聖賢只消於五句中摘取一句以爲說亦足矣，何必說學又說問，說問又說思，說思又說辨，說辨又說行，而如此其不憚煩乎？夫聖賢之說，規模闊大而條理精嚴，頭緒煩多而意思通貫。只緣陽明誤認學爲專言，所以生出許多學兼問、思、辨、行，行兼學、問、思、辨，與夫問、思、辨即學即行之說，要直截說得越支離，要渾全說得越破綻。如問即學、行，是不兼思、辨也，思即學、行，是不兼問、辨也，辨即學、行，是不兼問、思也。五句之中，乃有三句不兼五句之義矣。豈若只依本文從頭做去，有相資並進之益，而無雜施不遜之弊乎？然程子所謂「五者廢其一，非學也」之說，亦似以學兼知、行，何也？曰：程子蓋以「博學」以下爲學也，陽明則以「審問」以下爲博學也。以「博學」以下爲學，則是博學在五者之中，而五者爲實事。以「審問」以下爲博學，則是博學在四者之外，而博學爲虛位。彼全其五，此廢其一，二論豈可同日語哉？不惟程子，朱子於下節註云「君子之學，不爲則已，爲則必要其成」，亦總五者而言也。況單言「學」字，猶可屬專言之不同，要亦不可執程朱此語，而遂以博學爲專言也。蓋學固有偏言、專言而該得五者，若兼言「博」字，則但可屬偏言，該不得四者。陽明亦自知之，故深忌此字，通篇之中，雖「審」、「慎」、「明」、「篤」字亦不敢多及，惟恐牽惹「博」字出來。至末後收拾處不得不言，則遂易「博」字爲「能」字，使讀之者無所齟齬於其心，而疑吾之說也。想他易此字時，喫甚辛苦，既無柰「博」字何，又不得所以易之者，千思萬想，尋得箇「有弗學，學之弗能弗措」之「能」字，原代「博」字，遂取易之，以自揜其說。而不知本文所謂「能」者，能其博也，別無異議。聖人易之，只是偶然。如「問之弗知弗措」，以「知」代「審」；「思之弗得弗措」，以「得」代「慎」；而「辨之弗明弗措」、「行之弗篤弗措」，則仍其舊。皆是下語時偶然如此，非如陽明以「博」字爲有礙，而有心以易之也。惟其偶然而易之，故連易二字，而讀者殊不覺其易。惟其以有礙而易之，故只易一字，而牽合附會、賊經叛聖種種病痛出矣。聖經之字，可輕易哉？近偶看胡敬齋居業録，初覺平平，無甚意味，及再三研玩，直是恁地邃密的確，説出人心至當不易的道理出來，無一句一字蹈襲，亦無一句一字牴牾，所謂實理得之於心自别也。故勸説者毛同而質異，只好乍看；實得者途殊而轍脗，其味無窮。嗚呼！觀余之不敢有疑於敬齋，則讀是編者，亦可以諒余不得已之心，而非好辯矣。王氏曰：此思誠喫緊工夫，關係甚大。自偏言、專言之説定，而混淆之論不攻自破矣。○煐曰：學也者，學其所可行也；行也者，行其所已學也。其理原不相離。如曰「學之始固已即是行」，則學優後仕、幼學壯行之説果何謂哉？學不可以即爲行，行不可以即爲學。故有旋行之而旋學之者，如「行有餘力，則以學文」是也。有善少未擇而不敢行者，如「吾斯之未能信」是也。至於「何必讀書，然後爲學」，則子路之誤以行爲學也。「學之始已即是行」，則先生之誤以學爲行也。

知體物用

心之良知應感而動者，謂之意。有知而後有意，無知則無意矣。知非意之體乎？意之所用，必有其物，物即事也。如意用於事親，即事親爲一物；意用於治民，即治民爲一物；意用於讀書，即讀書爲一物；意用於聽訟，即聽訟爲一物。凡意之所用，無有無物者，有是意即有是物，無是意即無是物矣。物非意之用乎？「格」字之義，有以「至」字訓者。如「格于文祖」、「有苗來格」，是以「至」訓者也。然「格於文祖」，必純孝誠敬，幽明之間無一不得其理，而後謂之「格」。「有苗之頑」，實以文德誕敷而後格，則亦兼有「正」字之義在其間，未可專以「至」字盡之也。如「格其非心」、「大臣格君心之非」之類，是則一皆「正其不正，以歸於正」之義，而不可以「至」字爲訓矣。且大學「格物」之訓，又安知其不以「正」字爲訓，而必以「至」字爲義乎？如以「至」字爲義者，必曰「窮至事物之理」，而後其説始通。是其用功之要，全在一「窮」字，用力之地，全在一「理」字也。若上去一「窮」字，下去一「理」字，而直曰「致知在至物」，其可通乎？以知爲意之體，義猶相近。以物爲意之用，則失之遠矣。蓋經文先言「物有本末」，次言「致知在格物」，則格物者分明格其「物有本末」之物也。夫既爲格其「物有本末」之物，則有志格物之學者，固不可徇末而忘本，亦不可厭末而徑趨其本矣。程朱所謂「窮至事物之理」者，雖似泛指眼前之物，然考其所以爲説，則自性情慈孝之理以至草木而無所遺，自天理人倫之大以至器用而無不察，則亦莫非該本末、合内外之道也。陽明顧譏其務外遺内，而倡言物爲意之所用、格爲正之之義以反之，曾不知程朱之説本非務外而遺内，而自己之說，實不免是内而非外矣，可乎？且「格」之爲字既有「至」與「正」二義，則不必各執其是以相非也，要於其當不可易而已。爲陽明者，乃曰：「安知大學之格不以『正』字爲訓，而必以『至』字爲義也？」則爲程朱者，獨不可曰：「安知其不以『至』字爲訓，而必以『正』字爲義乎？」「以『至』字爲義」者，必曰「『窮至事物之理』，而後其説始通」；則夫「以『正』字爲義」者，亦必曰：「格正其意所用之物，而後其説始通也。」「窮至事物之理」者，既上去一「窮」字，下去一「理」字，而直曰「致知在至物」之不可通；則夫「格正其意所用之物」者，上亦去一「格」字，下亦去一「物」字，而直曰「致知在正意」，其獨可通乎？意之所用即意也，所以「好好色，惡惡臭」者也。即心之所發，所以「忿懥好樂，憂患恐懼」者也。格而正之，即所以誠其意、正其心，使自慊而無不在者也。欲誠其意，在致其知，而欲致其知，又在正其意。聖人之言，豈其顛迷一至於是乎？吾是以決陽明之説不可訓也。王氏曰：徹骨之論與牽搭之説自不相能。

格物

夫「窮理盡性」，聖人之成訓，見於繫辭者也。苟格物之説而果即窮理之義，則聖人何不直曰「致知在窮理」，而必爲此轉折不完之語，以啓後世之弊耶？

聖人所以不曰「致知在窮理」，而必曰「在格物」者，非故爲此轉折不完之語也。正以言格物，則與上文「物有本末」之「物」字相應，意既完備，詞亦明白。若曰窮理，則須於物之中推箇「理」字出來，便覺多了一層，故不若言物而理自在其中之愈也。王氏曰：古人以「物」字與「理」字通用，如孟子曰：「萬物皆備於我矣。」此「物」字分明是「理」也。

窮理格物

大學「格物」之説，自與繫辭「窮理」大旨雖同，而微有分辨。窮理者，兼格、致、誠、正而爲功也。故言窮理，則格、致、誠、正之功皆在其中；言格物，則必兼舉致知、誠意、正心，而後其功始備而密。今偏舉格物，而遂謂之窮理，此所以專以窮理屬知，而謂格物未嘗有行，非惟不得格物之旨，并窮理之義而失之矣。詩曰：「有物有則。」言有是物，必有是則也。則者，理也。内外齊貫，首尾一致，自格、致、誠、正而爲功也。則格、致、誠、正固有理而當窮，而脩、齊、治、平獨無理而不當窮乎？又曰：「言窮理，則格、致、誠、正之功皆在其中；言格物，則必兼舉致知、誠意、正心，而後其功始備而密。」是以理與物爲二也。夫窮理者，窮其理之在物者也，格物者，格其物中之理也，安得以爲二，而謂窮理可該格、致、誠、正，格物必有待於兼舉致知、誠意、正心乎？況格物、致知、誠意、正心，聖人本列爲四事，又安得是窮理，而謂必兼舉之非乎？易言「窮理盡性，以至於命」，則窮理者格致之事，盡性者誠正之事，又安得遺盡性而單引窮理以該格、致、誠、正乎？經文言「致知在格物」，則格物者乃致知之功也，安得以窮理不當屬知，而謂格物之必有行乎？故易之「窮理」，大學之「格物」，其致一也。陽明之論，蓋由不明格物之物即物有本末，而以意之所用爲物，故其流弊遂至於此而不悟爾。王氏曰：窮理、格物，其説本明，被陽明攪亂一場，令人耳目昏暗。

良知學知

夫子嘗曰：「蓋有不知而作之者，我無是也。」是猶孟子「是非之心，人皆有之」之義也。此言正所以明德性之良知，非由於聞見耳。若曰「多聞，擇其善者而從之，多見而識之」，則是專求諸見聞之末，而已落在第二義矣，故曰「知之次也」。夫以見聞之知爲次，則所謂知之上者，果安指乎？是可以窺聖門致知用力之地矣。夫子謂子貢曰：「賜也，汝以予爲多學而識之者與？非也，予一以貫之。」使誠在於「多學而識」，則夫子胡乃謬爲是説以欺子貢者邪？「一以貫之」，非致其良知而何？

「不知而作者，我無是也」，是夫子固已自任其知矣。然其所以知，只是「多聞，擇其善者而從之，多見而識之」耳。其曰「知之次」者，蓋此是夫子自道之詞，故謙言知之次，而非謂更有「知之上者」也。猶曰「吾從大夫之後」，「後」者，謙詞也。陽明不悟「次」字之意，遂以見聞之知非德性之知，而真以爲知之次，則天下豈復有賢於仲尼而爲上智者與？且夫子不惟自以爲次而已也，又嘗有「吾有知乎哉？無知也」之説矣，然則亦可因其言無知也，而遂以爲果無知乎？故夫子非無知也，亦非知之次也。其所以必多聞而擇、多見而識者，蓋義理可以生知，而至於古今事變、禮樂、名物，則雖聖人亦有所不知焉。故問禮、問官、問樂、問琴，入太廟每事問，與夫滄浪之歌、童子之謡必致其察者，皆所以充廣其德性之知，而成其無所不知之睿聖爾。固非聖人之道必降而自卑之言，亦非「專求見聞之末，而落在第二義」者。使果以此爲次，而别求所謂上者，則必如佛氏之頓悟，而後爲無上法、第一乘矣。陽明豈以佛氏爲賢於仲尼者耶？然則「予一以貫之」非歟？曰此正與此相發者也。一者，心也；貫者，貫乎萬事也。惟其多學而識，而凡事事物物之理無所不具，而後一得以貫之。不然，胸中空疏而無物，雖有是一，將何所施其貫耶？昔劉公健嘗戲丘文莊曰：「丘仲深有一屋散錢，只欠索子。」文莊應之曰：「劉希賢有一屋索子，只欠散錢。」劉默然，甚愧。即此一貫之説也。是故由博文而後可以約禮，由格物而後可以致知，由博學詳説而後可以反約，由執兩端而後可以用中，由多識前言往行而後可以畜德，由勉强學問而後可以知益明，由多聞、多見、闕疑、闕殆而後可以寡尤悔，由學、問、思、辨而後可以篤行，由多學而識而後可以一貫，由多聞而擇、多見而識而後可以無不知而作。且夫子一貫之旨，凡再言之，一則以曾子隨事精察、無所不省可以貫矣，故告之「一以貫之」；一則以子貢多學而識、無所不聞可以貫矣，故告之「一以貫之」。其餘無可貫者，則不告也。但隨問而答，隨事而告，皆使之用力於日用云爲之際，以爲可貫之地，而不驟以「一」語之，則聖門入道之要可識矣。今學者不屑下學之功，曾無積累之漸，而遂欲直下承當，一超徑入，曰「此夫子一貫之理也」，是猶欲爲九層之臺而基址不固，臺必不可得而成矣；欲行千里之鎬而足下不始，鎬必不可得而幾矣。不然，頓悟之妙，至於佛氏亦已至矣，而何以不可治天下國家耶？正以無散錢，雖有索子無益也。故佛氏之道，道其所道，而非吾之所謂道也；陽明之學，學其所學，而非吾之所謂學也。王氏曰：闢不由見聞之說，深得聖人宗旨，則知一超徑入之說，甚爲誤人。

格物致知

格物是致知工夫。知得致知，便已知得格物。若是未知格物，則是致知工夫亦未嘗知也。

此條蓋言致知、格物是一事之意，然亦本於朱子。朱子嘗言六箇「欲」與「先」字，「謂欲如此，必先如此，是言工夫節次。若致知，則便在格物上，『欲』與『先』字差漫〔六〕，『在』字又緊得些子」。又言：「致知格物只是一事，非是今日格物，明日又致知。」又言：「『明明德於天下』以上皆有等級，到致知、格物處便親切，故不曰致知者先格其物，而只曰『致知在格物』。」以愚言之，「在」字即「先」字意也。朱子以此二字看得有等級，此是朱子之學未到灑然處。若陽明因之以爲「知得致知，便已知得格物」，則益危殆而不安矣。蓋聖賢用字自是不拘，其所以易「先」爲「在」者，亦其下語時偶然如此爾，而非謂致知、格物是一事也，故下節「物格而后知至」仍用「后」字。「后」字正對前「先」字，若以「在」字異於「先」字，則此「后」字與上文不相應，而不當用矣。此可見「在」即「先」字之意。又以傳文考之，七章釋正心、脩身，則言「所謂脩身在正其心者」，「此謂脩身在正其心」；八章釋脩身、齊家，則言「所謂齊其家在脩其身者」，「此謂身不脩不可以齊其家」。皆只有「在」字，而無所謂「先」字，是可見「在」即「先」字意也。「在」於九章釋齊家、治國，而言「所謂治國必先齊其家者」，宜若異於「在」矣；然又曰「故治國在齊其家」，「此謂治國在齊其家」，一章之中，「在」、「先」迭見，尤可見二字之同一義也。十章釋治國、平天下，而曰「所謂平天下在治其國者」，固可見「在」即「先」字之意；而以「平天下」代「明明德於天下」，則又可見親民之爲□□□□新民，而陽明親民之説之非也。嗚呼！陽明無暇論矣。以朱子之大學，而猶有未盡灑然如此字者，學豈易講哉？巾幅刻此。○王氏曰：前後徵據，跌撲不破。

朱陸是非

各自且論自己是非，莫論朱陸是非。

此即夫子不暇方人之意。然朱陸是非，則當今道術所係，要亦不可不論也。象山斥朱子之支離，余固以明其不然矣。朱子斥象山以禪學，則其說之然否尚未有以决之者也。以今考之，象山之學全是告子，何也？觀其論告子曰：「告子不得於言，勿求於心，是外面硬把捉的，要之亦是孔門别派，將來也會成，只是終不自然。」又曰：「告子硬把捉直到不動心處，豈非難事？只是依舊不是。」雖説他「終不自然」、「依舊不是」，然味其語意，直是十分稱許尊信他，只爲當初被孟子斥其義外，説壞了他，故爲是半許之詞，以爲别派爾。説别派，便見還有正派在，看來孔門真亦有此派。原憲「克、伐、怨、欲不行」，豈不是把捉得定？定則自有一種明光自在的意思，所以他對夫子直以仁自信，略無遜避商量之詞，觀「可以爲仁矣」之「矣」字可見。看他工夫，只是一箇「不行」便了，比之孔門相傳堯舜以來精一、敬義、博約、忠恕、誠明等説，果似徑截占便宜，然卻不如那的公公當當、平平正正，從大門裏進去，雖較遲些，直是從容涵泳而有餘味也。故夫子但許其難，而不許其仁。夫不許其仁者，以其非正派；而許其難者，見其亦是别派也。象山之學正是如此。其言曰：「人心本來無事，胡亂被事物牽將去。若是有精神，即時便出便好。若一向去，便壞了。」此言人心當把捉也。其曰：「某因此無事，則安坐瞑目，用力操存，夜以繼日。」又曰：「每理會一事時，血脈骨髓都在自家手中。」此言有事無事皆硬把捉也。其曰：「心無形，不知何故能攝制人如此之甚。」此把捉時見得他如此。至於所謂「風恬浪静中滋味甚長」，則把捉既定，而不動心之地也。到得不動，則亦成矣，成則不可謂不自然矣，自然則安矣。但其成而安，與正派别。如堯夫之學已到至處，程子不直許之，而特言就其所至，可謂安且成，正以堯夫之學終是與吾儒别故也。他又恐人説他是告子，是别派，故又謂「讀書講求義理，正是告子義外工夫」。夫讀書窮理，此孟子知言之事，正與告子相反，何緣是告子工夫？只爲要見得自家不是告子，故硬以此言推卻。他及見朱子指其不讀書、不求義理，只静坐澄心，欲是告子義外，便又説「某何嘗不教人讀書」，「只是比他人讀得别些子」。正如告子論性一般，杞柳之説不勝，遂變爲湍水之説，湍水之説不勝，又言生之謂性，只是把言語支吾躲閃將去，終不肯反求其理於心。且其教人讀書，亦只教讀蘇文。夫蘇文險誕，何足讀？只爲他的説話有契于己，故令讀之。如韓文平實近理，便説他未易讀，而不讀之矣。他人讀書，以廣異聞、來新得，他讀書，只是將書作自己的印證，真是比他人讀得别，其實與不讀一般。故象山之學，全是告子。當時人亦有譏其專欲管歸一路者，他答以「吾亦只有此一路」。看來象山之一路，正是孔門之別派。派爲別派，路是徑路，別派非正派，徑路非大路。使朱子直以此斥之，吾知象山雖執拗，亦將心服口呿而不敢復辯矣。今乃以夷狄之一法而加之孔門之一派，無怪乎其不肯服也。然則象山非禪學與？曰告子之學即原憲之學，佛氏之學即告子之學，象山之學即佛氏之學，皆是硬把捉此心以求到不動之地。但佛氏説得較闊大，又較驚怪爾，其實只是一般。象山説到内無所累，外無所累，自然自在，纔有一些子意，便沈重了，徹骨徹髓，見得超然於一身，自然輕清，自然靈大，又謂此中卻似箇閒閒散散、全不理會事的人，不陷事中，分明有禪家的意思。但當初原只是告子之學，不曾學禪，所以雖流入禪家境界，亦認做不動心的效驗，而不肯服也。若陽明原從禪學過來，學無所得而後遁之爲象山，所以雖種種學他説話，只是不相似。何以明之？象山嘗言自立自重，「不可隨人腳跟，學人言語」。且如原憲、告子、佛氏、象山皆是各立一家主意，恁地喫緊以把捉此心，初無一句因襲語，若無許大眼力，也看不破他是一箇學術，所以雖是孔門別派，卒有立於天下。若陽明之於象山，見其説「人要有大志」，志箇甚的，遂言「人苟誠有求爲聖人之志，必思聖人之所以爲聖人者安在」；見其説「心只是一箇心，某之心，吾友之心，上而千百載聖賢之心，下而千百載復有聖賢之心，亦只如此」，遂言「千古聖人只有這些子」；見其説伊川易傳、胡氏春秋、上蔡論語、范氏唐鑑是陋説，遂言朱子集註、或問爲誤説；見其説「聖人贊易，卻是箇簡易字道了」，遂言「向與汝説聖人之學簡易廣大」、「已與汝一句道盡」；見其説「吾友是泛然問」，遂言「汝今只是了人事問」；見其説「戰戰兢兢，那有閒管時候」，遂言「持志如心痛，一心在痛上，豈有工夫説閒話，管閒事」；見其説「人心有病，須是剥落，剥落得一番，即一番精明」，遂言「私欲日生，如地上塵，一日不掃，便又有一層」；見其説「在人情事勢物理上做工夫」，遂言「人須在事上磨，方立得住」；見其説「人精神在外，至死也勞攘，須收拾作主宰」，遂言「精神道德言動，大率收斂爲主，發散是不得已」；見其説「如此只是定本」，遂言「難預先定一箇規矩在」；見其説「若根本壯，怕不會做文字」，遂言「但不忘栽培之功，怕没有枝葉花實」；見其説「惟精惟一，須要如此涵養」，遂言「精一博約只是一箇工夫」；見其説「格物者，格此者也」，遂言「心外無物，如吾心發一念孝親，即孝親便是物」；見其説「識得朱濟道便是文王〔七〕」，遂言「體認得自己良知明白，即聖人在我」；見其説「吾亦只有此一路」，遂言「凡人爲學終身，只爲這一事」；見其説「深山有寶，無心於寶者得之」，遂言「無意中得此良知一助」；見其説「涓涓之流，積成江河」，遂言「與其爲數頃無源之塘水，不若爲數尺有源之井水」；見其説「今人略有些氣燄者，多只是附物，元非自立也」，遂言「若無主宰，便只是氣奔放，如何不忙」；見其説「人不肯如此，須要有箇説話」，遂言「聖人亦不肯多道」，「故曰予欲無言」； 見其説「且如情性心才，都只是一般物事，言偶不同爾」，遂言「此道亘古亘今，無終無始，更有甚同異，心即道，道即天」； 見其説「學苟知本，六經皆我註腳」，遂言「四書五經不過説這心體，心體即所謂道，心體明即是道明，更無二」； 見其説「人心最愛泊著事，若教棄事時，如猢猻失了樹，更無住處」，遂言「心猿意馬，拴縛不定」； 見其説「讀書講求義理，是義外工夫」，遂言「朱子即物窮理，此告子義外之説」； 見其説「血脈不明，沈溺章句何益」，遂言「此只在文義上穿求，故不明如此」； 見其説「不過切己自反，改過遷善」，遂言「見善則遷，有過即改，方是真切工夫」； 見其説「人情物理之變何可勝窮，若其標末，雖古聖人不能盡知」，遂言「大端惟在復心體之同然，而知識技能非所與論」； 見其説「苦思，則方寸自亂」，遂言「私意安排之思，自是紛紜勞擾」； 見其説「此事不借資於人，人亦無著力處」，遂言「須是自家調停斟酌，他人總難與力」； 見其説「年少子弟居一故宅甚安且廣，乃不能自作主宰，續先世之業，而日與飲博，遨遊市肆，不能復享其安且廣」，遂言「富家子孫不務守規，享用其産業庫藏之寶，積日遺忘散失，至爲窶夫丐人」； 見其説「看文字時，有合意或緊要事節，不妨熟讀，讀得文字熟底雖少，亦勝鹵莽而多者」，遂言「授書不在徒多，但貴精熟」。 看他説話真絶相似，但讀了陽明之言，又讀象山之言，讀了象山之言，又讀陽明之言，便自見得不同。 此無他故，象山嘗言「窮究磨煉，一朝自省」，又謂「莫厭辛苦，此學脈也」，則象山之學蓋從磨礪辛苦中來，所以他説：「大綱提綴來，細細理會去，恁地篤實。」嘗與朱、吕二公論易九卦之序，大爲二公所歎服。其在白鹿發明君子喻義之旨，朱子極口稱之，信非偶然。陽明本只是箇豪爽之士，無細細理會工夫，徒影影見得那提掇的意思，便將説話去模倣他，正如象山所謂「隨人脚跟，學人言語」者也。所以相似處便索性相似，一不相似，便索性説出一箇依舊的王伯安出來。如論爲學，象山本言「有講明，有踐履」，而他卻説「明善是誠身工夫」。如論知行，象山本言「知即乾，行即坤。知之在先，故乾知大始；行之在後，故坤作成物」，而他卻説「知行是一箇」。如論格物，象山本言是「研究物理」，而他卻説「是心外無物」。凡若此類，皆陽明自信以爲大議論，而所失如此，則其他之絶相似者，特其外之牝牡驪黄，如有子之似聖人焉耳。以其牝牡驪黄而遂信其千里，以其似而遂許其聖人，可乎？或曰陽明學人言語，不特前説而已，即如此段所謂「各自且論自己是非，莫論朱陸是非」者，亦出於象山所謂「吾友但當孜孜行其所知，不當與人辯論是非」之語者也，但未知其意果相似否爾？曰：「是非之心，人所固有，聖學之要，必先知言。」當時象山只因詹子南紛紛於無益之論，人己俱失，故戒其不當與人辯論是非，非謂論是非但當論其在己，而不當論其在人也。昔楊敬仲嘗問象山何如是本心，象山告以惻隱、羞惡、辭讓、是非是本心。敬仲未省，三四問，象山終不易其説，敬仲亦未省。偶有訟扇者，敬仲既斷其曲直，又問如初，象山曰：「適來斷扇訟，是者知其爲是，非者知其爲非，此即敬仲本心。」敬仲大覺，忽省此心之無始末，忽省此心之無所不通。象山謂其一日千里。則是敬仲之省悟，由其斷扇訟之心，而象山教人省悟，亦只是指其斷扇訟之心。朱陸是非，即扇訟是非，論朱陸是非，即斷扇訟是非，皆所以提省此心，使之常存不昧，以俟其倏然之頃，省發而融貫焉，則亦莫非爲己之學矣。孰謂己之是非所當論，而人之是非不當論哉？此象山、陽明之言，所以雖絶相似而實不同也。又曰：觀敬仲識本心於斷扇訟，亦自見得大學「聽訟」之傳是釋格物致知。王氏曰：正派、別派之説，與告子、象山、陽明源流，皆卓有實見。至説陽明是箇豪爽之士，無細細理會工夫，極是。

氣即是性

「生之謂性」，「生」字即是「氣」字，猶言「氣即是性」也。氣即是性，「人生而靜以上不容説」，才説「氣即是性」，即已落在一邊，不是性之本原矣。孟子性善，是從本原上説。然性善之端，須在氣上始見得，若無氣，亦無可見矣。惻隱、羞惡、辭讓、是非即是氣。程子謂「論性不論氣，不備；論氣不論性，不明」，亦是爲學者各認一邊，只得如此説。若見得自性明白時，氣即是性，性即是氣，原無性、氣之可分也。

天地間只是一箇元氣。浮而上者陽之清，爲天；降而下者陰之濁，爲地。其間日月之代明，四時之錯行，萬品之流形，山川之融結，無非氣也。人亦萬品中之一爾。易曰：「一陰一陽之謂道。繼之者善也，成之者性也。」陰陽，氣也。以是氣繼之人，而謂之性，是性即氣也。傳曰：「由太虚有天之名，由氣化有道之名，合虚與氣有性之名。」虚即元氣也，氣化即陰陽也，合元氣、陰陽而謂之性，是性即氣也。孟子知之，故有「其爲氣也，至大至剛，以直養無害，則塞乎天地」之論。蘇子知之，故有是氣也，「在天爲星辰，在地爲河嶽，幽則爲鬼神，而明則復爲人」之論。故愚竊以爲氣即是性，即是道。蓋道出於性，出於天。「維天之命，於穆不已。」而其所以不已者，只是元、亨、利、貞四者周而復始而已。人得是元、亨、利、貞之命，而爲仁、義、禮、智之性，發之爲惻隱、羞惡、辭讓、是非之情，率之爲親、義、序、别、信之道。命非氣乎？命既爲氣，則性獨非氣乎？性既爲氣，則其所發、所率又獨非氣乎？愚雖的然自以爲無復可疑，而不敢以號於人，恨不得起孔孟而質之以定其説也。陽明之學，本甚疏漏，至於此條所謂「氣即是性」，「惻隱、羞惡、辭讓、是非即是氣」，「見得自性明白時，氣即是性，性即是氣，原無性、氣之可分也」，若爲有見之言，然又謂「才説『氣即是性』，即已落在一邊，不是性之本原」，則所謂「性之本原」者，果何物乎？又謂「孟子性善，是從本原上説」，則所謂「性即是氣」者，乃無善之性乎？又謂「性善之端，須在氣上始見得，若無氣」，亦無可見」，是以性爲不可見，氣爲可見，而性與氣爲二也，何以謂「原無性、氣之分」乎？要之，性之本原即是善，善即所繼之善，所繼之善即是一陰一陽之道，一陰一陽之道即是命，命即是天地之元氣。既爲天地之元氣，則性即氣，氣即性，無有所謂本原，無有所謂落在一邊，而「人生而静以上」亦無有所謂不容説矣。蓋陽明亦不是真實見得，故其立言含糊衡決而無一定之論爾。不然，陽明之辯能使黿長於蛇、輪不輾地，而獨於此拙其辭乎？

王氏曰：陽明謂「氣即是性」，其説固是，不若此説之盡精微也。○煐曰：此「氣」字要看得分曉。先生又曰：「那會視、聽、言、動的便是性，便是天理。」皆緣認氣爲性來。夫子分明説「非禮勿視，非禮勿聽，非禮勿言，非禮勿動」，則視、聽、言、動少有非禮，便不是天理。故認是元氣，則可説氣即是性。若認做視、聽、言、動，也只是「生之謂性」。

妄心照心

夫妄心則動也，照心非動也。恒照則恒動恒静，天地之所以恒久而不已也。照心固照也，妄心亦照也。「其爲物不貳，則其生物不息〔八〕。」有刻暫停則息矣，非「至誠無息」之學矣。

「妄心則動也，照心非動也」，是也。「照心固照也，妄心亦照也」，則非也。蓋照心者，謂心之虛明自然，照物如鑑之空，而物之妍媸不能遁也。若是妄心，猶反鑑而索照矣，有是理乎？是故「照心固照」者，誠精而明也；「妄心亦照」者，以逆億爲明也。且以照心、妄心爲「爲物不貳」，以固照、亦照爲「生物不息」。不貳者，至誠也。至誠者，無妄也。以妄心爲不貳，然則至誠亦有妄乎？妄亦可以言誠乎？而天地聖人之心皆可以言妄矣。蓋陽明醉心佛氏，而佛氏以天地爲幻妄，則其以妄心爲不貳也，亦何怪哉！王氏曰：至誠無妄，極破得是。

良知

夫良知一也，以其妙用而言謂之神，以其流行而言謂之氣，以其凝聚而言謂之精，安可以形象方所求哉？

精屬陰，氣屬陽，神則精、氣之妙用，故曰精神，又曰神氣。此三者自是養生家之説，陽明乃以説良知，是以仙爲儒也，可乎？夫自古異端所以爲吾道害者，一佛氏而已。蓋其説比楊墨爲近理，故其爲害亦彌甚。若佛家之説，不過出於老氏養生之一端，本不足爲吾道之害，而世亦未嘗以害吾道視之。至象山乃有「方士禪伯，真爲大祟」之語，以方士並禪伯，於是始爲吾道增一異端矣。然雖以爲異端，而猶祟之，則是佯斥之也。陽明則不惟不斥，而且引致之，又招認之矣。如曰：「不思善、不思惡時認本來面目，此佛氏爲未識本來面目者設此方便。本來面目，即吾聖人所謂良知。致知格物之功，即佛氏之常惺惺，亦是存他本來面目爾。體段工夫，大略相似。」是自認其佛也。又曰：「後世儒者之説與養生之説各滯於一偏，是以不相爲用。前日精一之論，雖爲原静愛、養精神而發，然而作聖之功實亦不外是矣。」是自認其仙也。嗚呼！精一之旨，豈精神之説？格致之訓，豈惺惺之方？而陽明一則曰相似，一則曰相用，遂使世之儒者祖虚玄之禪會，言下相詫機鋒；襲深隱之仙方，教外别神口訣，此其爲害不又甚於仙、佛者乎？雖然，仙、佛之所以克立者，惟其不相惑亂自致於至也。設仙而佛也，其不仙矣；佛而仙也，其不佛矣。儒之不可以惑亂亦若是也，而倏而仙，又倏而佛，其能儒也耶？雅雜於鄭，不成其雅，亦不成其鄭；渭錯乎涇，不成其渭，亦不成其涇。然則「方士禪伯，真爲大祟」，而陽明者不儒、不仙、不佛者也，雖不崇之可也。

王氏曰：合儒、釋、道爲一，真是陽明渾淆大病，卒之不儒、不仙、不釋，世俗所謂三腳貓也，到底亦無所成。

動即爲欲

理無動者也，動即爲欲。

夫欲生於動者也，非動即爲欲也。使動即爲欲，則太極之動而生陽，亦即爲欲乎？故動非欲也，動之流則欲也，欲則善惡分而禍福出矣。故動者，聖人之大恐也。何也？天欲暑也，必於四月間雷雨大作，蒸然變動一番而後暑成；天欲寒也，亦必於八月間風雨大作，淒然變動一番而後寒至。故人不變動則福不興，不改作則禍不及。然人莫不倖福以動，而卒以禍者什常八九也。故動者，聖人之大恐也。王氏曰：此即「吉凶悔吝生乎動」，而周子所謂「動可不慎乎」之意。

良知是非之心

良知者，孟子所謂「是非之心，人皆有之」者也。是非之心，不待慮而知，不待學而能，是故謂之良知。

「良知」之説，出自孟子。孟子言「人之不學而能者，良能也。不慮而知者，良知也」，分明以知、能對説。陽明遺其良能，而獨舉良知，已失孟子之意矣。又嫌其遺而以所以爲良能者混之良知之内，不幾於侮孟子之言乎？況是非之心，乃四端之一爾，以良知而偏屬之，則所謂惻隱、羞惡、辭讓者皆非良知矣。惻隱、羞惡、辭讓既非良知，則所謂良知者，亦只明得是非一路，而非此心之全體大用矣。豈以象山嘗指敬仲斷扇訟是非之心即本心之説而爲此言與？然象山本言惻隱、羞惡、辭讓、是非之心爲本心，因敬仲未省，故即其斷扇訟之一端以開明之爾，非謂此一端可該得那三端也。然則陽明之學，名雖因象山以泝孟子，而其實非象山、孟子之學也。且四端者，心之已發者也。既以已發之心爲良知，何以又言良知即是未發之中乎？既以是心爲人皆有之，何以又言不可謂未發之中常人俱有乎？蓋其見理不精，知言不審，故言論之際，百孔千瘡，隨處證見，不可掩覆如此。嗚呼！楊墨塞路，孟子辭而闢之廓如。田巴稷下之辯，一旦而服千人，魯連一説，使終身杜口。彼苦行不如楊墨，辯口不及田巴，而欲不屈於今日之正論，難矣，難矣。或曰：傳習録近有增定者，視舊加詳，而辯不及，何也？曰：余所辯傳習録蓋上册，是陽明在贛時，其徒徐曰仁、陸原静、薛尚謙之所録校，而下册則陽明歸越，而郡守南元善益以問答諸書者也。觀其序云：「師之在日，精神足以自致，尚不能無賴於是録之助。」則是録實陽明親所裁定，而其徒相與守之久矣。夫以陽明之親所裁定，而猶有遺論若此，況今所增定，乃出於其没後錢德洪、王汝中之手，其又何足以爲據而與之辯哉？王氏曰：以良知概良能，以是非之心概四端，偏僻之甚。蓋陽明挾俊爽之才，逞豪逸之辯，多以餘意爲正意，以兩件爲一件，而駕以亂天下矣。其如人心公論不可泯何！

【校勘記】

〔一〕不行不足謂之知　「謂」原作「爲」，據下文及王文成全書卷二傳習録中改。

〔二〕其果有於吾之心耶　「有」，王文成全書卷二傳習録中作「在」。

〔三〕窮理者謂隨事得其條理也　朱熹周易本義周易説卦傳作「理謂隨事得其條理也」。

〔四〕思即學也　「思」字原脱，據王文成全書卷二傳習録中補。

〔五〕此下原闕一頁　「思既慎」下，王文成全書卷二傳習録中有「矣，問既審矣，學既能矣，又從而不息其功焉，斯之謂篤行，非謂學問思辨之後而始措之於行也。是故以求能其事而言謂之學，以求解其惑而言謂之問，以求通其説而言謂之思，以求精其察而言謂之辨，以求履其實而言謂之行，蓋析其功而言則有五，合其事而言則一而已。此區區心理合一之體，知行並進之功，所以異於後世之説者，正在於是。今吾子特舉學問思辨以窮天下之理，而不及篤行，是專以學問思辨爲知，而謂窮理爲無行也已。天下豈有不行而學者邪？豈有不行而遂可謂之窮理者邪」諸字。

〔六〕欲與先字差漫　「漫」，朱子語類卷一五作「慢」。

〔七〕識得朱濟道便是文王　「朱」原作「未」，據陸九淵集卷三五語録下改。案：朱濟道，乃陸九淵門人。

〔八〕則其生物不息　「息」，中庸作「測」。

附録一　序跋題記

求是編序

陳邦瞻

慈谿馮景貞氏督學閩中，雅與余相善也。間嘗論及學問，似不以近世「良知」之説爲然者。余心異之，以爲此説浸淫日久，海内高明之士類入於其樊而不能脱，而景貞氏獨有以自異，此其見必有過人者，非苟而已也已。景貞氏出其先尊人貞白公求是編示余，余讀之，蓋專爲明是學而作。其於王氏傳習一録章解句披，大者較黑白，細者析秋毫，其言甚辨而確，乃知景貞氏之學，蓋自其家庭間授受所得，淵源遠矣。嗟乎！夫王氏之能以其説易天下而驅世以從己者，豈有異術哉，不過曰使人速得自見其本心而已。顧其所得，僅虚靈發見之竅，而非性命從出之原，見謂理由覺生，而物不與，於是悍然斥格物爲義外，凡古人之言性、言命，所謂秉彝物則者，一切以良知冒之。蓋緣其用而遺其體，雖知有覺，而覺之所自來與覺之所爲則者，俱未及也。此其悟甚淺，其言絶不經見，而陋者樂其簡便，反推爲窮深極微之論。其弊使人以氣爲理，以覺爲性，以人心爲道心，高者止於弄精魄，其下則入於權謀捭闔而不自知也。蓋迄今而流禍極矣。夫人惟真見此心之理出於天而不可易，存於未發而不可離，然後戒謹恐懼以保之，而因物察則以循之，用能不失其本心之正，而合於天理之公。若僅僅覺從心起，理從覺造，則縱横顛倒，亦何所不可至哉？惜乎王氏之有所見而未暇反其本也。當王氏時，其學尤盛行於吾江以西，獨泰和羅整菴先生起而力辯之，而江以西之學者莫能信也，蓋學之難明久矣。貞白公生王公之鄉，其時流風未遠，獨能卓然不惑，折之聖言，斷以己見若此，非夫豪傑之士無所待而興起者乎？嗚呼！孰謂一世之耳目可塗而古今之學術可亂乎哉？余讀之不勝慨然，因序而歸之景貞氏。萬曆辛亥仲春月上戊日，賜進士福建等處提刑按察司按察使高安陳邦瞻書。

求是編序

張廷相

求是編者，貞白馮先生證學之所爲作也。學匪脩無實，匪悟無靈，匪參稽遠印以定於一而不離其宗，又不能無謬，先生怖其謬也，故必求其是。人有好異，人有矜勝，先生曰：

「我求是焉而止，何知其他？」先生之心苦矣，而畸於傳習録之爲斤斤，何哉？昭代之學，薛醇，胡篤，陳近微，而新建近大。又邇來壇坫强半拾傳習口角而揚其波，則姚江之是非定，而此學始明，此胡泄泄而可也？王氏之建鼓一代者，非致良知乎？剜孟子去其能，贅大學益其良，文成之慧，復古本以篤初，而不避添除之顯跡者，凡以砭考亭之格物耳。考亭豈玩喪者？而不敢謂玩喪，不緣於廣騖，壹主反求，不爲無謂。顧格物必不可諱，不用諱也。立大孰與象山，嘗考索中夜矣，獨何匿之深乎？格物人原即是誠正人，離兩傷，合雙美。已不願爲廣騖，乃不嫌仙，不嫌釋，併不嫌恢詭譎怪。附麗起者，方不憚矯恣，以葢其不物之軀，而猶號於人曰：「我學固如是。」吁！兹大也，不乃其所以龐耶？先生謂其不儒、不仙、不佛，非求多政，求是也。求是柰何？讀書窮理，而言語文字之外別有用心處，先生之寫晦翁，乃其自況歟？先生著述種種，深眇如三極通，匡濟如宗藩訓典，而力扶一代之正學，莫大於此編。先生仲子居方氏，督閩中學，翻刻以式閩士，閩之士顒卬焉，一新於此學，而詎閩之專承之也。居方行部清源，持以見示，僭題末簡。嗚呼！此豈好異矜勝者所能一二哉？時萬曆壬子歲春王三月清明日，分巡興泉道福建按察司副使晚生金谿張廷相頓首拜書。

求是編序

吴應賓

子朱子闡居敬窮理之緒於洛，使静爲動根，目爲足君，兩者相御以成，合内外之道，冥搜遐矚，圖變設權，一言蔽之，宜不敬若，故自謂素所論著道問學爲多，而有發憤刊落之想。習者不察，遂謂書可盡言，跡可爲履，心之精神，陸沈楮墨，封紫陽之半疆，籍洙泗之廣宇，非作者過也。道未墜地，姚江乃興，隱顯互融，智聖交徹，三極五常，六經百氏，如鑑寫形，如金入冶，復其見仲尼之心乎？革言三就，巽權是儀，竊國之資，虞在聖智吐茹之際，戛戛乎其難之也。守寶不慎，倒阿借叢，狹主分驅，具曰予聖。君子曰：與其爲恣睢也，無寧爲桎梏。「聖人不死，大盜不止」，柱下激乎哉？其以救世也。傳習者，王氏之權書也。夫權所以奉實，亦所以隳實也。奉之也，見以爲浴日；隳之也，見以爲履霜。此慈谿馮貞白先生求是編之所爲作也。夫是非者，有在無在，無在有在，惡乎可求，惡乎不可求？善求之，是非藥也[一]；不善求之，無是非病也。夫延歷之術何必不傷生，而糜腸之藥何必不已毒哉？顧所治謂何耳。治在外義，傳習主之，以溯紫陽之源；治在師心，求是主之，以捍姚江之委。今之不可無求是，猶昔之不可無傳習也，猶之不可無也。雖曰非之也，何傷逖之而親，壞之而成，使怒勝思，用寒伐温，損於昭昭，益於冥冥，由斯以談，莊叟之尊素王，豈獨在孟氏後耶？故君子無是非之情，而後可以有是非之權，權合於無心，而情生於有我，此善不善之辨也。先生之傳書，其在求是乎！其功洙泗與姚江略相當矣。儀部君景貞者，先生守嗣也，辛卯，余將入燕，而識君於阜城之舍館。明年，君偕余姪體中成進士，而以是編屬余爲序。余方情求先生而私是傳習，躊躇而不敢應者數四，不得已而篋之十有六年，轉徙於是非之情者無慮十返，而後知先生之於姚江莫逆也，乃使楮生受辭，因體中函而歸君，以爲竊姚江之權者懼焉。萬曆丁未孟秋月吉，賜進士出身翰林院國史編修皖舒後學吴應賓頓首拜撰。

附：吴觀吾先生寄序啓

當吾丈之升於天也，而不佞方且鎩羽空谷。星紀既周，音書彌闊，時時從槁木死灰中追憶玄度，浪作彈冠。想草菴雨夜，錦障花時，玄宰無私，何當借問，而真人之駕，彤管之遺，至今五色光怪照我丈室，誰云一壑中無萬户侯耶？尊公求是編，可謂末學金湯邪！師瞑眩而不佞往者未知其解，宿諾至今，掩關息機，偶一念至，欣然授簡，因舍姪報命。盲人捫燭，正可供青眼者一大噱也。馬首南來，遲聞七發，應賓載頓首。

求是編序

馮　謙

貞白公，予大父行也。生與予同甲，稍長同席研書，指爲青雲交。及壯而遊庠校，予媿先第，而公日以著述爲事，晚賢良應詔選，復罷閣，小試襄藩，幸裁訓典，未及進呈，而以病請告矣。尚安得謨謀廟廊以行所學也？號錫貞白，若曰陶隱居云。初，余歸金陵，公拏舟過訪，朝夕議論歡甚，因叩揭來所撰著，出求是編示予。予受讀，見每段輒疏陽明先生傳習録之語於前，而伸己之辯於後，亹亹數千百言不置，笑謂之曰：「昔屈原離騷，揚雄反騷，左思招隱，陸珺反隱，左丘明國語，柳宗元非國語，文人相輕，往往持堅白而不下，蓋有意於求勝也。公之爲此編也，何居？」公囅然曰：「吾何敢求勝哉？凡以求是也。知我者謂我求是，不知我者謂我求勝。盍爲我序之？」予應之曰：夫道一而已矣，而言道者二之。有是焉，有非焉。非非者，近乎訕；是是者，近乎諛。陽明先生之言，恐未可厚非也。記曰：「衆言淆亂折諸聖。」聖人之不作也久矣。予安知是者之是，而非者之非乎？非者之是，而是者之非乎？又安知是是者之是，而非非者之非乎？故指璞而示卞子，卞子曰玉，斯玉矣；持馬而示孫陽〔二〕，孫陽曰千里，斯千里矣。傳習録與求是編故在也，觀者不徒曰録之言是也，編之言非也，又不徒曰録之言非也，編之言是也。不主以先入之是非，而静觀真是真非之所在，以合於聖人之道，則於二書之是非，猶馮河濟之濱，而清濁不相掩也。余座主石麓相公，當世之卞子、孫陽也，嘗執此質之，以目眵，令侍史揭讀一章而聽之，則論孟子「盡心知性」章也，讀畢謂予曰：「此段原卻差些。」録差則編是，編是則公之爲此書信非求勝，如文人之相輕，而學者循是以入焉，庶乎其不差矣，予何足以知之而言之？時萬曆壬午秋八月既望，賜進士第中憲大夫山西按察司副使前南京禮部儀制司郎中從姪孫馮謙頓首拜撰。

江藩永齋殿下重刻求是編巾幅書

朱宸涂

宸涂頓首啓。頃者，生有事新吴，幸錫珍集，朝夕誦讀，殊覺快心。第不肖殘朽，胡不自量，敢談性命之學，穢瀆亞聖之門？又不可無一言以通下執事，有辜良教。昔者，陽明先生在㳿省時，與生先王情好惟密，旌節枉顧，講談終日，契若金蘭，以督撫交接郡爵無如此。公友愛先王之厚也，故先長兄得親受業，始終執門弟子禮。以後先王專擇陽明門下高弟，命諸子孫咸從焉。在父兄庭訓，師友設教，日以講論古本爲課，故夫新本改正爲是，補輯乃非，皆罔覺也。今生幸得珍集，見求是編中以字義發明「親」、「新」之意，「聽訟」章是釋格物傳文，體認真實，文理貫通，諸前賢所未發，使數千年聖經賢傳粲然復明於世，乃曾孟復出，程朱當聽命焉，非天下至誠，不能與於此矣。生出示諸友，無不欽仰。但古本久失其真，珍集非閭閻易得，請以求是編中數章刻爲巾幅，俾世世家傳户誦，人人通曉，庶幾門下新學化民之一助爾。稍待來年刊印完日，另專請教。茲聞道從南旋，愧不能執門弟子禮聽焉，悵然，悵然！今特具疏，專申鄙忱，但識荊之願，未審遂於何時爾。翹首道旌，曷勝馳仰。小陽月念二日，宸涂再頓首。（按：上述諸序録自求是編卷首。）

求是編跋

王　黎

斯道自孔孟殁後千餘年得程朱闡發，始昭明洞達，人有把柄，學知向方。我聖祖用朱説取士，而非其説者，則罪之擯之，所以正人心，開泰道，爲後世慮至深遠也。乃陽明竊佛氏，揭良知，爲一切簡截之説，以極詆程朱，而究其末流將必有坑焚之禍，甚於「率獸食人，人將相食」者。昔人謂平平浄浄一世界被王安石攪壞了，余亦謂明明白白一道理被王陽明攪壞了。間欲辭而闢之，而才力短淺，不足以達意，又衣食奔走，無暇於舉筆，故雖志焉，而未逮也。今覩求是編，意若得余所同得，而辭皆發吾所不能發。蓋精細如蠒絲牛毛，剖析如快刀利斧，平正如康莊通衢，明皎如青天白日。而其辯「親」「新」、「先」「在」字義本同，格物、主敬傳意自備，又足訂程朱之誤，破千古之疑，有益世道不淺。昔桓譚獨稱太玄絶倫，馮子非莽大夫，是編異覆瓿集，今之桓譚寧獨余哉？夫馮子之説行，則陽明之説廢，而坑焚之禍息，固生民一大幸也。因僭爲之評，且識其末。時萬曆戊子秋仲朔，友人心聞子王黎書於澄心樓。

求是編跋

沈枝

聖道之相傳如宗法，然孔孟以來，宋儒周、程、張、朱輩業有定論矣。我朝理學如文清薛公以復性爲教，讀其遺言，明白懇切，洞然無疑，其爲孔孟大宗，蓋定論也。陽明先生創致良知之説，以提醒人心，謂非孔孟之宗不可，然舉而後之大宗，竊嘗疑之。近世有志聖學者，和陽明而異朱子且十八九焉，何與？兹得慈谿馮貞白先生求是編玩之，恍然曰：「先生之學，粒民之菽粟也。是編作，而聖門之宗法定矣。」枝非知道者，深有感於貞白先生之言契余心也，因識其私云。萬曆己丑孟冬，語溪後學沈枝載拜手書。

求是編跋

馮煐

歲辛未，家君痎瘧少瘥，傴僂據簀，將朱筆勒傳習録之可疑者，墨筆論議之，昕夕不怠。伯仲兄率煐跪請曰：「願善静攝。」歎曰：「左丘失明，厥有國語；朱子易簀，猶改『意誠』。幸緩須臾死，得畢所見，目瞑矣。」輒手不停披，稿經數易，克成此編，鐫播四方，即尸祝致良知之學者靡不舌舉口呿。永齋殿下採刻巾幅，以廣其傳，則此編非以雕文刻鏤相稱明矣。近觀當途長者，見新學之行，至勤抗疏筆柬編，言人人殊，期以反經衛道之心則一。果且有彼是乎哉？王心聞，吾慈博物君子也，心服此編，詳加評釋，兹删其褒美，而存論議之合道者十之三，分章附註。顧煐實寡昧，間或管窺，則校閲而偶得者，不揣尾續，以就正有道云。萬曆丙申仲春吉，寓新吴署不肖季子煐熏沐百拜識。

福建學道崇正堂翻刻求是編序

馮烶

烶高祖坦菴朝議公即以文學名世，如代行文翰類選大成，其一斑也。庭訓家傳，有隆勿替。大父北湖登仕公耽研理學，純粹以精。時致良知之學盛行，先己酉歲，掌教懷庠，督學朱鎮山公，諱衡。軍院沈公諱寵。皆檄主五經書院會。沈則梓傳習録者。而啓迪後進，惟竟守祖訓師説不少變，嘗書其堂曰：「朝廷有一定之規，何必他圖尋別業，尋別業便入了別途。聖賢無一偏之學，不須立異講良知，講良知便廢了良能。」趣可知已，而迫於遲暮，不及成一家言。先子貞白承德公悟通三極，學求一是，倡道慈湖，黨徒雲集，玄言名理，自開户牖，而尋宗切脈，竟皈考亭。顧七舉不博一第，且新學初特盛於江右，及華亭當國，亦復左袒，而吾邑登朝者雖知交受業，皆舍所學以從彼，而公亦無如之何也。又附會「致良知」之説於慈湖之「不起意」，而於是慈湖之會絶先子跡矣。隆慶改元丁卯，詔舉賢良，郡縣以先子應，不果用。庚午冬，患痎瘧，幾不起，曰：「吾欲更俟五六十歲爲之，而天不我慭，柰何？」則就牀第中，取代行傳習録中可疑者，分章摘段，支疏節駁，以要於是。辛未春始脱稿，題曰求是編。書成而疾亦愈，因梓家塾，合於三極通、質言、迴瀾正諭、寓直録及詩賦序記等作，名曰馮子全書。萬曆甲戌冬，訪族姪益川憲副於留都，蓋同庚同學友也，出此編示之，屬其序。時新學方盛，謝不敢。間持以示其座主興化李石麓相公，春芳。公固與華亭同朝，因講此，學者詫爲異。時公患目眵，令揭一章誦之，乃論「盡心知性」章也。公曰：「此段原卻差些。」歸而始序之，然亦不敢顯是之也。丙子，賓襄署宗學，先靖王賜號貞白高士，則復合刻金陵考、賓襄録、襄史國書，名曰貞白全書。乙酉，烶發解，出殿撰孫柏潭繼皋。老師門下，計偕時，攜全書就正以別，而孫師折簡寄謝，有曰：「尊公全書，出以觀人，人無不奉若枕中鴻寶者。求是編争借傳寫幾徧。僕間得卒業，竊以爲尊公異人也。其文章咳唾而成珠璣，其識見塵埃而遊霄漢。顧僕守在官下，無路得接丰儀爲悵恨耳，侍閒幸再道瞻仰至意。」歲戊子，師丁外艱，歸錫山，烶弔之，則曰：「尊公全書十帙，每讀一帙，則必竟帙乃已。戊、己二帙求是編，係講學語，姑置之，緣性素不耐看講學書也。及八帙完，則曰：乃公八帙，不啻八珍，即求是二帙，得毋亦有楂梨在乎？始視之，見前疏傳習語，後爲求是語，則曰：吾且未觀編，試讀録一過，即思所以爲求是計者。計亦若傳習之未可非也，及讀求是，而見編之步步精神，録之著著破綻，即求是者無勝心，而無是公遂無完膚矣。予因悟己性即鈍，豈遂不可與於斯文，只緣從來講學書皆悶昏而不開豁，政如抱薪付火，安望借管窺天？以此蹉跎歲月。今得尊公指南，便覺猛有省悟。」因言：「日所云争借傳寫幾徧者，非是異新建者，乃是附新建者，尤可見公是之在人心者未嘗泯，而即護法高足竟亦不能阿所好也。」烶即求師所以序此編者，而謙讓曰：「亦嘗思爲之，而語不能徹，故作而止者屢耳。」會辛卯秋，晤吴翰檢觀我公應賓。於阜城高光禄諱定。家，聞吴公精於性命學，亦即懇序之，而亦未有以應也。壬辰，烶成進士。癸巳，令奉新，爲先子刻宗藩訓典者十二帙，因翻刻貞白全書十帙，總名曰貞白支干集。豫章宸涂輔國殿下則取求是編七章，合小學一篇，刻爲巾幅以傳之。丁酉秋，粵東唐曙臺伯元。以考功郎赴京，典外計，道出奉新。業已引嫌不造謁矣，已思公爲南户曹郎，有辨新建祀典疏，學術有合求是者，遂取支干集往謁，則公已出館矣，遇於塗，因就別館而進予。予述就正意，唐公曰：「集中即有求是編乎？」不佞固藏之輿箱中，不能朝夕離也。蓋從令師孫年兄所録得者。第前少司馬李檢菴先生諱楨。嘗丐予鈔一册爲寄，顧家無書僮，負約久，今可持此報之矣。」而江右轄李景渠公得陽。見是編而旨之曰：「此予意中事，亦嘗於羲倉谷中舉筆爲之，何意尊公先得我心？」戊戌秋，浙撫院劉用齋公祖元霖。檄縣印送求是編，則乃兄復齋宗伯公元震。從同年孫師所見之，而因欲得之。始信傳寫幾徧者不虛耳。己亥，埏以職方郎回籍守内艱。辛丑春正月，先子病彌留矣，而南通政使楊止菴公時喬。以書來乞全書，云聞之蔡見麓國珍。冢宰，因以信、茗、家刻并牛馬書侑緘。埏猶呈其書於先子，先子頷之。季望前一日捐館，距辛未春，猶復享年三十歲而逝。蓋蔡冢宰序干支集有云：「總之，此書皆求是編一意爲之，此一是，則餘無不是矣。」業已歸重於求是，而楊公方以大學三書辨證新建大學古本之非，故急於得此書耳。是歲五月滿七七，始印集爲書，且懇所以序求是編者，託定海鄭簿以復。而劉公祖時出汛定海，訃聞，檄縣撰文，以教官代奠，則興起是編爲多。甲辰，埏服闋，改補膳郎，而楊公以少宰徵至，謁於朝房，一見即曰：「尊公豈直理學醇深，抑何詞華敏妙，朽恨無此手筆，正是欲言未能。所云序久已草就，在此一籠中，當略是正請教耳。」而公遂署銓者累年。及㠧轉主客副郎，公亦嘗爲之，稱舊同寅，然絕不復以書通，意俟其陞各部正卿而請之，不意己酉春，公竟以署終也。及諸嗣奔喪至，㠧面謁道故，令其檢故牘而竟不可得，惜哉！然是春，吴憲長本如公祖用先。以乃叔觀我丁未秋所爲求是編序者見示，而後知吴公之所以遲十六年不即發者，蓋諱其求多於新建耳。故今即爲兩解之詞，而終無見於一統之正。若有見於是如楊少宰，而序又不傳，知言信難哉！庚戌春，予以備閩兵改視學，則傳道淑人其職也，而首繹敕書，深慨近時講學者之非，故於敷言務歸於體認經書，著實講求，躬行實踐，其於我朝崇祀四儒，業已分別指歸，而近日諸儒所以補救新建者，亦既檃括而開導之矣。然溺於習者，當令於疑處解，而興於正者，非可以空言曉，則求是編一書，其不可以不翻刻也。匪直闡家學，實以端道術也。遂造總憲匡左陳公商所爲序之，且歎惜楊少宰序成而不及發，吴翰檢有序而不足以發。陳公曰：「承示敷言，見謂門下學術，往往與吾心有默契者，今迺知家學淵源遠有端緒。然予見楊止菴先生所著書，有用慈谿馮先生求是編中語者，惜是書留家中，當覓以奉正。」而㠧會閱前道熊思城寅長所刻大學三書，聖經首節分註有先子馮主客求是編一章，則論「親民」作「新」之一篇也，即持以問陳公，而公曰：「正謂此也。」則此編雖不得楊少宰之序，而楊少宰之所以力求而深信者，可謂知德之奥，而知言之至矣。乃陳公不日以序見貽，則既深得新建受病貽害之源委，而先子此編非好辨求勝，而出於不得已之心，始白於天下。序中謂「王氏豈有異術，不過使人速得自見其本心，而非從性命從出之原，所謂秉彝物則者，一切以良知冒之。雖知有覺，而覺之所自來與覺之所爲則者，俱未及也。」此真是千古道術之真正骨髓。蓋知由心造者，將千變萬化而終不可模；格由物定者，雖萬物一則而自不相悖。故大學之道在明明德、新民、止至善者，古人正欲明明德於天下國家，非離天下國家之物以自安小成也。物有定格，吾即其格而求之，而毫不以己與之，則因物察則之定理，即物各付物之王道，而正心誠意之要歸也。試觀翦綵爲花者，葉片多寡，信手不同，而由榦達枝者，萬卉千葩，印板如一。苟不要於則，而物胡以格？故孔子於蒸民物則之雅，歎爲知道。而孟子引以明性善，使格物爲義外，則孟子胡不以闢告子者闢之，而顧引以證性哉？烶自惟學殖荒落，未肯堂構，縱有見解，不出是編，則敢以是編爲吾黨公。傳道之諸士，身遊聖門，範遵王道，則請一一如敕諭，所謂將四書義理著實講求，躬行實踐，需他日用者便是。儻謂别有見解，始益身心，則有先子此編在，吾不敢必以先子爲是，而以新建爲非，即先子亦止求吾道之是，而非有心於新建之非。諸士平心易氣以觀之，清心端慮以求之，則其於學也，即不自以爲是，而亦庶不易與爲非矣。而序中備述諸老鈔傳摹刻所以慕之者如此，其顓及求所爲序之者又如此其難，則先子名位氣勢安能動人？直是理到之言不得不服，又見作者固難，知之不易，而知而能作者更未易也。故首陳序，而其餘俱後列焉。是爲翻刻求是編序。時萬曆三十九年辛亥歲秋九月賜百官羅衣日，福建提刑按察司副使奉敕提督學校中男烶稽首頓首百拜謹識於興化府公署之澄清堂。

永齋殿下刻求是編小學巾幅跋

求是編刻六章，小學全，刻七章。

朱宸涂

慈谿馮貞白先生性稟純粹，學貫天人。昔作賓於襄，人咸景慕丰采。涂壯時已聞公講理性之學矣，今方得公全書。所論大學古本「親」、「新」二字乃古通用，以經文中「后」字、「在」字發明，義意切當。其「格物致知」之章本未嘗缺，傳文止釋三綱領、八條目而已，其「知止」及「終始」皆不釋也。其「聽訟」章是釋「格物致知」，非釋「本末」也。此節次分明，意義切當，皆前賢所未發，足決千載之疑，使聖經賢傳復明於世。其傳小學，教養小子，皆公心得之妙，非天下之至誠，孰能與於此哉？是有賢嗣次公，巍科高第，初試新吴，片言折獄，民咸敬之如父母，上下信之如神明。即日居廟廊之上，臨大政，決大疑，光輔太平，非得心法之正乎？顧涂淺謬，敢談性命之學哉？昔者陽明先生督撫江右，時與涂先王交接，契若金蘭。有先兄得親受業其門，始終執弟子禮，於是先王專擇陽明高弟，命諸子孫從焉。已歷五世，尚不違先訓。今讀全集，殊覺快心，方始知陽明先生每論迺全體也，貞白先生學盡精微也，二公聖功之極矣。因不得詣門下親領教旨爲憾，特將數章刊爲巾幅，便於觀閱講談，一則求精傳復明於世，一則爲公心學化民之一助耳。因刻告成，謹贅數語。時皇明萬曆乙未仲夏吉旦，豫章後學朱宸涂如道甫刊於永思書社。

福建學道抽刻貞白五書敘

馮烶

先子貞白承德公全書行世舊矣，總計帙數曰支干集：干集自三極通、質言、小學補、迴瀾正論、求是編五書四帙外，尚有寓直、賓襄、歸裁三録及金陵考、襄史國書、詩賦碑記等六帙；而支集十二帙，爲宗藩訓典，可另行，頃襄國主序而翻刻於襄邸，傳寓内矣。不肖烶視閩學之二年，思制舉義外，所爲羽翼經傳，對揚敕諭，以爲真切講學之方而不可得，則取全書内求是編二帙梓之道署，與諸博士弟子員公傳道之，以印正新學。而博士弟子輩得卒業，皆恍然若有得而無有以爲疑者，而且更欲得全書而縱觀之，余謙讓未遑也。乃分巡興泉張憲副程川公讀求是而旨之，欣然操筆爲序，而且謂余：「尊公真是處，更在三極通妙悟三才，融徹一貫。今第傳其因證下藥之方，而不揭其見垣一方之本，則安得一一舁病方於倉公之門而療之乎？」余思新學盛行，牢不可破，政恐未必以求是爲是，而不意是求是外更有知三極通之爲奥如張公，而并欲傳之者，則先生一生喫緊研精得意，若質言、小學補、迴瀾正論者，何可不與三極通并傳之？而因取行狀中所論作書之旨實之卷端：「先生沈穎絶異，晤對聖賢，年二十，讀書曾大父石峯書屋中，山空夜静，獨坐徹曉，忽覺身放空中，玲瓏透徹，直自形骸無礙，天地可親，而始信『中和成位育，剛大塞兩間』之不我欺，於是作三極通。蓋先天八卦原止三畫，即動爲六爻，而立天地人，陰陽、剛柔、仁義之道者，止是三極。獨其一生二，二生四，四生八，數偶難通，而旋視周禮用九之制，皆不合，豈文王、文公虛懸理數而不通之天下國家？且也偶乾坤於六子，則元氣、專氣淆其等；配二十四氣於六十四卦，則二卦、三卦雜其匀。故思極神解，信手從心，肇起中天之教。其法以太極生天、人、地三才，三其三而九，三其九而得二十七卦，凡三中、八純、十六雜而要於平。故序平爲二十七卦首，則上天、中人而下地也；分助理齊爲九卦極，則天中、人中而地中也。天地純雜各四，而人八卦皆雜，則道無心而器有心也。立三中以爲極，毋論肇生流行定位而皆不動，則兩儀不失其尊。自幸、平、初、亂、泰、勝爲少陽，萃、忠、戒、壯、險、貞爲太陽，而陰生；進、蹇、讓、比、否、修爲少陰，疑、離、困、閉、危、黨爲太陰，而陽生，則四象各得其位。以純天之壯、亂、革、幸，配乾、兑、離、震；純地之進、疑、比、閉，配巽、坎、艮、坤，則八卦適得其先。以八純定八節，以十六雜分十六序，而二十四卦與二十四氣合，則六十四卦不争其所旋，視義文，不惟勿背，而更相資；而先天於通藏用，後天於通顯仁，其博奥潔齊，比繫稱翼勿論矣。時年纔二十二。嘗讀論語「弟子入則孝」，至「行有餘力，則以學文」，而豁然悟學文爲小學之終，格致爲大學之始，脈理流貫，無煩牽合。第學文較淺，格致較廣，而必不得外窮理以言格致。且知人從孝弟謹信中來者，不必如程朱之添「敬」字以釋新建之疑，遂補小學七傳，以開大學之關鍵，而暢其説於求是編。其略曰：陽明訓「格物」爲格君心之「格」，而以朱子窮致物理爲義外者，全本程子「格物窮理，但立誠意以格之」一語，而託之古本大學，以爲本無「格致」傳，而何事朱子補？以誠意去格致，工夫始有下落，而何須程朱添箇「敬」？而更不知古人小學已有收心養性之功，原不消添説「敬」。蓋格物者，即格「物有本末」之物，而「聽訟」章與「此謂知本」、「此謂物格」、「此謂知之至也」，即「格物致知」之傳，「本末」嘗缺，但簡錯耳。朱子補之以己意，則因其錯而謂其缺，非也。陽明削之復古本，則因不缺而謂不錯，亦非也。蓋程子「格物窮理，但立誠意以格之」，其遲速亦只在人之明暗者，語意全在「立」字上，但説及誠意，便與經文「誠意」二字相涉。今第曰格物是去心之不正，以全本體之正，但意念所在，即要去不正，以全其正，是格物即正心也，即誠意也。經文何必於正心誠意外，又言格物，而架牀疊屋乎？故先生之小學補，實與求是編互相發明。夫孔顏博約，堯舜精一之旨，而至其玄覽超詣，博蒐孤憤，意有獨得而不能自祕者。更有質言八篇，則嘗謂：『夫子抉開道妙，模寫兩儀，則言不厭文。而今且離遁失真，設防萬葉，則言不病質。』若迴瀾八論，抑亦或問所謂年長未事小學者，姑以此當箇『敬』字，挽末尚而偕之大學乎？」則先生一生喫緊苦心，大概於五書可具覩矣。昔先生門弟緯川方伯序刻質言，末云：「或曰：『先生所著有三極通及是書，通似太玄，書似法言，即揚子可並轡馳已。』答曰：『二書未暇度長絜短，揚校投閣書，馮述寓直録，揚著劇美論，馮作迴瀾論，第參觀之，必有短長於文字外者。』」嗚呼！夫其短長在文字外者，固未暇論，而若以三極通、質言爲太玄、法言似，則又安所取架牀疊屋之説，而爲先子較量哉？觀者亦自當有得於斯。萬曆四十年壬子歲孟秋七夕，欽差提督學校福建按察司副使中男烶稽首百拜謹識。（按：以上諸跋録自求是編卷末）

貞白五書序

黄鳳翔

慈谿馮先生，江左醇儒也，潛心理學，績文弗售，嘗應襄藩之聘，輯宗藩訓典，襄王甚禮重之，錫號貞白高士，以故學者稱之曰貞白先生云。先生學問淵而著述富，令子學憲公奉璽書入閩，梓先生求是編以誨諸士，蓋篤信考亭，闡發道統，闢致良知之説爲非然者也。諸人士既奉爲標的，足砥頹波矣。公校事既畢，復摘先集中三極通、小學補、質言、迴瀾正論，合求是編梓之，而屬余序。余荒耄，獨向學未衰，於先生雅有慕焉，因稽年譜而論其世，閲全集而探其微。竊謂先生著書立言，爲學術世道慮至諄切，而詞旨至詳明，惟三極通鮮有得其解者。蓋自漢而下，儒家嘗擬易矣。揚雄之太玄，本易緯卦氣圖而出於孟喜；衛元嵩之元包，取法火珠林而祖京房。喜與房皆挾術數，明災異以取徒徼寵，揚、衛二書緣其意，不襲其迹，所謂出於藍而青於藍者也。先生之易通既無所因襲，亦不爲摹擬，置卦畫、卦圖於言外，第參訂人事，融貫三才，有原、有衍、有外衍，翫其外衍，而内原者可測而闚也。善乎張行成之言曰：「未形之先有理，乃有數，有數方有象，既形之後，因象而推數，因數而推理。」先生學易，冥探潛索，由後天以符先天，由顯仁以探藏用，并意言象數而俱融者，惟過庭之哲嗣能繹之。余款啓寡聞，庶幾以玄解焉，未易筆舌罄也。方先生著易通時，適志學甫七載耳，其學已包羅今古，其才足驅駕風霆，而抑才理性，削枝葉，溉本根，所爲小學解諸編，皆切近精實語，施之家國天下，無所不宜，真後學之箴銘，維世之軌範也。矧當新學盛行之際，狂瀾方張，隨聲應和者十之六七，依違遷就者十之二三，而先生獨昌言闢焉，若判白黑，嚴關扃，至以小學學文與大學格致並舉互言之，而以謹信之義貫徹于其中，可謂親切有味，直足羽翼考亭，上遡洙泗，而三才一貫之理亦統于斯矣。先生操履堅貞，心地粹白，即光範之門可延，兔園之裾可曳，而不可以久留。有德者必有言，固宜其不朽若是。奉新蔡太宰公序先生集，謂其種學績文加人一等，明體適用卓然有當世具，而以不獲試於用爲慨。夫天厄先生之遇，而使之明道淑世也，其爲用顧不大哉？況衍繹恪遵其教者，又有後賢在。余謬爲之序，不知其有當焉否也。（田亭草（明萬曆四十年刊本）卷三）

千頃堂書目卷十一儒家類

馮柯馮子求是編四卷。

卷二二六別集類

馮柯貞白全書十卷。

萬斯同明史卷一三五藝文志

馮柯馮子求是編四卷，又迴瀾正論一卷，又馮子贅言一卷。

卷一三七藝文志

馮柯貞白全書十卷。

培林書目　集部

馮柯貞白全書十卷。號寶陰，慈溪人。

文瑞樓藏書目卷一一集部

馮柯貞白集十卷。慈溪人，襄王府教授。

傳是樓書目

貞白全書十卷。明馮柯。十本。

【校勘記】

〔一〕是非藥也　據上下文義，「是」字上疑脱「無」字。

〔二〕持馬而示孫陽　「陽」原作「揚」，據下文改。案：孫陽，即伯樂。

附録二　傳記資料

光緒慈谿縣志卷二九馮柯傳

馮柯，字子新，號寶陰。光浙子。生具異相，舌含川文，左右足心有黑子。〇耆舊詩傳：嘉靖二年五月三日，母沈夢彩虹入懷而生。是年元旦，有異獸見櫺星門，似羊而大，毛色青黑，邑令楊佐謂之神羊，主今年邑中生異人。年七歲，御史魏英以「牆上麒麟」命對，柯應聲曰「河中龍馬」，英大奇之。既長，精研性理，自信聖賢可學而至。讀書周津之萬卷樓，日積一寸。年二十二作三極通、質言等書，爲時所稱。〇黄翔鳳撰貞白馮先生五書序：先生之易通既無所因襲，亦不爲摹擬，置卦畫、卦圖於言外，第參訂人事，融貫三才，有原、有衍、有外衍，翫其外衍，而内原者可測而闚也。入府學補增廩生，屢試第一，七赴鄉試不遇。隆慶元年詔舉賢良。時新學盛行，作求是編以正學術。〇陳邦瞻求是編序：是編於王氏傳習録章解句披，大者較黑白，細者析秋毫，其言甚辨而確。〇谿上遺聞録：柯學窮元奥，爲文章往往發人之所未發，所著有三極通、質言、求是編等書。

三極通，如楊子雲之以太元擬易，質言如法言之擬論語，而求是編則纚纚數萬言，皆專駁陽明者也。萬曆初，襄王聘修國史，爲著宗藩訓典。賜號貞白高士。○耆舊詩傳：襄王以書褒之，有曰：「内含玉栗，外表山凝，言與行符，終如其始，守不詘之貴，全無欲之寶。」授宗學教授，以疾歸。○耆舊詩傳：萬曆庚辰冬歸里，邑令黄元勳舉公鄉飲大賓。萬曆十年，建書院於湖濱，奉至聖像石刻其中，蓋摹自衢州孔氏家廟者。○耆舊詩傳：萬曆辛卯夏，襄王令賜書院於虎嘯山東麓，仍署爲適適山堂。又嘗築石龕於堂北巖，貯石像。丙申春，刻貞白全書十卷。三月三日夜，有光見石龕，狀如大毬，已散爲小毬，星星無數，熒光燭湖，明白如晝，因名講學行禮處爲「夜光臺」。爲人嚴正剛方，不欺暗室。爲諸生時，嘗受聘閲奉定象衛府試文，有以巨金求前列者，力卻之。又嘗宿孤館，有處女私奔，拒不納。宦林便覽。卒年七十九。以仲子烶貴，累贈江西參政，祀鄉賢祠，祔祀楊文元公祠。耆舊詩傳。烶自有傳。○馮氏譜：柯三子烶，字允榮，號存貞。諸生。作三垣説及中天易，縣令汪偉歎絶，爲梓之，聘主慈湖書院。柯著宗藩訓典，未上，歿。烶爲進之襄王，王喜甚，留爲賓友，不可，拂衣歸。王躬餞之，題「達天幽學」四字爲贈。

光緒慈谿縣志卷二九馮烶傳

馮烶，字大廷，號景貞，以文行名。高祖厚，曾祖鋼，祖光浙，父柯。累世困藩職，不得以所抱施於當世。○沈演撰墓志：自厚迄烶，均祀邑鄉賢，稱名賢世家。烶生而穎異，六歲就小學，有「一經受業，千載流芳」句。○墓志：烶白皙，疏眉廣額。髫年讀書日以寸，出語輒驚儕伍。不喜爲場屋詭遇之文，發所藏經史子集徧讀之。家貧，猶日出資買邸報閲視，曰：「士不通古今，不可言學。」年二十九始成諸生，萬曆十三年鄉試，主司○慈湖書舊詩傳：主司爲修撰孫繼皋、御史常居敬。奇其策留心國事，拔置第一。累試春官不第，或咎其語直，烶曰：「東坡謂：『言發余心而衝余口，吐之則逆人，茹之則逆己。以爲甯逆人也，卒吐之。』余文率性而出，若必檢點從時，朝廷何賴有斯人？」二十年成進士，知奉新縣。修水利，設常平、預備二倉，招流民開墾，辟荒土萬餘畝爲沃壤。置田學宮，以贍貧士。立義塾四鄉，延師教弟子，暇則單騎親往課殿最。民大悦，凡所濬之川曰「馮公川」，所墾之田曰「馮公田」。釋寃盜百餘人，皆改從烶姓。陞兵部職方司主事，丁艱服闋，補禮部精膳司主事，遷主客司員外、儀制司郎中，請明南北部落及催東宮擇吉開講。○墓志：官儀部，充册封蘄藩正使，作閫德、嗣服二箴詔王，王甚德之。在膳司時，吏部員缺，有私授意者，佯醉不答。或疑之，曰：「仕可擇官乎？」庚戌，督福建學政，得士如黄道周等若干人，皆爲名公卿。秩滿，改江西參政，巡守九江。時九江方設新關，李奄董其税，奄人或登舟奪商人財物，税不及額。烶説以輕税額招商人，三日間得萬金，李奄慚服。其後淫雨決隄，餓殍枕道，富户皆閉糴，烶從督關邢某假漁税千金，增價以糴，擬疏請以廠税十一萬振饑民，力勸李奄上之，詔允其半。復擬疏屬南昌潘奄奏請，竟得報可，全境賴焉。廬山者，江右水口也。父老言自聚仙亭災，而江右水患不止，烶爲鬻俸復之。父老塑烶像於亭祀之，像成而烶卒。爲人恭儉質實，事親孝，〇墓志：母費卒，哀毁如成人。喪繼母費，亦如之。父喪，一慟幾絶。友愛昆弟，厚待戚黨。讀書喜爲有用之學，守考亭成説以明正道、闢異端。自命仕宦二十餘年，家無美田宅所，治民必祠祀，出入里門必徒步，祖遺産業悉讓其兄，脱家人簪珥助族子昏喪之無力者，蓋卓然清修篤行君子也。鄭梁撰傳。

光緒慈谿縣志卷四七

馮煐，字存貞，號點與。參政烶之弟。諸生。

紫陽大指

[清]秦雲爽 撰
劉國宣 嚴佐之 校點

目録

校點説明

紫陽大指八卷，清秦雲爽撰。雲爽字開地，號定叟，錢塘人。生明清易代之際，生卒年未詳。嘗受業同里虞鈖。鈖字畯民，號兼山，其學「于佛老、王陸皆有所取，而必以朱子爲正，世之力行者多不務致知，而先生欿然不自以爲足，好學之勤，耆年益篤」（參閱應撝謙兼山虞先生傳）。則雲爽之學，亦大略可曉。撰著又有閨訓新編十二卷。傳見國朝學案小識、清儒學案等。

紫陽大指蓋秦氏疑陽明朱子晚年定論而作也。其自述纂輯之旨曰：「陽明晚年定論序中，以集註、或問乃其中年未定之説，當世已指其誤，不須再辨。余之此集，因『影響尚疑朱仲晦』之句而作也。夫朱子中年有得于大本之學，内外本末，洞然分明。朱子之本體有可疑，誰則無可疑者？」故書中所録，除卷一「朱子初學」爲早年未定之論外，其他七卷分論「已發未發」、「涵養本原」、「居敬窮理」、「致知格物」、「性」、「心」、「太極」，專在朱子論辯「心性之精微」，而「他不暇及」。尤惓惓於朱子「居敬窮理」之説，以爲「朱子以居敬爲立本」，「所苦後人淺視居敬，未悉深衷，因以朱子爲尚昧本源」；又有喜談窮理，仍以朱子中年所悔爲楷模者，非未窺其堂奥，即立異以自高者也」。書中并附陽明諸説，以爲若「兩書皆備」，則「兩家得失」，可「一時瞭然」。又每附己見，以爲「近見學者有兩病：强據古人之一説，以證偏詖之私言；陽竊衛道之虚名，竟立相持之門户」云云（參見紫陽大指凡例）。惟其論陽明之説，乃指「其弊在以『無善無惡』爲心之體，若『良知』之説，不可謂非孟子『性善』之旨」；又謂「陽明獨崇古本大學，能絶支離宿障，有功吾道」。如是觀之，雲爽於陽明晚年定論、「朱陸異同」之辨，實持調停兼採之立場。故此書甫一問世，即遭尊朱一派學者質疑。如同里應撝謙與其交數十年，既爲之序，復屢貽書相諍，謂「陽明不特疑朱子爲『影響』，且詆朱子爲『神姦』，見之手筆，有不可以調停者」。陸隴其亦與之書札往返，反覆討論，曰：「先生蓋尊意所力辨，在陽明『影響尚疑朱仲晦』之句，故歷舉朱子之言與陽明合者，以見其不影響。愚意朱子之學原與陽明迥然不同，其言有時相近者，其實乃大相遠。故陽明雖有晚年定論一書，而到底以爲影響，此無足怪也。但取朱子觀心説，及大學、中庸首章或問讀之，則其異同不待辨而知。若就其近似者以見其不影響，則恐反不免於援儒入墨之病也。」又指其於王學「埽除未盡」，故雖與「世俗之以私意調停者不同」，卻「不免涉於調停之跡」。

紫陽大指撰成於清順治十八年，始抄録傳世，洎康熙二十年，乃由友人俞彙嘉捐資梓行，乾隆間江蘇巡撫採進者，即此刊本，并收入四庫存目。惟此刊久佚不存，今所存者，僅南京圖書館藏清抄本一册，卷端題「錢塘秦雲爽撰」，每半頁十行二十一字，紅格，白口，四周雙邊，前有目録、凡例。鈐「錢唐丁氏正修堂藏書」、「辛卯劫後所得」等印記。四庫存目叢書據以影印。今次整理，即以存目叢書影印本爲校點底本，因别無異本，遂以四部叢刊本晦庵先生朱文公文集（簡稱文集）校朱子之文。又原本闕應撝謙序，今據應潛齋文集卷四補入；原本各卷卷端未題總題，今從書前目録各别植入，以便讀者觀覽。

嚴佐之、劉國宣　二〇一六年元月二日

紫陽大指序

［清］應撝謙

紫陽之學行於天下者三四百年，至正嘉之時，既已一道同風矣，天下之人日以多聞爲貴，記誦爲賢。有陽明王子出焉，其心不以爲然也。夫其不以爲然也，非正紫陽之所深然而欲自拯其末流者哉？而陽明不之知也，乃日取大學格物之訓，與其徒紛更之。其後不免大喧物論，始悉觀朱子全集，與己之所詆者若不相似，爰恍然以爲吾之所詆者亦朱子之所非也。使陽明於此自悔其知前賢之不深，而表章其立德立言之心以範世，則學術何至於歧途，而使學者紛争一至於此哉？乃取其言之近己者，以爲晚年之定論，而判其生平著書，皆以爲中年未定之論也。整庵羅氏起而駁之，以爲何氏叔京卒於淳熙乙未，而朱子集註乃在其後，今取於何書者四通以爲晚年定論，則恐其考之未詳而立論之太果也。陽明答之，以爲其中年數誠有所未考。然則既已知其失言矣，而又不亟行改正，以疑誤後世，亦何爲哉？

予友秦子開地，始嘗從事陽明之學，後頗疑晚年之説。反覆紫陽之全集，以爲朱子受業延平，去禪寂、觀未發，至延平之歿，遊湖南，與張欽夫累書辨析，而後知以心爲主，則性情之德、中和之説可以有條而不紊。自是以還，一以貫之，終身之論，蓋決於此矣，又何以晚年爲哉？於是有紫陽大指之集，而於先後之次、中晚之辨，三致意焉。余嘗得而讀之，朱子之意，蓋莫重於小學之教，以爲小學之中既以養成氣質，而後可進以致知格物之功，致知格物又莫要於四書。論先後，知爲先，論輕重，行爲重。行遠自邇，登高自卑，非有玄虚夸誕、怪妄可愕之事也。其德雖與年俱進，豈可以晚年之從心駮初年之志學哉？故其言曰：「非以今此之誠意正心爲是，即以前此之致知格物爲非也。」抑余又有歎焉，先儒致知格物之先，其志已立，若余三十之前尚未有定向，但可謂之讀書作文，未可謂之致知格物，及其稍知學問，則湛於憂患，終身空室蓬户，正朱子所謂「人倫切近處，不得毫毛氣力」者也。復何言哉！以良友屬之以序，姑言其所知如此。（録自應潛齋先生集卷四）

紫陽大指序

［清］王　煒

學者，理也。理者，心之所繇。人各具是理，或蔽或否，不能同也。故理必講而後明，學必講而後定，講而不定，然後有辨，辨非得已也。先哲有言，立言皆爲學者，非以自盡，其得人封己見，不能虚心無我，實體厥躬，以務盡難盡之心，各是其是，即賢者有不免。正而是非，偏而好惡，甚而黨分門户，辨論操戈，與小人讐敵無異。嗚呼，堯舜孔孟之道，豈有如是者哉！堯曰：「允執厥中。」舜曰：「人心惟危，道心惟微，惟精惟一，允執厥中。」孟子深契堯舜之旨，而守孔子操舍之訓，揭存心以告萬世，心存而致功以盡之，盡心則知性知天，堯舜之所以稱聖也。凡人同有此心，蔽於物欲而不知存，以至違禽獸不遠，能存則君子矣。人苟知存而行者著，習者察，日用者知，其可以爲堯舜者，曾無絲毫之或欠，危安微著，人心轉於道心，非性善而能如是乎？此千古之道統也。

有宋諸儒，大闡厥旨，以承堯舜孔孟之緒。然存心之功，知止、格致、誠正、慎獨、明善、時中、養氣、集義種種，不一而同歸於止至善。程子深晰道心之陷爲人心，善之遂流於惡也，爰判爲氣質之性，見其致功不同，總爲敬以直内也，主敬以會其指歸。至朱子益以窮理，而堯舜之道，有心皆知，有知皆證，更無容於訛議矣。其如智者過之，謂斯道不勞而得，窮極高深，標新自是，不復爲維世範俗計。於是乎一定之是，本明而成蔽，至於紛辨不定者。蔽者悮於止，而辨之者未必果臻夫至善也。夫性也，天也，心也，命也，道也，皆吾人日用常行實事也。善者，未發之中；至善者，中和合德；主敬者存養，窮理者省察也。智者，性體之一端，一端擅而全體隱，智而不仁義禮者有之，未有全體盡而智不足以知微也。語聖人者，無不宗堯舜孔孟，堯舜中，孔孟至善性善，繇是而學聖人，有議乎主敬則知止而格致、誠正、慎養矣，窮理則明善、時中、集義矣。如程朱二子者，真可謂善學聖人也。

錢塘秦子定叟，因陽明王子有朱子晚年定論一編，論者紛然不一，不得已就朱子全書，摘録爲紫陽大指八卷，繇初學以究其成，詳覈考證，遂辨及無善無惡之説。夫陽明固儒宗豪傑，一時失於精詳，悮發此言。其語門人云：「無現成良知，須與實用功夫，勿懸想本體。宋儒制行，足以取信，非空言動人。」則其謹於踐履，不欲以高明自詡，明矣。奈何不善學者悮景象爲本體，自智其偏見，一期快意，遺烈後來，至今日而猶煩秦子之辨也。予至中歲知易，後始識早年之悮，因疏許敬齋、周海門九諦解，以告無罪於先聖。蓋先聖以中庸訓世，以無我盡學，以窮理盡性，至命自盡歸宿於家齊國治天下平。謂其高深則庸常也，謂其庸常則又極於高深矣。紫陽大指之書，爲道統正脈，學者苟能虚心實體，然後知堯舜之道，不離於日用常行中，可允執而至善可止。大學云「知止而後有定」，定之所在，豈須更辨。秦子以序見屬，予故明其本旨，爲論之如此。（録自鴻逸堂稿卷四）

凡例

一、朱子論辨最多，茲所録者，心性之精微，他不暇及，意各有在，非簡略也。

一、陽明晚年定論序中，以集註、或問乃其中年未定之説，當世已指其誤，不須再辨。余之此集，因「影響尚疑朱仲晦」之句而作也。夫朱子中年，有得于大本之學，内外本末，洞然分明。朱子之本體有可疑，誰則無可疑者？陽明先生曰：「後之學者局於聞見，朱子之心無以自暴于後世，輒採録而哀集之，私以示夫同志。」余雖不敏，竊所仰同。

一、居敬窮理，朱子未嘗不並重其實。朱子以居敬爲立本，此義甚精，非實有體驗，未易知也。所苦後人淺視居敬，未悉深衷，因以朱子爲尚昧本源；又有喜談窮理，仍以朱子中年所悔爲楷模者，非未窺其堂奥，即立異以自高者也。

一、此集初成，原未附陽明諸説，以爲苟讀此書，兩家得失可一望而知也。今因紫陽之論實有先得陽明之弊者，兩書皆備，一時瞭然。并附管見，以正大方。

一、先儒所見，各有不同。吾人最急，無如爲己。近見學者有兩病：强據古人之一説，以證偏詖之私言；陽竊衛道之虚名，竟立相持之門户。斯道平鋪，寧須蓋覆？足音空谷，何忍鬩牆？疑誤後賢，開罪名教，素所深痛，不敢效尤。

一、此書成于辛丑，歲月如馳，倏已二十一年，相知録本甚多，未能公諸海内。今得版行，實賴吾友俞子彙嘉捐俸爲之。至繕寫讎校，則門人關聲三、表弟陳子喬、壻查讓木與有力焉。

辛酉季夏望後三日　定叟漫識

卷一

朱子初學

朱子初年原自有未定之論，由此而讀全集，可次第識也。

答程欽國

往年誤欲作文，近年頗覺非力所及，遂已罷去，不復留情，其間頗覺省事講學。近見李延平先生，始略窺門户，而疾病乘之，未知終得從事于斯否耳。大概此事以涵養本原爲先，講論經旨，特以輔此而已。向來泛濫出入，無所適從，名爲學問而實何有，亦可笑耳。示諭蘇、程之學，愚意二家之説不可同日而語。黄門議論所守，僅賢其兄，以爲顏子以來一人而已，恐未然。頃因讀孟子，見其所説到緊要處便差了，「養氣」一章，尤無倫理，觀此想淵源來歷不甚深也。正蒙建陽舊有本，近來久不曾見，俟病少間，當爲尋問也。然此書精深難窺測，要其本源則不出六經、論、孟，以程門諸公之説求之，涵泳其間，當自有得，然後此等文字可循次而及，方見好處。如今不須博雜，卻不濟事，無收拾也。若果于此有味，則世間一種無緊要文字皆是妄言綺語，自無功夫看得矣。近集諸公孟子說爲一書，已脱稿；又爲詩集傳，方了國風、小雅二書，皆頗可觀，或有益于初學，恨不令吾弟見之。又相去稍遠，不能得吾弟來相助成之也。

愚按：先生以二十四歲謁延平，此書疑即是時語也。

答汪尚書

別紙示及釋氏之説，前日正以疑晦未祛，故請其説。方虞僭越，得罪于左右，不意貶損高明，與之酬酢如此，感戢亡已。熹於釋氏之説，蓋嘗師其人、尊其道，求之亦切至矣，然未能有得。其後以先生君子之教，校夫先後緩急之序，于是暫置其説，而從事于吾學。其始蓋未嘗不一日往來于心也，以爲俟卒究吾説而後求之，未爲甚晚耳，非敢遽絀絶之也。而二三年來〔一〕，心獨有所自安，雖未能即有諸己，然欲復求之外學以遂其初心，不可得矣。然則前輩于釋氏未能忘懷者，其心之所安，蓋亦必有如此者，而或甚焉，則豈易以口舌争哉？竊謂但當益進吾學以求所安之是非，則彼之所以不安于吾儒之學而必求釋氏然後安者，必有可得而言者矣。所安之是非既判，則所謂「反易天常」、「殄滅人類」者，論之亦可，不論亦可，固不必即此以定取舍也。上蔡所云「止觀」之説，恐亦是偕彼修行之目，以明吾進學之事。若云彼之「參請」猶吾所謂「致知」，彼之「止觀」猶吾所謂「克己」也。以其語録考之，其不以「止觀」與「克己」同途共轍明矣。後之好佛者，遂掇去首尾，孤行此句，以爲己援。正如孔子言「夷狄之有君，不如諸夏之亡也」，豈真慕夷狄？明道適僧舍，見其方食，而曰「三代威儀，盡在是矣」，豈真欲入叢林耶？胡文定所以取楞嚴、圓覺，亦恐是謂于其術中猶有可取者，非以爲吾儒當取之以資己學也。孔子曰：「攻乎異端，斯害也已。」吕博士謂：「君子反經而已矣，經正斯無邪慝，今惡邪説之害，正而攻之，則適所以自弊而已。」此言誠有味者，故熹于釋學雖所未安，然未嘗敢公言詆之者。特以講學所由，有在于是，故前日略叩其端。既蒙垂教，復不敢不盡所懷，恐未中理，乞賜開示，不憚改也。更願勿以鄙説示人，要于有定論而已。

又

熹兹者累日侍行，得以親炙。竊惟道義備純，固非淺陋所能窺測，而于謙虚好問、容受盡言之際，尤竊有感焉。蓋推是心以往，將天下之善皆歸之，其于任天下之重也何有？愚恐他日之事，常人所不能任者，閣下終不得而辭也。是以不勝拳拳，每以儒釋邪正之辨爲說，冀或有助萬分，而猶恐其未足于言也。請復陳之，幸垂聽焉。大抵近世言道學者，失于太高，讀書講義，率常以徑易超捷不歷階級爲快，而于其間曲折精微正好玩索處，例皆忽略厭棄，以爲卑近瑣屑，不足留情。以故雖或多聞博識之士，其于天下之義理，亦不能無所未盡。蓋以多聞博識自爲一事，不甚精察其理之所自來，卻謂別有向上一著，與此兩不相關。此尹和靖所以有「此三事中一事看破，則此患亡矣」之說，可謂切中其病矣。理既未盡，而胸中不能無疑，乃不復反求諸近，顧惑于異端之說，益推而置諸冥漠不可知之域[一]，兀然終日，味無義之語，以俟其廓然而一悟。殊不知物必格而後明，倫必察而後盡。格物只是窮理，物格即是理明。此乃大學工夫之始，潛玩積累，各有淺深，非有頓悟險絶處也。近世儒者語此，似亦太高矣。呂舍人書別紙錄呈。彼既自謂「廓然而一悟」者，其于此猶懵然也，則亦何以悟爲哉！儒者爲此學而自謂有悟者，雖不可謂之懵然，其察亦必不詳者矣。又況俟之而未必可得，徒使人抱不決之疑，志分氣餒，虛度歲月而悵悵耳。曷若致一吾宗，循下學上達之序，口講心思，躬行力究，寧煩毋略，寧下毋高，寧淺毋深，寧拙毋巧，從容潛玩，存久漸明，衆理洞然，次第無隱，然後知夫大中至正之極、天理人事之全，無不在是，初無迥然超絶不可及者。而幾微之間，毫釐畢察；酧酢之際，體用渾然。雖或使之任至重而處所難，亦沛然行其所無事而已矣，又何疑之不決而氣之不完哉！縱言至此，亦可謂躐等矣。然以閣下之明，勉而進之，恐不足以爲難也。此其與外學所謂「廓然而一悟」者，雖未知其孰爲優劣，然此一而彼二，此實而彼虚，則較然矣。就使其説有實非吾儒所及者，是乃所以過乎大中至正之矩，而與不及者無以異也。窮極幽深，過也；反倫悖理，不及也。蓋大本既立，準則自明，此孟子所以知言，而詖淫邪遁接于我者，皆不能逃其鑒也。生于其心，害于其政，發于其政，害于其事，可不戒哉！可不懼哉！愚意如此，不識高明以爲何如？如其可取，幸少留意焉。既以自任，又以是爲格非定國之本，則斯言之發，庶不得罪于君子矣。或未中理，亦乞明賜誨諭，將復思而請益焉。固無嫌于聽納之不弘也。孤陋寡聞，企望之切。

原注云「此甲申十月二十二日書也」。按：先生以甲申正月哭李先生於延平，時年三十五歲，此二書辨難，蓋李先生卒後事也。觀先生後日意向，書中所言似非定論。先生自悔不能盡心于延平之教，良有以也。

答何叔京

專人賜教，所以誨誘假借之者甚厚，悉非所敢當，然而此意不可忘也。謹當奉以周旋，益思其所未明，益勉其所未至，庶幾或能副期望之意耳。杜門奉親，幸粗遣日，無足言者。前此失于會計，妄意增葺敝廬，以奉賓祭。工役一興，財力俱耗，又勢不容中止。數日衮冗方劇，幾無食息之暇。來春又當東走政和展墓，南下尤川省親〔三〕，此行所過留滯，非兩三月不足往返，比獲寧居，當復首夏矣。光陰幾何，而靡敝于事役塗路之間，動涉時序。雖隨事應物，不敢弛其警省之功，然客氣盛而天理微，纔涉紛擾，即應接之間，尤多舛逆。如來教「一言未終，已覺其有過言，一行未終〔四〕，已覺其有過行」者，在高明未必然，而熹實當之矣。以此嘗恐因循汩没，辜負生平師友之教，尚賴尊兄未即遐棄，猶時有以振德之也。前此所論，未能保其不無紕謬，乃殊不蒙指教，來諭勤勤，若真以其言爲不妄者，何哉？豈其以是進之，欲其肆志極言而無毫髮之隱，因有所擇取於其間哉？不然，則庸妄所聞，必有偶合高明之見者矣。欣幸！欣幸！中庸集説如戒歸納，竊謂更當精擇，未易一概去取。蓋先賢所擇，一章之中，文句意義，自有得失精粗，須一一究之，令各有下落，方愜人意。然又有大者。昔聞之師，以爲當於未發已發之幾，默識而心契焉，然後文義事理，觸類可通，莫非此理之所出，不待區區求于章句訓詁之間也。向雖聞此，而莫測其所謂，由今觀之，始知其爲切要至當之説，而竟未能一蹴而造其域也。僭易陳聞，不審尊意以爲何如？

又

熹孤陋如昨，近得伯崇過此，講論逾月，甚覺有益，所恨者不得就正于高明耳。他日伯崇相見或通書，當能備言之。或有差誤，不吝指誨，幸甚！李先生教人，大抵令于靜中體認大本未發時氣象分明，即處事應物自然中節。此乃龜山門下相傳指訣，然當時親炙之時，貪聽講論，又方竊好章句訓詁之習，不得盡心于此，至今若存若亡，無一的實見處，辜負教育之意，每一念及，未嘗不愧汗沾衣也。「脱然」之語，乃先生稱道之過，今日猶如挂鈎之魚，當日寧有是耶？然學者一時偶有所見，其初皆自悦懌，以爲真有所自得矣；及其久也，漸次昏暗淡泊；又久，則遂泯滅而頑然如初無所睹。此無他，其所見者非卓然真見道體之全，特因聞見揣度而知故耳。竊意當時日聞至言、觀懿行，其心固必有不知其所以然者。泊失其所依歸，而又加以歲月之久，汩没浸漬〔五〕，今則猶然爲庸人矣〔六〕。此皆無足怪者。因下問之及，不覺悵然，未知其終何所止泊也〔七〕。

又

奉親遣日如昔，但學不加進，鄙吝日滋。思見君子，以求切磋之益而不可得，日以憒憒，未知所濟也。向來妄論持敬之説，亦自不記其云何。但因其良心發見之微，猛省提撕，使心不昧，則是做工夫底本領。本領既立，自然「下學而上達」矣。若不察于良心發見處，即渺渺茫茫，恐無處下手也。中間一書論「必有事焉」之説，卻儘有病，殊不蒙辨詰，何耶？

所諭「多識前言往行，固君子之所急」，熹向來所見亦是如此，近因反求未得箇安穩處，卻始知此未免支離。如所謂「因諸公以求程氏，因程氏以求聖人」，是隔幾重公案，曷若默會諸心以立其本，而其言之得失自不能逃吾之鑒耶？欽夫之學，所以超脱自在，見得分明，不爲言句所桎梏，只爲合下入處親切。雖未能絶無滲漏，終是本領是當，非吾輩所及。但詳觀所論，自可見矣。

愚按：此三書實先生一轉關處也。

與張欽夫

先生云：「此書非是，但存之以見議論本末耳。」下篇同此。

人自有生，即有知識，事物交來，應接不暇，念念遷革，以至于死，其間初無頃刻停息，舉世皆然也。然聖賢之言，則有所謂「未發之中寂然不動」者，夫豈以日用流行者爲已發，而指夫暫而休息不與事接之際爲未發時耶？嘗試以此求之，則泯然無覺之中，邪暗鬱塞，似非虚明應物之體，而幾微之際，一有覺焉，則又便爲已發而非寂然之謂。蓋愈求而愈不可見，于是退而驗之于日用之間，則凡感之而通，觸之而覺，蓋有渾然全體應物而不窮者。是乃天命流行、生生不已之幾，雖一日之間，萬起萬滅，而其寂然之本體，則未嘗不寂然也。

所謂未發如是而已，夫豈別有一物，限于一時，拘于一處，而可以謂之中哉？然則天理本真，隨處發見，不少停息者，其體用固如是，而豈物欲之私所能壅遏而梏亡之哉？故雖汩于物欲流蕩之中，而其良心萌孽，未嘗不因事而發見。學者于是致察而操存之，則庶乎可以貫大本達道之全體，而復其初矣。不能致察，使梏之反覆，至于夜氣不足以存而陷于禽獸，則誰之罪哉？周子曰：「五行一陰陽也，陰陽一太極也，太極本無極也。」其論「至誠」，則曰：「静無而動有。」程子曰：「未發之前，更何如求？只平日涵養便是。」又曰：「善觀者卻于已發之際觀之。」二先生之説如此，亦足以驗大本之無所不在、良心之未嘗不發矣。

又

前書所禀寂然未發之旨、良心發見之端，自以爲有小異于疇昔偏滯之見，但其間語病尚多，未爲精切。比遺書後，累日潛玩，其于實體似益精明，因復取凡聖賢之書，以及近世諸老先生之遺語，讀而驗之，則又無一不合。蓋平日所疑而未白者，今皆不待安排，往往自見灑落處。始竊自信，以爲天下之理，其果在是，而致知格物、居敬精义之功，自是其有所施之矣。聖賢方策，豈欺我哉？蓋通天下只是一個天機活潑〔八〕，流行發用，無間容息。據其已發者而指其未發者，則已發者人心，而凡未發者皆其性也，亦無一物而不備矣。夫豈别有一物，拘于一時，限于一處而名之哉？即夫日用之間，渾然全體，如川流之不息，天運之不窮耳。此所以體用、精粗、動静、本末，洞然無一毫之間，而「鳶飛魚躍，觸處朗然」也。存者，存此而已；養者，養此而已。「必有事焉，而勿正，心勿忘，勿助長也」。從前是做多少安排没頓著處，今竟得如水到船浮，解維正柂，而沿洄上下，惟意所適矣，豈不易哉！始信明道所謂「未嘗致纖毫之力」者，真不浪語。而此一段事，程門先達，惟上蔡謝公所見透徹無隔礙處，自餘雖不敢妄有指議，然味其言，亦可見矣。近范伯崇來自邵武，相與講此甚詳，亦嘆以爲得未曾有，而悟前此用心之左。且以爲雖先覺發明指示不爲不切，而私意汩漂，不見頭緒，向非老兄抽關啓鍵，直發其私，誨諭諄諄，不以愚昧而舍置之，何以得此，其何感幸如之！區區筆舌，蓋不足以爲謝也。但不知自高明觀之，復以爲何如耳。

又

先生云：「此書所論尤乖戾，所疑語録皆非是。後自有辨説甚詳〔九〕。」

前書所叩，正恐未得端的，所以求正。兹辱諭誨，乃知尚有認爲兩物之弊，深所欲聞，幸甚！幸甚！當時不見此理，言之惟恐不親切分明，故有指東畫西、張皇走作之態。自今觀之，只一念間已具此體用，發者方往而未發者方來，了無間隔斷截處，夫豈别有物可指而名之哉？然天理無窮，而人之所見，有遠近淺深之不一，不審如此見得又果無差否，更望一言垂教，幸幸。所論龜山中庸可疑處，鄙意近亦謂然。又如所謂「學者于喜怒哀樂未發之際，以心驗之，則中之體自見」，亦未爲盡善。大抵此事渾然，無分段、時節、先後之可言，今著一「時」字、一「際」字，便是病痛。當時只云「寂然不動之體」，又不知如何。語録亦嘗疑一處，說「存養于未發之時」一句，及問者謂「當中之時，耳目無所見聞」，而答語殊不痛快。不知左右所疑是此處否，更望指誨也。向見所著中論有云：「未發之前，心妙乎性，既發則性行乎心之用矣。」于此竊亦有疑。蓋性無時不行乎心之用，但不妨嘗有未行乎用之性耳，今下一「前」字，亦微有前後隔截氣象，如何如何？熟玩中庸，只消著一「未」字，便是活處。此豈有一息停住時耶？只是來得無窮，便嘗有個未發底耳。若無此物，則天命有已時，生物有盡處，氣化斷絶，有古無今久矣。此所謂「天下之大本」，若不真的見得，亦無揣摹處也。

乾道三年八月，先生如長沙訪南軒，論已發未發三日夜，不能合意。先生當日又有一說，而南軒之說即先生三書意也。先生前與何叔京書，已有「欽夫之學，超脱自在，見得分明，非吾輩所及」之語，至是蓋始深契焉。乃後又有一變。是先生于已發未發之論，蓋三變而後定云。

【校勘記】

〔一〕而二三年來　「二三」，文集卷三〇作「一二」。
〔二〕益推而置諸冥漠不可知之域　「益」，原作「蓋」，據文集卷三〇改。
〔三〕南下尤川省親　「川」，原作「州」，據文集卷四〇改。
〔四〕一行未終　「行」，文集卷四〇作「事」。
〔五〕汨没浸漬　「汨」，原作「泊」，據文集卷四〇改。
〔六〕今則猶然爲庸人矣　「猶」，文集卷四〇作「尤」。
〔七〕未知其終何所止泊也　「所」，原作「其」，據文集卷四〇改。
〔八〕蓋通天下只是一個天機活潑　「潑」，文集卷三二作「物」。
〔九〕後自有辨説甚詳　「自」，原作「日」，據文集卷三〇改。

卷二

論已發未發

此是千聖真脈，朱子一生學力大關，特詳録。

答林擇之

昨日書中論未發者看得如何？兩日思之，疑舊來所説，于心性之實未有差，而未發已發字頓放得未甚穩當。疑未發只是思慮事物之未接時，于此便可見性之體段，故可謂之中，而不可謂之性也。發而中節，是思慮事物已交之際，皆得其理，故可謂之和，而不可謂之心。心則通貫乎已發未發之間，乃大易生生流行、一動一静之全體也。舊疑遺書所記不審，今以此勘之，無一不合，信乎天下之書未可輕讀，聖賢指趣未易明，道體精微未易究也。

此先生大轉關處也。

答張欽夫

誨諭曲折數條，始皆不能無疑，既而思之，則或疑或信而不能相通，近深思之，乃知只是一處不透，所以觸處窒礙，雖或考索强通，終是不該貫。偶卻見得所以然者，輒具陳之，以卜是否。大抵日前所見、累書所陳者，只是儱侗地見得個大本達道底影象，便執認以爲是了，卻于「致中和」一句全不曾入思議，所以累蒙教告以求仁之爲急，而自覺殊無立腳下工夫處。蓋只見得一個直截根源、傾湫倒海底氣象，日間但覺爲大化所驅，如在洪濤巨浪之中，不容少頃停泊。蓋其所見一向如此，以故應事接物處，但覺粗厲勇果，增倍于前，而寬裕雍容之氣，略無毫髮。雖切病之，而不知其所自來也。而今而後，乃知浩浩大化之中，一家自有個安宅，正是自家安身立命、主宰知覺處，所以立大本、行達道之樞要。所謂「體用一源」、「顯微無間」者，乃在于此。而前此方往方來之說，正是手忙足亂無著身處。道邇求遠，乃至于是，亦可笑矣。

又

諸說例蒙印可，而未發之旨又其樞要，既無異論，何慰如之。然比觀舊說，卻覺無甚綱領。因復體察，得見此理須以心爲主而論之，則性情之德、中和之妙，皆有條而不紊矣。蓋人之一身，知覺運用，莫非心之所爲，則心者，固所以主于身而無動静語默之間者也。然方其静也，事物未至，思慮未萌，而一性渾然，道義全具，其所謂中，是乃心之所以爲體，而「寂然不動」者也。及其動也，事物交至，思慮萌焉，則七情迭用，各有攸主，其所謂和，是乃心之所以爲用，「感而遂通」者也。然性之静也，而不能不動；情之動也，而必有節焉。是則心之所以寂然感通、周流貫徹，而體用未始相離者也。然人有是心而或不仁，則無以著此心之妙；人雖欲仁而或不敬，則無以致求仁之功。蓋心主乎一身而無動静語默之間，是以君子之于敬，亦無動静語默而不用其力焉。未發之前是敬也，固已主乎存養之實；已發之後是敬也，又嘗行于省察之間。方其存也，思慮未萌而知覺不昧，是則静中之動，復之所以「見天地之心」也。及其察也，事物紛糾而品節不差，是則動中之静，艮之所以「不獲其身，不見其人」也。有以主乎静中之動，是以寂而未嘗不感；有以察乎動中之静，是以感而未嘗不寂。寂而嘗感，感而嘗寂，此心之所以周流貫徹而無一息之不仁也。然則君子之所以「致中和而天地位、萬物育」者，在此而已。蓋主于身而無動静語默之間者，心也。仁則心之道，而敬則心之貞也。此徹上徹下之道，聖賢之本統。明乎此，則性情之德、中和之妙，可一言而盡矣。熹向來之説固未及此，而來諭曲折，雖多所發明，然于提綱振領處，似亦有未盡。又如所謂「學者先須察識端倪之發，然後可加存養之功」，則熹于此不能無疑。蓋發處固當察識，但人自有未發時，此處便合存養，豈可必待發而後察、察而後存耶？且從初不曾存養，便欲隨事察識，竊恐浩浩茫茫無下手處，而毫釐之差，千里之謬，將有不可勝言者。此程子所以每言「孟子才高，學之無可依據，人須是學顔子之學，則入聖人爲近，有用力處」，其微意亦可見矣。且如灑掃應對進退，此存養之事也，不知學者將先于此而後察之耶？抑將先察識而後存養也？以此觀之，則用力之先後，判然可覩矣。來教又謂動中涵静，所謂「復見天地之心」，亦所未喻。熹前以復爲静中之動者，蓋觀卦象便自可見，而伊川先生之意似亦如此。來教又謂「言静則溺于虚無」，此固所當深慮。然此二字如佛者之論，則誠有此患，若以天理觀之，則動之不能無静，猶静之不能無動也，静之不能無養，猶動之不可不察也。但見得一動一静，互爲其根，敬義夾持，不容間斷之意，則雖下「静」字，元非死物，「至静之中，蓋有至動之端焉」，是乃所以「見天地之心」者。而先王之所以至日閉關，蓋當此之時，則安静以養乎此耳，固非遠事絶物、閉目兀坐而偏于静之謂。但未接物時，便有敬以主乎中，則事至物來，善端昭著，而所以察之者，益精明耳。伊川先生所謂「卻于已發之際觀之」者，正謂未發則只有存養，而已發則方有可觀也。周子之言主静，乃就中正仁義而言。以正對中，則中爲重；以義配仁，則仁爲本耳。非四者之外別有主静一段事也。來教又謂熹言以静爲本，不若遂言以敬爲本，此固然也。然敬字功夫通貫動静，而必以静爲本，故熹向來輒有是語。今若遂易爲敬，雖若完全，然卻不見敬之所施有先有後，則亦未得爲諦當也。至如來教所謂「要須察夫動以見静之所存，静以涵動之所本，動静相須，體用不離，而後爲無滲漏也」，此數句卓然意語俱到，謹以書之座右，出入觀省。然上兩句次序似未甚安，意謂易而置之，乃有可行之實，不審尊意以爲如何？

此二書與答林擇之書略同，但更暢達耳。先生之學於是始大定，自後議論，蓋無不本于此云。

又

「在中」之義之説，來諭説得性道未嘗相離，此意極善。但所謂「此時蓋在乎中」者，文義簡略，熹所未曉，更乞詳諭。又謂「已發之後，中何嘗不在裏面」，此恐亦非文意。蓋既言未發時在中，則是對已發時在外矣。但發而中節，即此在中之理發形于外，如所謂即事即物，無不有個恰好底道理是也。一不中節，則在中之理，雖曰「天命之秉彝」，而當此之時，亦且漂蕩淪胥而不知其所存矣。但能反之，則又未嘗不在于此。此程子所以謂「以道言之則無時而不中，以事言之則有時而中」也，所以又謂「善觀者卻于已發之際觀之」也。若謂已發之後，中又只在裏面，則又似向來所説以未發之中自爲一物，與已發者不相涉入，而已發之際嘗挾此物以自隨也。然此義又有更要子細處。夫此心廓然，豈有中外之限？但以未發已發分之，則須如此，亦若操舍存亡出入之云爾。并乞詳之。

或問于予曰：「晦翁之初與南軒論未發也，曰：『退而驗之於日用之間，則凡感之而通，觸之而覺，有渾然全體應物而不窮者，所謂未發，如是而已。夫豈別有一物，限于一時，拘于一處，而可以謂之中哉？』是以渾然全體爲未發，無前後動静之分者也。陽明之答陸原静也，曰：『未發之中即良知也，無前後内外而渾然一體者也。』未發在已發之中，而已發之中未嘗別有未發者在；已發在未發之中，而未發之中未嘗別有已發者存。是亦以渾然全體爲未發，而無前後動静之分者也。兩家之説不相同歟？」予曰：「晦翁當日是不知寂然之體即在心體之中，而以心爲純趨于動，所謂『認得此心流行之體』，而『目心爲已發，性爲未發』是也。是因不知心體之有動静，而以性之渾然全體爲未發者也。陽明當日是不欲人趨于寧静，曰『今人存心只定得氣』，『不可以爲未發之中』，『若靠那寧静，不惟漸有喜静厭動之弊，中間許多病痛只是潛伏在』，所以説静時只是『念念存天理，去人欲』，動時只是『念念存天理，去人欲』。又曰：『須是平日好色好利好名等項一應私心，掃除蕩滌，無復纖毫留滯，而此心廓然純是天理，方可謂之未發之中。』是以學者不得不日趨于動。是陽明欲矯静存之説，而以此心流行之體爲渾然全體、爲未發者也。其立説相近而用意相反，不可謂之同也。所以陽明立教，至有無已發未發之説，曰：『只緣後儒將已發未發分説了，只得劈頭説個無已發未發，使人自思得之。』夫未發之分自子思始，未可以爲後儒之陳言而翻案也。中庸首章乃明道之書，使持養未發果不得力，何必以爲天下之大本？又何必曰『惟天下至誠』爲能『立天下之大本』？程朱居敬之功，無間動静，陽明主動察而廢静存，是得其一而失其一，不可謂之矯枉而過正也。愚曾反覆陽明之書，不敢謂先生知動而不知静。然以心爲未發之中，使學者無立腳下工夫處，中道回惑，涵養不得力，其用意與朱子舊説不同，其流弊與朱子舊説無異，不能爲之諱也。晦翁曰：『此心廓然，初豈有中外之限，但以未發已發分之，則須如此，亦若操舍存亡出入之云耳。』豈不明通簡易也哉！

已發未發説

中庸未發已發之義，前此認得此心流行之體，又因程子「凡言心者皆指已發而言」之説，遂目心爲已發，而以性爲未發之中，自以爲安矣。比觀程子文集、遺書〔一〕，見其所論多不符合。因再思之，乃知前日之説，雖于心性之實未始有差，而未發已發命名未當，且于日用之際，欠卻本領一段功夫，蓋所失者不但文義之間而已。因條其語而附以己見，告于朋友，願相與講焉。恐或未然，當有以正之。

文集云：「中即道也。」又曰：「道無不中，以中形道。」

又曰：「『中即性也』，此語極未安。中也者，所以狀性之體段，如天圓地方。」

又云：「中之爲義，自過不及而立名。若只以中爲性，則中與性不合。」

又曰：「性、道不可合一而言，中止可言體，而不可與性同德。」

又云：「『中者性之德』，此爲近之。」又云：「不若謂之『性中』。」又云：「『喜怒哀樂之未發謂之中』，赤子之心，發而未遠乎中。若便謂之中，是不識大本也。」

又云：「赤子之心，可以謂之和，不可謂之中。」

遺書云：「只喜怒哀樂不發便是中。」

又云：「既思便是已發，喜怒哀樂一般。」

又云：「當中之時，耳無聞，目無見，然見聞之理在始得。」

又云：「未發之前謂之靜則可，靜中須有物始得。這裏最是難處，能敬則自知此矣。」

又云：「『敬而無失』，便是『喜怒哀樂未發謂之中』也。敬不可謂之中，但『敬而無失』即所以中也。」

又云：「『中者天下之大本』，天地間亭亭當當，直上直下之理，出則不是，惟『敬而無失』最盡。」

又云：「存養于未發之前則可，求中于未發之前則不可。」

又云：「未發更怎生求？只平日涵養便是，涵養久，則喜怒哀樂發而中節。」

又云：「善觀者卻于已發之際觀之。」

右據此諸説，皆以思慮未萌、事物未至之時，爲「喜怒哀樂之未發」。當此之時，即是心體流行、寂然不動之處，而天命之性體具焉。以其無過不及，不偏不倚，故謂之「中」。然已是就心體流行處見，故直謂之「性」則不可。呂博士論此大概得之，特以中即是性，赤子之心即是未發，則大失之，故程子正之。解中亦有求中之意，蓋答書時未暇辨耳。蓋赤子之心動靜無常，非寂然不動之謂，故不可謂之中。然無營私知巧之思，故爲未遠乎中耳。未發之中，本體自然不須窮索，但當此之時，敬以持之，使此氣象常存而不失，則自此而發者必中節矣。此日用之際本領功夫。其曰「卻于已發之處觀之」者，所以察其端倪之動，而致擴充之功也。一不中則非性之本，然而心之道或幾乎息矣。故程子于此每以「敬而無失」爲言。又云「入道莫如敬，未有能致知而不在敬者」，又曰「涵養須用敬，進學則在致知」。以事言之，則有動有靜；以心言之，則周流貫徹。其功夫初無間斷也〔一〕，但以靜爲本耳。周子所謂

「主静」者亦是此意，但言静則偏，故程子又説「敬」。向來講論思索，直以心爲已發，而所論致知格物，亦以察識端倪爲初下手處，以故缺卻平日涵養一段功夫。其日用意趣常偏于動，無復深潛純一之味，而其發之言語事爲之間，亦常躁迫浮露，無古聖賢氣象，由所見之偏而然爾。程子所謂「凡言心者皆指已發而言」，此卻指心體流行而言，非謂事物思慮之交也。然與中庸本文不合，故以爲未當而復正之，固不可執其已改之言，而盡疑論説之誤，又不可遂以爲當，而不究其所指之殊也。周子曰：「無極而太極。」程子又曰：「『人生而静』以上不容説，纔説時便已不是性矣」。蓋聖賢論性，無不因心而發，若欲專言之，則是所謂無極而不容言者，亦無體段之可名矣。未審諸君子以爲何如？

先生有與湖南諸公論中和第一書，語意與此篇略同，中有云：「未發之前不可尋覓，已發之後不容安排，但平日莊敬涵養之功至[三]，而無人欲之私以亂之，則其未發也鏡明水止，而其發也無不中節矣。此是日用本領功夫，至于隨事省察，即物推明，亦必以是爲本。而于已發之際觀之，則其具于未發之前者，固可默識。」數言尤爲緊要云。

先生後著中和舊説敘云：「余早從延平李先生學，受中庸之書，求喜怒哀樂未發之旨，未達而先生殁。余竊自悼其不敏，若窮人之無歸，聞張欽夫得衡山胡氏學，則往從而問焉。欽夫告予以所聞，余亦未之省也。退而沈思，殆忘寢食，一日喟然嘆曰：人自嬰兒以至老死，雖語默動静之不同，然其大體莫非已發，特其未發者爲未嘗發耳。自此不復有疑，以爲中庸之旨，果不外乎此矣。後得胡氏書，有與曾吉甫論未發之旨者，其論又適與予意合，用是益自信，雖程子之言有不合者，亦直以爲少作失傳而不之信也。然間以語人，則未見有能深領會者。乾道己丑之春，爲友人蔡季通言之，問辨之際，予忽自疑。斯理也，雖吾所默識，然亦未有不可以告人者，今晰之如此其紛糾而難明也，聽之如此其冥迷而難喻也。意者乾坤易簡之理，人心所同然者，殆不如是。而程子之言，出其門人高弟之手，亦不應一切謬誤以至于此。然則余之所自信者，其無乃反自誤乎？則復取程氏書，虚心平氣而徐讀之，未及數行，凍解冰釋。然後知性情之本然、聖賢之微旨，其平正明白乃如此，而前日讀之不詳，妄生穿穴，凡所辛苦而僅得之者，適足以自誤而已。至于推類究極，反求諸身，則又見其爲害之大，蓋不但名言之失而已也。于是又竊自懼，亟以書報欽夫及常同爲此論者。唯欽夫復書深以爲然，其餘則或信或疑，或至于今，累年而未定也。夫忽近求遠，厭常喜新，其弊乃至于此，可不戒哉！暇日料檢故書，得當時往還書稿一編，輒序其所以，而題之曰『中和舊説』。蓋所以深懲前日之病，亦使有志于學者讀之，因余之可戒而知所戒也。獨恨不得奉而質諸李氏之門，然以先生所已言者推之，知其所未言者，其或不遠矣。壬辰八月丁酉朔，新安朱熹仲晦云。」

答吕伯恭

聖賢之言，離合弛張，各有次序，不容一句都道得盡。故中庸首章言「中」、「和」之所以異，一則爲「大本」，一則爲「達道」，是雖有善辨者，不能合之而爲一矣。故伊川先生云：「『大本』言其體，『達道』言其用。」體用自殊，安得不爲二乎？學者須是于已發未發之際，識得一一分明，然後可以言體用一源處。然亦只是一源耳，體用之不同，則固自若也。「天地位」便是「大本」立處，「萬物育」便是「達道」行處。此事灼然分明，但二者常相須，無有能此而不能彼者耳。子思之言，與龜山氣象固不同，然若使龜山又只道「致中和，天地位，萬物育」，則不成解書矣。釋氏便要如此，嘗見其徒説李遵勗請某僧注信心銘，其人每句大書，而再注本句于其下，便是要如此鶻突也。

答吕子約

前日惠書，所論或問中語卻似未安，請且自反于心，分別未發已發界分，令分明，卻將册子上所説來合看，還是如此否。自心下看得未明，便將衆説回互，恐轉生迷惑〔四〕，斷置不下也。且如子約平生，還曾有耳無聞、目無見時節否？便是祭祀，若耳無聞、目無見，即其升降饋奠皆不能知其時節之所宜，雖有贊引之人，亦不聞其告語之聲矣。故前旒、黈纊之説〔五〕，亦只是説欲其專一于此而不雜他事之意，非謂奉祭祀時都無聞見也。所謂「王乃在中」，尤無交涉，讀書最忌如此支離。況又平居無事之時乎？故程子云：「若無事時，耳須聞，目須見。」既云「耳須聞，目須見」，則與前項所答已不無同矣，又安得曲爲之説而强使爲一義乎？至静之時，但有能知能覺者，而無所知所覺之事。此于易卦爲純坤，不爲無陽之象。若論復卦，則須以有所知覺者當之，不得合爲一説矣。故康節亦云：「一陽初動處，萬物未生時。」此至微至妙處，須虚心静慮，方始見得。若懷一點偏主，强説意思，即方寸之中先自擾擾矣，何緣能察得彼之同異耶？

又

未發已發，子思之言已自明白。程子數條引寂然、感通者，皆與子思本旨符合，更相發明。但答呂與叔之問，偶有「凡言心者皆指已發」一言之失，而隨即自爲未當，亦無可疑。至遺書中「纔思即是已發」一句，則又能發明子思言外之意，蓋言不待喜怒哀樂之發，但有所思即爲已發。此意已極精微，説到未發界至十分盡頭，不復可以有加矣。問者不能言下領意，切己思維，只管要説向前去，遂有無聞無見之問。據此所問之不切，與程子平日接人之嚴，當時正合不答，不知何故卻引惹他，致他如此記録，前後差舛，都無理會。從來讀書〔六〕，若未敢便以爲非，亦只合存而不論。今卻據守其説，字字推詳，以爲定論，不信程子手書，此固未當之言，而寧信他人所記、自相矛盾之説，强以已發之名侵過未發之實，使人有生以後、未死以前，更無一息未發時節，惟有爛熟睡著可爲未發，而又不可以立天下之大本。此其謬誤又不難曉，故或問中麤發其端。今既不信，而復有此紛紛之論，則請更以心思、耳聞、目見三事校之，以見其地位、時節之不同。蓋心之有知，與耳之有聞、目之有見爲一等時節，雖未發而未嘗無；心之有思，乃與耳之有聽、目之有視爲一等時節，一有此則不得爲未發。故程子以有思爲已發則可，而記者以無見無聞爲未發則不可。若苦未信，則更請以程子之言證之。如稱許渤持敬，而注其下云「曷嘗有如此聖人」，又每力詆坐禪入定之非。所言皆何謂耶？若必以未發之時無所見聞，則又安可譏許渤而非入定哉？又云：「未發不可以比純坤，而當爲太極。」且試奉叩，若以未發爲太極，則已發爲無極耶？若以純坤不得爲未發，則宜以何卦爲未發耶？竊恐更宜静坐，放教胸中虚明浄潔，卻將太極圖及十二卦畫安排頓放，令有去著，方好下語。此張子所謂「濯去舊見，以來新意」

者也。如決不以爲然，則熹不免爲失言者。不若權行倚閣之爲愈，不能如此紛拏强聒，徒費心力，有損而無益也。

又

子思只説喜怒哀樂，今卻轉向見聞上去，所以説得愈多，愈見支離紛冗，都無交涉。此乃程門請問記録者之罪，而後人亦不善讀也。不若放下，只白直看子思説底。須知上四句分別中和，不是説聖人事，只是泛説道理名色地頭如此。下面説「致中和」，方是説做功夫處，而惟聖人爲能盡之。若必以未有見聞爲未發處，則只是一種神識昏昧底人，睡未足時被人驚覺，頃刻之間，不識四到時節有此氣象。聖賢之心，湛然淵静，聰明洞徹，決不如此。若必如此，則洪範五事，當云貌曰僵，言曰啞，視曰盲，聽曰聾，思曰塞，乃爲得其性。而致知居敬，費盡工夫，卻只養得成一枚癡獃罔兩漢矣。千不是萬不是，痛切奉告，莫作此等見解。若信不及，一任狐疑，今後再不能説得也。詳看此段來意，更有一大病根，乃是不曾識得自家有見聞覺知，而無喜怒哀樂時節，試更著精彩看，莫要只管等閒言語，失卻真的主宰也。

中庸「不睹」二句，是説即不睹聞之地，亦不忘戒懼之功，無有以不睹不聞爲本體者。後人將不睹不聞與未發混説做本體，見或問注中，不睹不聞「不惟人所不知，自家亦有未知」之語，因云「已既不知，功是誰用」？遂謂朱子不識本體。言則是矣，而非朱子之失也。夫本體安有不知之時，耳目原有不及之地，誤認不覩不聞之解，硬判己所不知之非，曷亦反覆于或問及與子約數書，或亦有恍然者乎？

答李守約

大中之説，不記向來所論首尾。此亦只是無事之時涵養本原，便是全體；隨事接應，各得其所，便是時中；養到極中而不失處，便是致中；推到時中而不差處，便是致和。不可説學者盡得一事一物之中，直到聖人地位方能盡得大中之全體也。「仁包五常」之説，已與令裕言之。大抵如今朋友，就文義上説。如守約儘説得去，只恐未曾反身，真實識得，故無田地可以立脚，只成閒話，不濟事耳。

答胡季隨

中和未易識，亦是嚇人。此論著實做去，不論難識易識也。

答徐彦章

已發處言之則可，蓋所謂「時中」也。若就未發處言之，則中只是未有偏倚之意，亦與和字地位不同矣。未發只是未應物時，雖市井販夫、厮役賤隸亦不無此等時節，如何諱得？方此之時，固未有物欲沙泥之汩，然發而中節，則雖應于物，亦未嘗有所汩，直是發不中節，方有所汩。若謂未汩時全是未發，已汩後便是已發，即喜怒哀樂之發，永無中節之時矣，恐不然也。于本有操持涵養之功，便是静中工夫。所謂静「必有事焉」者，固未嘗有所動也。但當動而動，動必中節，非如釋氏之務于常寂耳。

答何叔京

「夜氣」以爲休息之時則可，以爲寂然未發之時，則恐未安。魂交而夢，百感紛紜，安得爲未發？而未發者又豈專在夢寐間耶？「赤子之心」，程子猶以爲發而未遠乎中，然則「夜氣」特可以言「復而見天地心」之氣象耳。若夫未發之中，則無在而無乎不在也。

答林擇之

所引「人生而静」，不知如何看静字？恐亦指未感物而言耳。蓋當此之時，此心渾然，天理全具，所謂「中者狀性之體」，正于此見之。但中庸、樂記之言，有疎密之異。中庸徹頭徹尾説個謹獨工夫，即所謂「敬而無失」、平日涵養之意。樂記卻直到「好惡無節」處，方説「不能反躬，天理滅矣」。殊不知未感物時，若無主宰，則亦不能安其静，只此便自昏了天性，不待物交之引然後差也。蓋中和二字，皆道之體用，以人言之，則未發已發之謂。但不能慎獨，則雖事物未至，固已紛綸膠擾，無復未發之時，既無以致夫所謂中，而其發必乖，又無以致夫所謂和。惟其戒謹恐懼，不敢須臾離，然後中和可致，而大本、達道乃在我矣。此道也，二先生蓋屢言之，而龜山所謂「未發之際能體，所謂中，已發之際能得，所謂和」，此語爲近之，然未免有病〔七〕。

【校勘記】

〔一〕遺書　「書」，原作「言」，據文集卷六七改。

〔二〕其功夫初無間斷也　「其」，原作「以」，據文集卷六七改。

〔三〕但平日莊敬涵養之功至　「功」字原闕，據文集卷六四補。

〔四〕恐轉生迷惑　「惑」，原作「或」，據文集卷四八改。

〔五〕故前旒黈纊之説　「旒」，原作「疏」，據文集卷四八改。

〔六〕從來讀書　文集卷四八作「後來讀者」。

〔七〕然未免有病　「有病」二字原闕，據文集卷四三補。又此下别有「（體）察之際，亦甚明審，易爲著力，與異時無本可據之説大不同矣。用此意看遺書，多有符合，讀之上下，文極活絡分明無凝滯處，亦曾如此看否」一段，見載同卷另答林擇之書，係抄録誤植於此，今予删除。

卷三

論涵養本原

乾道三年，朱子年四十歲，此皆乾道三年以後語也。折肱至言，其旨遠矣。

答胡廣仲

欽夫未發之論，誠若分別太深，然其所謂無者，非謂本無此理，但謂物欲交引，無復澄静之時耳。熹意竊恐此亦隨人稟賦不同，性静者須或有此時節，但不知敬以主之，則昏憒駁雜，不自覺知，終亦必亡而已矣。故程子曰：「『敬而無失』，乃所以中。」此語至約，是實下功夫處，願于日用語默、動静之間，試加意焉，當知其不妄矣。近來覺得敬之一字，真聖學始終之要〔一〕。向來之論，謂必先致其知，然後有以用力于此，疑若未安。蓋古人由小學而進于大學，其于灑掃、應對、進退之間，持守堅定，涵養純熟，固已久矣，是以大學之序，特因小學已成之功，而以格物致知爲始。今人未嘗一日從事于小學，而曰必先致其知，然後敬有所施，則未知其以何爲主而格物以致其知也。故程子曰：「入道莫如敬，未有能致知而不在敬者。」又論敬曰：「但存此久之，則天理自明。」推而上之，凡古昔聖賢之言，亦莫不如此者，試考其言而以身驗之，則彼此之得失見矣。

先生因悟未發之旨，着意涵養，諄諄以端本澄源勉励學者，此先覺甘苦語，晚年定論所載皆此類也。

答林擇之

所舉伊川先生格物兩條極親切〔二〕，上蔡意固好，然卻只是說見處。今且論「涵養」一節，疑古人直自小學中涵養成就，所以大學之道，只從格物做起。今人從無此工夫，但見大學以格物爲先，便欲只以思慮知識求之，更不于操存處用力，縱使窺測得十分，亦無實地可據。大抵敬字是徹上徹下之意，格物致知乃其間節次進步處耳。

答黃直卿

子春聞時相過，甚善。爲學直是先要立本，文義卻可且與說出正意，令其寬心玩味，未可便令考校同異，研究纖悉，恐其意思迫促，難得長進。將來見得大意，略舉一二節目，漸次理會，蓋未晚也。此是向來差誤，今幸見得，卻須勇革，不可苟避譏笑，卻誤人也。

答潘恭叔

學問根本，在日用間持敬集義功夫，直是要得念念省察，讀書求義乃其間之一事耳。詩說舊來雖知此意〔三〕，然于緩急先後之間，終是不覺有倒置處，誤人不少，今方自悔耳。詩說已注其下，亦未知是否，更告詳之。大抵近日學者之弊，苦其說之太高與太多耳。如此只是意思叢雜，都無玩味工夫，不惟失卻聖賢本意，亦分卻日用實功，不可不戒也。

答彭子壽

閒中讀書卻有味，但目已偏盲，其未盲者亦日益昏，披閱頗艱耳。緣此閒坐，卻有恬養功夫，始知前此文字上用功太多，亦是一病。蓋欲應事，先須窮理，而欲窮理，又須養得心原虛静明徹，方能察見幾微，剖晰煩亂，而無所差。若只如此終日馳騖，何緣見得事理分明？程子所謂「學莫先于致知」，又云「未有致知而不在敬者」，正爲此也。濂溪諸書亦多是發明此意。下問之意，但以此說推之，則其受病之原與夫用藥之方，亦可見矣。

答潘叔昌

示諭「天上無不識字底神仙」，此論甚中一偏之弊，然亦恐只學得識字，卻不曾學得上天，即不如且學上天耳。上得天了，卻旋學「上大人」亦不妨也。中年以後，氣血精神能有幾何？不是記故事時節。熹以目昏，不敢着力讀書，閒中静坐，收斂身心，頗覺得力。間起看書，聊復遮眼，遇有會心處，時一喟然耳。

答吴仲玭〔四〕

道之體用，雖極淵微，而聖賢言之，則甚明白。學者誠能虚心静慮，而徐以求之日用躬行之實，則其規模之廣大，曲折之詳細，固當有以得之燕閒静一之中，其味雖淡而實腴，其旨雖淺而實深矣。然其所以求之者，不難于求而難于養。故程夫子之言曰：「學莫先于致知。」「未有能致知而不在敬者。」而邵康節之告章子厚曰：「以君之材，于吾之學頃刻可盡，但須相從林下一二十年，使塵慮銷散，胸中豁豁無一事，乃可相授。」正爲此也。

答鄭仲禮

示諭爲學之意甚善。讀書固不可廢，然亦須以主敬立志爲先，方可就此田地上推尋義理，見諸行事。若平居泛然略無存養之功，又無實踐之志，而但欲曉解文義，説得分明，則雖盡通諸經，不錯一字，亦何所益？況又未必能通而不誤乎？近覺朋友讀書講論多不得力，其病皆出于此，不可不深戒也。

答何叔京

前此僭易拜稟，博觀之弊，誠不自揆，乃蒙見是，何幸如此！然觀來諭，似有未能遽舍之意，何耶？此理甚明，何疑之有？若使道可以多聞博觀而得，則世之知道者爲不少矣。熹近日因事，方有少省發處，如「鳶飛魚躍」，明道以爲與「必有事焉，勿正」之意同者，今乃曉然無疑。日用之間觀此流行之體，初無間斷處，有下工夫處，乃知日前自誑誑人之罪，蓋不可勝贖也。此與守書册、泥言語全無交涉，幸于日用間察之，知此則知仁矣。

答吕子約

日用功夫，比復何如？文字雖不可廢，然涵養本原而察于天理人欲之判，此是日用動静之間不可頃刻間斷底事。若于此處見得分明，自然不到得流入世俗功利權謀裏去矣。熹亦近日方實見得向日支離之病，雖與彼中證候不同，然其忘己逐物、貪外虚内之失，則一而已。程子説「不得以天下萬物撓己，己立後自能了得天下萬物」，今自家一個身心不知安頓去處，而談王説霸，將經世事業别作一個伎倆商量講究，不亦誤乎？相去遠，不得面論，書問間終説不盡，臨風太息而已。

答陳膚仲

來書云「今且反復諸書以收心，至涵養功夫日有所奪，未見其效」，此殊不可曉。夫讀書固收心之一助，然今只讀書時收得心，而不讀書時便爲事所奪，則是心之存也常少，而其放也常多矣。何不移此讀書功夫，向不讀書處用力，使動静兩得而心無時不存乎？然所謂涵養功夫，亦非是閉眉合眼如土偶人，然後謂之涵養也，只要應事接物，處之不失，此心各得其理而已。諸書解偶未有定本，謾此奉報，可試思之。若于此得力，卻遠勝看解也。

與劉子澄

使至，辱誨示，得聞到郡諸兄況〔五〕，深用慰喜。信後秋深益熱，恭惟尊候萬福。居官無修業之益，若以俗學言之，誠是如此。若論聖門所謂德業者，初不在日用之外，只押文字，便是進德修業地頭，不必編綴異聞乃爲修業也。近覺向來爲學，實有向外浮汎之病，不惟自誤，而誤人亦不少。方別尋得一頭緒，似差簡約端的，始知文字言語之外，真別有用心處，恨未得面論也。

【校勘記】

〔一〕真聖學始終之要　「學」，原作「賢」，據文集卷四二改。

〔二〕所舉伊川先生格物兩條極親切　「格物」二字原無，據文集卷四三補。

〔三〕舊來雖知此意　「雖」，原作「須」，據文集卷五〇改。

〔四〕答吴仲玭　「玭」字原闕，據文集卷五九補。

〔五〕得聞到郡諸兄況　「兄」字原闕，據文集卷三五補。

卷四

論居敬窮理

朱子祖述程氏，止此二言。朱子曰：「比因講究中庸首章之旨，乃知入德之門無踰於是。」是其立論源流非無所自，陽明先生專録其涵養本原之説，而不知此二言之精，亦尚有未深考者乎！

答吕伯恭

竊承進學之意甚篤，深所望于左右，至于見屬過勤，則非淺陋所堪，然不敢不竭所聞以塞厚意。熹舊學程子之書有年矣，而不得其要。比因講究中庸首章之旨，乃知所謂「涵養須用敬，進學則在致知」者，兩言雖約，其實入德之門無踰于此。方竊洗心以事斯語，而未有得也。不敢自外，輒以爲獻。以左右之明，尊而行之〔一〕，不爲異端荒虚浮誕之談所遷惑，不爲世俗卑近苟簡之論所拘牽，加以歲月，久而不舍，其高明廣大，將不可量矣。

愚按：先生一生所以自治治人者，實只此兩言。至説敬字處尤多，又因「入道莫如敬，未有致知而不在敬」之語，此真先生晚年定論也。愚反復先生之書，録其論而言之最親切警省有裨學者如左。

程子養觀説

程子曰「養存于未發之前則可」，又曰「善觀者卻于已發之際觀之」，何也？曰：此持敬之功，貫通乎動静之際者也。就程子此章論之，方其未發，必有事焉，是乃所謂「静中之知覺，復之所以『見天地之心』也」；及其已發，隨事觀省，是乃所謂「動上求静，艮之所以『止其所』也」。然則静中之動，非敬其孰能形之？動中之静，非敬其孰能察之？故又曰「學者莫若先理會敬〔二〕，則自知此矣」。然則學者豈可舍是而他求哉？

記程門諸子論學同異

熹讀程門諸子之書，見其所論爲學之方有不同者，因以程子之言質之，而竊記之如左。

胡氏曰：「物物致察，宛轉歸也。」楊氏曰：「物不可勝窮也，反身而誠，則舉天下之物在我矣。」

程子曰：「所謂窮理者，非必盡窮天下之物，又非只窮一物而衆理皆通。但要積累多後脱然有貫通處。」又曰：「物我一理，才明彼即曉此，不必言因見物而反求諸身也。然語其大，至天地之所以高厚，語其小，至一物之所以然，學者皆當理會。」

胡氏曰：「只于已發處用功，卻不枉費心力？」楊氏曰：「未發之際〔三〕，以心體之，則中之體自見〔四〕。執而勿失，無人欲之私焉，發必中節矣。」

程子曰：「思于未發之前求中，即是已發，但言存養于未發之時則可，惟涵養久，則喜怒哀樂之發自中節矣。」又曰：「學者莫若先理會敬〔五〕，則自知此矣。」

謝氏曰：「明道先生先使學者有所知識，卻從敬入。」又曰：「既有知識，窮得物理，卻從敬上涵養出來，自然是别，正容謹節，外面威儀，非禮之本。」尹氏曰：「先生教人，只是專令敬以直内，習之既久，自然有所得也。」

程子曰：「入道莫如敬，未有能致知而不在敬者。」又曰：「動容貌、整思慮，則自然生敬，存此久之，則自然天理明。」又曰：「涵養須用敬，進學則在致知。」又曰：「敬只是涵養一事，必有事焉，須當集義。只知用敬，不知集義，卻是都無事也。」

右諸説之不同者，以程子之言質之，惟尹氏之言爲近，所少者，致知集義之功耳。不知其言之序有未及耶？抑其意果盡于此也？然大本既立，則亦不患無地以崇其德矣。故愚于此，竊願盡心焉。因書其後以自詔云。

答林擇之

古人只從「幼子常視無誑」以上，灑掃、應對、進退之間，便是做涵養底工夫了。此豈待先識端倪而後加涵養哉？但從此涵養中漸漸體出這端倪來，則一一便爲己物。又只如平常地涵養將去，自然純熟。今曰「即日所學，便當察此端倪而加涵養之功」，似非古人爲學之序也。又云「涵養則其本益明，進學則其知益固，表裏互相發也」，此語甚佳。但所引三傳語，自始學以至成德節次，隨處可用，不必以三語分先後也。蓋義理，人心之固有，苟得其養而無物欲之昏，則自然發見明著，不待別求，格物致知亦因其明而明之耳。今乃謂「不先察識端倪則涵養個甚底」，不亦太急迫乎？敬字通貫動靜，但未發時則渾然是敬之體，非是知其未發方下敬底功夫也。既發則隨事省察，而敬之用行焉。然非其體素立，則省察之功亦無自而施也。故敬義非兩截事，「必有事焉而勿正，心勿忘，勿助長」，則此心卓然貫通動靜，敬立義行，無適而非天理之正矣。

伊川論中、真、静之字，謂之就常體形容是也，然静字乃指未感本然言。蓋人生之初，未感于物，一性之真，湛然而已，豈非常體本然未嘗不静乎？惟感于物，是以有動，然所感既息，則未有不復其常者，故熹常以爲静者性之真也。不識明者以爲何如？

又

比用朋友講論，深究近世學者之病，只是合下欠卻持養功夫，所以事事滅裂。其言敬者，又只説得存此心自然中理，至于容貌、辭氣，往往全不加功。設使真能如此存得，亦與釋老何異？上蔡説便有如此病了。況又心慮荒怱，未必真能存得耶。程子言敬，必以整齊嚴肅，正衣冠，尊瞻視爲先，又言「未有箕踞而心不慢者」，如此乃是至論。而先聖説「克己復禮」，尋常講説于禮字每不快意，必訓作理字然後已，今乃知其精微縝密，非常情所及耳。近略整頓孟子説，見此老直是把得定，但常放教到極險處，方與一斡轉，斡轉後便見天理人欲直是判然。非有命世之才，見道極分明，不能如此。然亦只此便是英氣害事處，便是才高無可依據處，學者亦不可不知也。

答張敬夫

以敬爲主，則内外肅然，不忘不助而心自存。不知以敬爲主而欲存心，則未免將一個心把捉一個心，外面未有一事時，裏面已是三頭兩緒，不勝其擾擾矣。就使實能把捉得住，只此已是大病，況未必真能把捉得住乎？儒釋之異，亦只于此便分了。如云「常見此心光爍爍地」，便是有兩個主宰了，不知光者是真心乎？見者是真心乎？來諭剖晰雖極精微，卻似未及此意，未審是否，如何？

答熊夢兆

靜坐而不能遣思慮，便是靜坐時不曾敬。敬則只是敬，更尋甚敬之體？似此支離，病痛愈多，更不曾做得功夫，只了得安排杜撰也。

答鄭衛老

明道先生曰：「某寫字時甚敬，非是要字好，只此是學。」絅謂此正在勿忘、勿助之間也。今作字匆匆，則不復成字，是忘也；或作意令好，則愈不能好，是助也。以此知持敬者，正勿忘、勿助之間也。

若如此說，則只是要字好矣，非明道先生之意也。

答或人

二先生所論敬字，須該貫動静看。方其無事而存主不懈者，固敬也；及其酬酢不亂者，亦敬也。故曰「毋不敬，儼若思」，又曰「事思敬」、「執事敬」，豈必以攝心坐禪而謂之敬哉？禮樂固必相須，然所謂樂者，亦不過謂胸中無事而自和樂耳，非是著意放開一路而欲其和樂也。然欲胸中無事，非敬不能。故程子曰「敬則自然和樂」，而周子亦以爲「禮先而樂後」，此可見也。既得後，須放開，不然卻只是守此言。既自得之，則自然心與理會，不爲禮法所拘而自中節。若未能如此，則是未有所得，纔方是守法之人耳。亦非謂既自得之，又卻須放開也。克己復禮固非易事，然顔子用力，乃在于視聽言動，禮與非禮之間，未敢便道得其本心而了無一事也。此其所以「先難而後獲」歟？今言之甚易，而苦其行之之難，亦不考諸此而已矣。

答潘叔度

來諭縷縷，備見立志之遠，歎服良深。但所謂「敬之爲言，將以名持存之理」者，于鄙意似未安。蓋人心至靈，主宰萬變，而非物所能宰，故纔有執持之意，便是此心先自動了。此程夫子所以每言「坐忘即是坐馳」；又因默數倉柱，發明其説；而其指示學者操存之道，則必曰「敬以直内」，而又有「以敬直内便不直矣」之云也。蓋惟整齊嚴肅，則中有主而心自存，非是別有以操存乎此，而後以敬名其理也。此類初若名言小失，不足深辨，然欲放過，則恐于日用之功不能無害，故輒言之。子約書中有所反覆，亦是此意。幸參考而互評之，則其辨益明，而儒釋之殊亦可因以判矣。横渠集云云，大凡作事匆匆，不能博盡同異，便有遺恨，前輩所謂「甚事不因忙後錯了」者，誠有味也。

答吕子約

承諭專看論語，浸覺固滯，因復看易傳及繫辭，此愚意所未喻。蓋前書布此曲折已再三矣，似已略蒙聽察，不知何爲而復蹈舊轍也。夫論語所記，皆聖人言行之要，果能專意玩索，其味無窮，豈有固滯之理？竊恐卻是不曾專一，故不見其味而反以爲固滯耳。至如讀易，亦當遵用程子之言，卦、爻、繫辭自有先後，今亦何所迫切而手忙腳亂一至此耶？所論主一、主事之不同，恐亦未然。主一只是專一，蓋無事則湛然安静而不騖于動，有事則隨事應變而不及于他，是所謂主事者，乃所以爲主一者也。觀程子書中所論敬處，類集而考之，亦可見矣。若是有所係戀，卻是私意，雖似專一不舍，然既有係戀，則必有事已過而心未忘、身在此而心在彼者，此其支離畔援，與主一無適非但不同，直是相反。今比而論之，可謂不察矣。惟其不察于此，是以未能專一，而已有固必矜持之戒，身心彼此實有係戀、支離之病，而反不自知其非。又凡前後所言，類皆瞻前顧後、一前一卻之論，不但坦然驀直行得數步。此一個大病根株，恐當痛下工夫刊削，不可悠悠只如此説來説去，久之看得只似尋常也。

答潘子善

所論爲學之意善矣，然欲專務静坐，又恐墮落那一邊去。只是虚著此心，隨動隨静，無時無處不致其戒謹恐懼之力，則自然主宰分明，義理昭著矣。然著個「戒謹恐懼」四字，已是壓得重了。只是略綽提撕，令自省覺，便是工夫也。

答許順之

書中所諭皆的當之論，所恨無餘味耳。更向平易著實處子細玩索，須于無味中得味，乃知有餘味之味耳。敬齋記所論極切當，近方表裏看得無疑，此理要人識得，識得雖即百千萬億不爲多〔六〕，無聲無臭不爲少。若如所疑，即三綱五常都無頓處，九經、三史皆爲剩語矣。此正是順之從來一個窠臼，何故至今出脱不得？豈自以爲是之過耶？聞有「敬字不活」之論，莫是順之敬得來不活否？卻不干敬字事。惟敬故活，不敬便不活矣。此事所差毫釐，便有千里之謬，非書札所能盡，切在細思，會當有契耳。「先覺」之論，只著得誠字、感字，亦是贅語。只是文字不敢與柯丈見〔七〕，便是逆詐億不信了。吾人心中豈有許多事耶？「夜氣」之説，近得來答，始覺前説之有病也。

答周舜弼

所論敬字工夫于應事處用力爲難，此亦常理。但看聖賢説「行篤敬」、「執事敬」，則敬字本不爲默然無事時設，須向難處力加持守，庶幾動静如一耳。克己亦别無巧法，譬如孤軍猝遇强敵，只得盡力舍死向前而已，尚何問哉？

答任伯起

示諭静中私意横生，此學者之通患，能自省察至此，甚不易得。此當以敬爲主，而深察私意之萌多爲何事，就其重處痛加懲窒，久之純熟，自當見效，不可計功于旦暮而多爲説以亂之也。論語别本未曾改定，俟後便寄去，然且專意就日用處做涵養省察工夫，未必不勝讀書也。

答方賓王

所諭涵養本原之功，誠易間斷，然纔覺得間斷，便是相續處，只要常自提撕，分寸積累將去，久之自然接續，打成一片耳。講學工夫亦是如此，莫論事之大小，理之淺深，但到目前，即與理會到底，久之自有浹洽貫通也。

答何叔京

熹奉親屏居，諸況如昔，所憂所懼，大略不異來教之云，而又有甚焉者耳。躁妄之病，在賢者豈有是哉？熹則方患于此，未能自克，豈故以是相警切耶？佩服之餘，常竊思之，所以有此病者，殆居敬之功有所未至，故心不能宰物，氣有以動志而然耳。若使主一不二，臨事接物之際，真心現前，卓然而不可亂，則又安有此患哉？或謂程子曰：「心術最難執持，如何而可？」子曰：「敬。」又嘗曰：「操納者，敬而已矣。」惟其敬足以直内，故其義有以方外，義集而氣得所養，則夫喜怒哀樂之發，其不中節者寡矣。孟子論「養浩然之氣」，以爲集義所生，而繼之曰「必有事焉而勿正，心勿忘，勿助長也」，蓋又以居敬爲集義之本也。夫

「必有事焉」者，敬之謂也，若曰「其心儼然，常若有所事」云爾。夫其心儼然肅然〔八〕，常若有所事，則雖事物紛至沓來，豈足以亂吾之知思？而宜不宜、可不可之幾，已判然于胸中矣。如此，則此心晏然有以應萬物之變，而何躁妄之有哉？雖知其然而行之不力，方竊自悼，故因來教之及而以質于左右，不知其果然乎否也？

又

示諭必先盡心知性，識其本根，然後致持養之功，此意甚然。然此心此性，人皆有之，所以不識者，人欲昏之耳。欲識此本根，亦須合下先識得個持養功夫次第而加功焉，方始見得，見得之後，又不舍其持養之功，方始守得。蓋初不從外來，只持養得，便自著見，但要窮理功夫互相發耳。來諭必欲先識本根，而不言所以識之之道，恐亦未免成兩截也。主于減者，以進爲文；主于盈者，以反爲文。中間便有個恰好處，所謂性情之正也。此固不離于中和，然只喚作中和，便説煞了。須更玩味進反之間，見得一個恰好處，方是實識中和也。

又

後書所論持守之説，有所未喻。所較雖不多，然此乃實下工夫田地，不容小有差互。

嘗與季通論之，季通以爲尊兄天資粹美，自無紛擾之患〔九〕，故不察夫用功之難，而言之之易如此，此語甚當。然熹嘗觀尊兄平日容貌之間，從容和易之意有餘，而于莊整齊肅之功，終若有所不足。豈其所存不主于敬，是以不免于若存若亡，而不自覺其舍而失之乎？二先生拈出「敬」之一字，真聖學之綱領〔一〇〕。存養之要法一主乎此〔一一〕，更無内外精粗之間，固非謂但制之于外則無事于存也。所謂「既能勿忘勿助，則安有不敬」者，乃似以敬爲功效之名，恐其失之益遠矣。請會二先生言敬處，仔細尋繹，自當見之。

又

持敬之說，前書亦未盡，今見嵩卿，具道尊意，乃得其所以差者。蓋此心操之則存，而敬者所以操之之道也。尊兄乃于覺而操之之際，指其覺者便以爲存，而于操之之道，不復致力。此所以不惟立說之偏，而于日用功夫，亦有所間斷而不周也。愚意竊謂正當就此覺處，敬以操之，使之常存而常覺〔一二〕，是乃乾坤易簡交相爲用之妙。若便以覺爲存而不加持敬之功，則恐一日之間，存者無幾何，而不存者什八九矣。願尊兄以是察之，或有取于愚言耳。所諭旁搜廣引，頗費筋力者，亦所未喻。義理未明，正當反復攢研，參互考證，然後可以得正而無失。古人所謂「博學」、「審問」、「慎思」、「明辨」者，正爲此也，奈何憚于一時之費力而草草自欺乎？竊謂高明之病或恐正在于此，試反求之，當自見矣。

又

持敬之説，前書已詳稟矣。如今所論先存其心，然後能視聽言動以禮，則是存則操，亡則舍，而非「操則存，舍則亡」之謂也。「由乎中而應乎外」，乃四箴序中語，然此一句但説理之自然，下句「制之于外所以養其中」，方是説下工夫處，以箴語考之可見矣。若必曰先存其心，則未知所以存者，果若何而著力耶？去冬嘗有一書，請類集程子言敬處考之，此最直截。竊觀累書之諭，似未肯于此加功也，豈憚于費力而不爲耶？

先生後與蔡季通書云：「叔京昨夕方行，常勸渠日用加持敬之功。渠云『能存其心，是之謂敬』，而某以爲惟敬所以能存其心。論此兩日，竟不能合。觀其主意又似老兄所論『克己』之目一般，以此見議論易差，若不實下日用功夫，動加防檢，殆無以驗其是非也。」

又

示諭根本之説，敢不承命。但根本枝葉，本是一貫，身心内外，元無間隔。今曰「專存諸内而略夫外」，則是自爲間隔，而此心流行之全體，常得其半而失其半也。曷若動静語默，由中及外，無一事之不敬，使此心之全體流行周浹，而無一物之不徧、無一息之不存者哉？觀二先生之論心術，不曰「存心」，而曰「主敬」；其論主敬，不曰「虚静淵默」，而必謹之于衣冠容貌之間，亦可謂言近而指遠矣。今乃曰「不教人從根本上做起，而便語以敬，往往一向外馳，無可據守」，則不察乎此之過也。夫天下豈有「一向外馳，無可據守」之敬哉？必如所論，則所以存夫根本者，不免著意安排、揠苗助長之患。否則，雖曰存之，亦且若存若亡，莫知其鄉而不自覺矣。愚見如此，伏惟試反諸身而察焉，有所未安，卻望垂教也。太極「中正仁義」之説，玩之甚熟。此書條暢通達，絶無可疑，只以「乾元亨利貞」五字括之，亦自可盡。大抵只要識得上下賓主之分耳。

又

持敬之説甚善，但如所諭，但須是天資儘高底人，不甚假修爲之力，方能如此，若顔、曾以下，猶須就視聽言動、容貌辭氣上做工夫。蓋人心無形，出入不定，須就規矩繩墨上守定，便自内外帖然，豈曰放僻邪侈于内而始正容謹節于外乎？且放僻邪侈正與莊整齊肅相反，誠能莊整齊肅，則放僻邪侈決知其無所容矣。既無放僻邪侈，然後到得莊整齊肅地位，豈容易可及哉？此日用功夫至要約處，亦不能多談，但請尊兄以一事驗之。儼然端莊、執事恭恪時，此心如何；怠惰頹靡、涣然不收時，此心如何。試于此審之，則知内外未始相離，而所謂端整齊肅者，正所以存其心也已。

答楊子直

持敬之説不必多言，但熟味「整齊嚴肅」、「嚴威儼恪」、「動容貌」、「整思慮」、「正衣冠」、「尊瞻視」此等數語而實加功焉，則所謂「直内」、所謂「主一」，自然不費安排而身心肅然，表裏如一矣，豈陸棠之謂哉？彼其挾詐欺人，是乃敬之賊耳。今反以敬之名歸之，而謂敬之實真有不足行者，豈不誤甚矣哉？大抵身心内外初無間隔，所謂心者固主于内，而凡眎聽言動、出處語默之見于外者，亦即此心之用而未嘗離也。今于其空虚不用之處則操而存之，于其流行運用之實則棄而不省，此于心之全體雖得其半，而失其半矣。然其所得之半，又必待有所安排布置，然後能存，故存則有揠苗助長之患，否則有舍而不芸之失。是則其所得之半，又將不足以自存而失之，孰若一主于敬，而此心卓然内外動静之間無一毫之隙、一息之停哉？叔京來書尚執前説，而來諭之云，亦似未見内外無間之實。故爲此説，并以寄叔京，而所以答叔京者，亦并寫呈，幸詳思之，卻以見告也。

答包定之

中庸實未易讀，更宜虚心玩味，久當自得。大抵其説雖無所不包，然其用力之端，只在明善謹獨。所謂明善，又不過思慮應接之間，辨其孰爲公私邪正而已，此窮理之實也。若于此草草放過，則亦無所用其存養之力矣。

答董叔重

示諭日用功夫，更于收拾持守之中，就思慮萌處，察其孰是天理，孰是人欲，取彼舍此，以致敬義夾持之功爲佳。讀書亦是如此，先自看大指，卻究諸説，一一就自己分上體當出來，庶幾得力耳。

答度周卿〔一三〕

比來爲况如何？讀書探道亦頗有新功否耶？歲月易過，義理難明，但于日用之間，隨時隨處提撕此心，勿令放逸，而于其中隨事觀理，講究思索，沈潛反覆。庶于聖賢之教，漸有默相契處，則自然見得天道性命真不外乎此身，而吾之所謂學者，舍是無有别用力處矣。

答傅誠子

示諭疑問，皆有迫切之意，此最爲學之害。須且放下，只平平地讀書玩味，其意理會未得處且記著，時時拈起看，恐久之須有得力處。若只如此枉費心力，不濟事也。幾微之間，善者便是天理，惡者便是人欲。纔覺如此，便存其善、去其惡可也，何難剖晰之有？

答陳廉夫

示諭縷縷，足證雅意，但爲學功夫不在日用之外，檢身則動静語默，居家則事親事長，窮理則讀書講義，大抵只要分别一個是非而去彼取此耳，無他玄妙之可言也。論其至易至近，則即今便可盡力；論其至急至切，則即今便可用力。莫更遲疑，且隨深淺，用一日之力，便有一日之效〔一四〕。到有疑處，方好尋人商量，則其長進通達不可量矣。若即今全不下手，必待他日遠求師友，然後用力，則目下蹉過卻合做底親切工夫，虚度了難得底少壯時節，正使他日得聖賢而師之，亦無積累憑藉之資可受鉗錘，未必能真有益也〔一五〕。

答周南仲

承諭教學相長之意，尤副所望。但爲學之序，必先成己，然後可以成物。反復來示，似于自己分上未免猶有所闕，恐不若且向裏用功也。此心此理原無間斷虧欠，聖賢遺訓具在方册，若果有意，何用遲疑等待？何用準擬安排？只從今日爲始，隨處提撕，隨處收拾，隨時體究，隨事討論。但使一日之間，整頓得三五次，理會得三五事，則日積月累，自然純熟，自然光明矣。若只如此立個題目，頓在目前，又卻低徊前卻，不肯果決向前，真實下手，則悠悠歲月，豈肯待人？恐不免但爲自欺自誣之流，而終無得力可恃之地也。

答李守約

讀書之法無他，惟是篤志虚心，反復詳玩，爲有味耳。近見學者多是率然穿鑿，便爲定論，或即信所傳聞，不復稽考。所以日誦聖賢之書，而不識聖賢之意，其所誦説只是據自家見識撰成耳，如此豈復能有長進？前輩蓋有親見有道，而其所論終不免有背馳處者，想亦正坐此耳。所説持敬功夫，恐不必如此。徒自紛擾，反成坐馳。但只大綱收斂，勿令放逸，到窮理精後，自然思慮不至妄動，凡所營爲無非正理，則亦何必兀然静坐，然後爲持敬哉？

答陳膚仲

承以家務叢委，妨于學問爲憂。此固無可奈何者，然亦只此便是實用功地。但每事看得道理，不令容易放過，更于其間見得平日病痛，痛加剪除，則爲學之道何以加此？若起一脱去之心，生一排遣之念，則事理卻成兩截，讀書亦無用處矣。但得少間隙時，不可閒坐説話，過了時日，須偷些小工夫，看些小文字，窮究聖賢所説底道理，乃可以培植本原，庶幾枝葉自然長旺耳。

答項平父

示諭此心原是聖賢，只要于未發時常常識得，已發時常常記得，此固持守之要。但聖人指示爲學之方，周遍詳密，不靠一邊，故曰「敬義立而德不孤」。若如今説，則只恃一個敬字，更不做集義工夫，其德亦孤立而易窮矣。須是精粗本末，隨處照管，不令工夫少有空闕不到之處，乃爲善學也。此心固是聖賢本領，然學未講，理未明，亦有錯認人欲作天理處，不可不察。識得記得，不知所識所記指何物而言？若指此心，則識者記者復是何物？心有兩主，自相攫拏，聖賢之教，恐無此法也。持守之要，大抵只是要得此心常自整頓，惺惺了了，即未發時不昏昧，已發時不放縱耳。愚見如此，不知子静相報如何？因風録示，或可以儆所不逮也。伊川先生云「涵養須用敬，進學則在致知」，此兩句與從上聖賢相傳指訣如合符契。但講學更須寬平其心，深沈詳細，以究義理要歸處，乃爲有補。若只草草領略，就名數訓詁上著到，則不成次第耳。

又

録寄啓書，尤以愧荷稱許之過，皆不敢當，但覺「難用」兩字著題耳。至論爲學次第，則更儘有商量。大抵人之一心，萬理具備，若能存得，便是聖賢，更有何事？然聖賢教人，所以有許多門路節次，而未嘗教人只守此心者，蓋謂此心此理雖本完具，卻爲氣質之稟不能無偏，若不講明體察極精極密，往往隨其所偏，墮于物欲之私而不自知。近世爲此說者，觀其言語動作，略無毫髮近似聖賢氣象，正坐此耳。是以聖人教人，雖以恭敬持守爲先，而于其中又必使之即事即物，考古驗今，體會推尋，内外參合。蓋必如此，然後見得此心之真、此理之正，而于世間萬事，無不洞然了其黑白。大學所謂「知至」「意誠」，孟子所謂「知言」「養氣」，正謂此也。若如來諭，乃是合下只守此心，全不窮理，故此心雖似明白，然卻不能應事，此固已失之矣。後來知此是病，雖欲窮理，然又不曾將聖賢細密言語向自己分上精思熟察，而便務爲涉獵書史、通曉世故之學，故于理之精微既不能及，又并向來所守而失之，所以倀倀然無所依據，雖于尋常淺近之説，亦不能辨而坐爲所惑也。夫謂不必先分儒釋，此非實見彼此皆有所當取而不可偏廢也，乃是不曾實做得自家本分工夫，故亦不能知異端詖淫邪遁之害，茫然兩無所見，而爲是依違籠罩之説，以自欺而欺人耳。若使自家日前曾做得窮理工夫，此豈難曉之病耶？然今所謂「心無不體之物，物無不至之心」，又似只是移出向來所守之心，便就日間所接事物上比較耳。其于古今聖賢指示剖晰細密精微之藴，又未嘗入思議也。其所是非取舍，亦據己見爲定耳，便謂存誠愈固，養氣愈完，吾恐其察之未審而自許過高，異日忽逢一夫之説，又將爲所遷惑而不能自安也。中間得葉正則書，亦方似此依違籠罩而自處過高，不自知其淺陋，殊可憐憫。以書告之，久不得報，恐未必能堪此苦口也。大學章句一本謾往，其言雖淺，然路脈不差，節序明審，便可行用，幸試詳之。

又

所論「義襲」，猶未離乎舊見。大抵既爲聖賢之學，須讀聖賢之書，既讀聖賢之書，須看得他所説本文上下意義，字字融釋無窒礙處，方是會得聖賢立言指趣，識得如今爲學工夫，固非可以懸空白撰而得之也。如孟子答公孫丑問氣一節，專以浩然之氣爲主。其曰「是集義所生者」，言此氣是積累行義之功，而自生于内也；其曰「非義襲而取之也」，言此氣非是所行之義潛往掩襲而取之于外也；其曰「行有不慊于心則餒矣」者，言心有不慊，即是不合于義而此氣不生也。是豈可得而掩取哉？告子乃不知此，而以義爲外，則其不動心也，直强制之而頑然不動耳，非有此氣而自然不動也。故又曰：「我故曰告子未嘗知義，以其外之也」。然告子之病，蓋不知心之慊處即是義之所安，其不慊處即是不合于義，故直以義爲外而不求。今人因孟子之言，卻有見得此意而識義之在内者，然又不知心之慊與不慊，亦有必待講學省察而後能察其精微者，故于學聚問辨之所得，皆指爲外而以爲非義之所在，遂一切棄置而不爲。此與告子之言雖若小異，然其實則百步、五十步之間耳。以此相笑，是同浴而譏裸裎也。由其所見之偏如此，故于義理之精微、氣質之偏蔽，皆所不察，而其發之暴悍狂率，無所不至。其所慨然自任，以爲義之所在者，或未必不出于人欲之私也。來諭敬、義二字工夫不同，固是如此。然敬即學之本，而窮理乃其事，亦不可全作兩截看也。洪範「皇極」一章乃九疇之本，不知曾子細看否？先儒訓「皇極」爲「大中」，近聞又有説「保極」爲「存心」者，其説如何，幸推詳之，復以見告。逐句詳説，如注疏然，方見所論之得失。大抵爲學，但能于此等節目處，看得十數條通透縝密，即見讀書凡例，而聖賢傳付不言之妙，皆可以漸得之言語之中矣。

答余正叔

示論已悉。　前日所論，正謂敬義工夫不可偏廢，彼專務集義而不知主敬者，固有虛驕急迫之病，而所謂義者，或非其義。　然專言主敬，而不知就日用間念慮起處，分別其義利公私之所在，而決取舍之幾焉，則恐亦未免于昏憒雜擾，而所謂敬者，有非其敬矣。　且所謂集義，正是要得看破那邊物欲之私，卻來這下認得天理之正，事事物物，頭頭處處，無不如此體察，觸手便作兩片，則天理日見分明，所謂物欲之誘，亦不待痛加遏絶而自然破矣。　若其本領，則固當以敬爲主，但更得集義之功，以祛利欲之蔽，則于敬益有助。　蓋有不待著意安排，而無昏惰雜擾之病。　上蔡所謂「去卻不合做底事，則于用敬有功」，恐其意亦謂此也。　故正叔本有遲疑支蔓之病，今此所論依然墮在此中，恐亦是當時鄙論不甚分明致得如此。　今復如此剖悉將去，使正叔知得鄙意不是舍敬談義，去本逐末，正欲兩處用功，交相爲助，正如程子所謂「敬義夾持，直上達天德，自此」者耳。　今亦不須更生疑慮，別作商量，但請依此實下功夫〔一六〕，久遠純熟，便自見得也。　前日三詩，首篇「計功程」字是大病根，而其下亦未見的實用功得力之處，後二篇亦未見踐言之效，只成虛説，尤犯聖門大禁。　大概皆是平日「對塔説相輪」慣了意思，致得如此。　須是勇猛決烈，實下工夫，力救此病，不可似前泛泛悠悠，虚度時日也。

又

示諭日用功夫，甚副所望。然前者所論，未嘗欲專求息念，但以爲不可一向專靠書册，故稍稍放教虚閒，務要親切自己。然于無事之時，尤是本根所在，不可昏惰雜擾，故又欲就此便加持養，立個主宰。其實只是一個提撕警策，通貫動静，但是無事時只是如此一直持養，有事處便有是非取舍，所以有直内方外之别，非以動静真爲判然二物也。上蔡之説，便是如此，亦甚切要。但如此做覺久遠，須得力爾。千萬且于日用間及論語中著力，令有個會通處，他書亦不難讀也。

答余國秀

所謂「貼裏」者，但謂不可向外理會不干己事及求知于人之類是也。若學問之功，則無内外身心之間，無粗細隱顯之分也。初時且要大綱持守，勿令放逸，而常切提撕，漸加嚴密，更讀聖賢之書，逐句逐字，一一理會，從頭至尾，不要揀擇。如此久之，自當見得分明，守得純熟矣。今看此册，大抵不曾著實持守，而遽責純熟之功，不曾循序講究，而務極精微之蘊。正使説得相似，只與做舉業一般，于己分上全無干涉，此正不「貼裏」之病也。

答李晦叔

持敬、讀書只是一事，而表裏各用力耳。若有所偏，便疑都不曾做工夫。今且逐日著實做將去，未須比量難易，計較得失，徒然紛擾，不濟事，反害事。要令日用之間，只見本心義理，都不見有他物，方有得力處耳。

答蘇晉叟

持敬、格物工夫，本不相離，來諭亦太説開了，更宜審之，見得不相離處，日用間方得力耳。

又云：示及自警詩甚善，然頗覺有安排湊合之意，要須只就日用分明切要處操存省察，而此意油然自生乃佳耳。

答楊子直

前日晦伯人還，已上狀矣，但忘記一事，欲煩爲作小楷四箴百十字，今納界行去，暇日得爲揮染，甚幸。此箴舊見只是平常説話，近乃覺其指意之精密，真所謂「一棒一條痕，一摑一掌血」，故欲揭之座隅，使不失墜云耳。時節不是當，字學亦絶，故欲得妙札，時以寓目，以祛病思，幸勿靳也。

先生後索子直書札，云「前書所求妙札，曾爲落筆否？便中早得寄示爲幸」，蓋庚申閏二月二十七日手札也。越十二日而先生卒。録此以見先生始終用功之地也。

【校勘記】

〔一〕尊而行之　「尊」，原作「專」，據文集卷三三改。

〔二〕故又曰學者莫若先理會敬　「若」字原脱，據文集卷六七補。

〔三〕未發之際　「際」，原作「前」，據文集卷六七改。

〔四〕則中之體自見　「中」，原作「心」，據文集卷六七改。

〔五〕學者莫若先理會敬　「若」字原脱，據文集卷六七補。

〔六〕識得雖即百千萬億不爲多　「百千」，原作「千百」，據文集卷三九乙正。

〔七〕只是文字不敢與柯丈見　「柯」，原作「阿」，據文集卷三九改。

〔八〕夫其心儼然肅然　「儼然」二字原無，據文集卷四〇補。

〔九〕自無紛擾之患　「患」，原作「思」，據文集卷四〇改。
〔一〇〕真聖學之綱領　「學」，原作「賢」，據文集卷四〇改。
〔一一〕存養之要法一主乎此　「主乎」，原作「至于」，據文集卷四〇改。
〔一二〕使之常存而常覺　「使之」二字原無，據文集卷四〇補。
〔一三〕答度周卿　「度周」二字原倒，據文集卷四〇乙正。
〔一四〕便有一日之效　「有」下原重「有」字，據文集卷五八刪。
〔一五〕未必能真有益也　「必」字原脱，「真」下衍「能」字，據文集卷五八補、刪。
〔一六〕但請依此實下功夫　「功夫」原作「工功」，據文集卷五九改。

卷五

論致知格物

深究此卷之義，格物聚訟或可少解。

答陳齊仲

格物之論，伊川意雖謂「眼前無非是物」，然其格之也，亦須有緩急先後之序，豈遽以爲存心于一草木器用之間而忽然懸悟也哉？且如今爲此學，而不窮天理、明人倫、講聖言、通世故，乃兀然存心于一草木、一器用之間，此是何學問？如此而望有所得，是炊沙而欲其成飯也。來諭似未看破此處病敗，恐不免出入依違之弊耳。

陽明先生曰：「衆人只說格物要依晦翁，何曾把他底說去用？我著實曾用來。初年與錢友同論做聖賢要格天下之物，如今安得這等人底力量？因指亭前竹子，令去格看。錢子早夜去窮格竹子底道理，竭其心思，至于三日便致勞神成疾。當初說他這是精力不足，某因自去窮格，早夜不得其理，到七日亦以勞思致疾。遂相與歎聖賢是做不得底，無他大力量去格物了。及在夷中三年，頗見得此意思，乃知天下之物本無可格者。其格物之功，只在身心上做。決然以聖人爲人人可到，便自有擔當了。這等意思，卻要説與諸公知道。」

愚按：晦翁窮理諸説，大概在天理人欲上用工，並無不切人倫日用、窮高極遠之處。陽明格竹一事，何以不深考而出此也？今觀集註、或問，本末兼陳，輕重有在。以陽明之高識，豈不瞭然竹子亦是一物，自在可格，然亦何至七日而不得其解也？此實賢知之過，何可爲鑒後人，是使格物爲畏途，而程朱正解無以大白于天下也。晦翁窮理之説已略見前卷，兹專録論大學格物本旨數條，集爲此卷，以見其平易可行，庶乎後之學者不至鈎深探賾，無當于庸言庸行之常，守寂耽空，有悖于博學審問之訓云。

答吴伯豐

示諭程子格物之説，誠若有未易致力者，然其曰「天地之所以高厚，一物之所以然」，蓋極其大小而言之，以明是理之無不在，而學問之功不可一物而有遺耳。若其所以用力之地，則亦不過讀書史、應事物如前之云爾，豈茫然放其心于汗漫紛綸而不可知之域哉？

答康炳道

所論學者之失，由其但以致知爲事，遂至陷溺，此于今日之弊，誠若近之。然恐所謂致知者，正是要就事物上見得本來道理，即與今日討論制度、校計權術者，意思功夫迥然不同。若致得吾心本然之知，豈復有所陷溺耶？正坐論事而不求理，遂至生此病痛耳。

答李晦叔

或問曰：「然而本明之體，得之于天，終有不可得而昧者。是以雖其昏蔽之極，而恍惚之間一有覺焉，則即此介然之頃，而其本體已洞然矣。」煇竊詳數句，只是發明本明之體，終有不可得而昧之意，若就學者用工夫上説，則恍惚之間斷無自覺之理。須是格物、致知、誠意、正心、修身工夫，次第曲折，然後本明之體可得而明。

若是冥然都無覺處，則此能致知者是何人耶？此是最親切處，所宜深察。

答陳才卿

詳來示，知日用功夫精進如此，尤以爲喜。若知此心此理端的在我，則參前倚衡，自有不容捨者，亦不待求而得，不待操而存矣。格物致知亦是因其所已知者推之，以及其所未知，只是一本，元無兩樣工夫也。

答陳師德

示諭格物持敬之方，足見鄉道不忘之意，甚善甚善。持敬正當自此而入，至于格物，則伊川夫子所謂「窮經應事，尚論古人」之屬，無非用力之地。若捨此平易顯明之功，必搜索窺伺于無形無跡之境，竊恐陷于思而不學之病，將必神疲力殆，而非所以進于日新矣。況聞左右體羸多病，尤當完養思慮，毋令過苦，成就德器，以慰士友之望。

答鄭子上

格物致知乃是就此等實事工夫上窮究，非謂舍置即今職分之所當爲，而泛然以求事物之理〔一〕，待其窮盡，而後意自誠、心自正、身自修也。

既知善端無時而不呈露，則當知無時不有下功夫處，不可謂常時都不發見，必待其有時發見而後可加功也。若如所論，只于恭敬上用功夫，則又只是存養之事。若便以此爲格物工夫，則是程先生所謂「若但敬而不知窮理，卻是都無事」者矣。須知遇事而知其當然，即是發見；就此推究以造其極，即是格物。但且如此用功，則所謂妄有所指而流于空虛，未有所見而苟且自止之病，亦不必慮矣。

又

所論大學之疑，甚善。但覺前日之論，頗涉倒置，故讀者汩没，不知緊切用功仔細看經文，只是就大體規模上推説，將來非是實經此漸次等級，然後及于格物也。故後來頗削舊語，意以此耳。

答石子重

熹竊謂人之所以爲學者，以吾之心未若聖人之心故也。心未能若聖人之心，是以燭理未明，無所準則，隨其所好，高者過，卑者不及，而不自知其爲過且不及也。若吾之心，即與天地聖人之心無異矣，則尚何學之爲哉？故學者必因先達之言，以求聖人之意；因聖人之意〔一〕，以達天地之理。求之自淺以及深，至之自近以及遠，循循有序，而不可以欲速迫切之心求也。夫如是，是以浸漸經歷，審熟詳明，而無躐等空言之弊。馴至其極，然後吾心得正，天地聖人之心不外是焉。非固欲盡于淺近而忘深遠，舍吾心以求聖人之心，棄吾説以徇先儒之説也。

又

敬字之説，深契鄙懷。只如大學次序，亦須如此看始得。非格物致知全不用正心誠意，及其誠意正心，卻都不用致知格物。但下學處須是密察見得後，便泰然行將去，此有始終之異耳。其實始終是個敬字，但敬中須有體察工夫，方能行著習察，不然兀坐持敬，又無敬步處也。觀夫子答門人爲仁之問不同，然大要以敬爲入門處，正要就日用純熟處識得，便無走作。非如今之學者，前後自爲兩段，行解各不相資也。近方見此意思，亦患未得打成一片耳。「大化之中，自有安宅」，此立語固有病，然當時之意，卻是見自家主宰處，所謂「大化」須就此識得，然後「鳶飛魚躍，觸處洞然」。若但泛然指天指地，説個「大化便是安宅」、「安宅便是大化」，卻恐顢頇儱侗，非聖門求仁之學也。不識高明以爲何如？

答程允夫

「窮理之要，不必深求」，此語大有病，殊駭聞聽。「行得即是」，固爲至論，然窮理不深，則安知所行之可否哉？宰予以短喪爲安，是以不可爲可也。子路以正名爲迂，是以可爲不可也。彼親見聖人，日聞善誘，猶有是失，况于餘人，恐不但如此而已。窮理既明，則理之所在，動必由之，無論高而不可行之理，但世俗以苟且淺近之見，謂之不可行耳。如「行不由徑」，固世俗之所謂迂；不行私謁，固世俗之所謂矯。又豈知理之所在，言之雖若甚高，而未嘗不可行哉？理之所在，即是中道。惟窮之不深，則無所準則，而有過不及之患，未有窮理既深而反有此患也。易曰：「精義入神，以致用也。」蓋惟如此，然後可以應務，未至于此，則凡所作爲皆出于私意之鑿，冥行而已，雖使或中，君子不貴也。

答方賓王

或者曰：「易傳云：『雖無邪心，苟不合正理，皆妄也。乃邪心也。』」誼舊嘗疑此語，以爲離邪即歸于正。所謂「閑邪存其誠」，非「閑邪」之外別有「誠」可存也，但「閑邪」則「誠」自存矣。後來方覺看得不精，元不曾實體得，只是將言語尋求，所以草草如此。夫莊敬持養，此心既存，亦可謂之無邪心矣。然知有未至，理有未窮，則于應事接物之際，不能處其當，未免于紛擾而敬亦不得行焉。雖與流放而不知者異，然苟不合正理，則亦未免爲妄與邪心也。故致知所以爲大學之首，與其用力之次第，則先生所作大學傳所引程子、游氏、胡氏之言數條是也。但莊敬持養又其本耳。近來學者多説萬理具于吾心，苟識得心，則于天下之事無不得其當，而指致知之説爲非。其意大率謂求理于事物，則是外物。誼竊謂知者，心之所覺，吾之所固有。蓋太極無所不該，而天下未嘗有心外之物也。惟其汩于物欲，亂于氣習，故其知乃始蔽而不明，而敬以持之，思以通之者，亦曰開其蔽以復其本心之知耳。程子曰「凡一物有一理，須是窮致其理」者，豈皆窮之于外哉？在物爲理，處物爲義，所以處之者，欲窮其當，則固在我矣。程子曰：「致思如掘井，初有渾水，久後稍引動則清者出來。人思慮，始皆溷濁，久自明快矣。」所謂「清水」與「明快」，非自外來，蓋亦開其蔽，則本心之明漸見耳。不知或者識心之説，豈一超直入者乎？

所諭易傳「無妄」之説甚善，但所謂「雖無邪心」而「不合正理」者，實該動靜而言。如燕居獨處之時，物有來感[三]，理所當應，而此心頑然固執不動，則雖無邪心，而只此不動處便非正理。又如應事接物處，理當如彼，而吾所以應之者乃如此，則雖未必出于有意之私，然只此亦是不合正理，既有不合正理，則非邪妄而何？恐不可專以莊敬持養，此心既存爲無邪心，而必以未免紛擾，敬不得行，然後爲有妄之邪心也。所論近世識心之弊，則深中其失。古人之學所貴于存心者，蓋將推此以窮天下之理，今之所謂識心者，乃欲恃此而外天下之理。是以古人知益崇而禮益卑，今人則論益高，而其狂妄姿睢也愈甚，則得失亦可見矣。

答宋深之

大學是孔門最初用功處，格物又是大學最初用功處。試考其説，就日用間如此作功夫，久之意思自別，見得世間一切利欲好樂皆不足以動心，便是小小見效處也。荀、楊言性得失，忘記前語首尾云何。然此等處若于自己分上見得分明，則亦不待人言，自然見得矣。但恐讀書之時，無爲己之意，只欲以資口耳，作文字即意思浮淺，看他義理不出也。

答朱飛卿

某比欲窮理，而事物紛紜，未能有灑落處。近惟見得富貴果不可求，貧賤果不可逃耳。此是就命上理會〔四〕，須更就義上看當求與不當求，當避與不當避，更看自家分上所以求之避之之心是欲如何〔五〕。且其得喪榮辱，與自家義理之得失利害，孰爲輕重，則當有以處此矣。

答劉公度

所論持敬之説，固學者之切務。然此亦要得講學窮理之功，見得世間道理歷歷分明，方肯如此著力。若于聖賢之言有所忽略，不曾逐句逐字仔細理會，見得道理都未分明，卻如何捺生硬做得成？如所謂「齊心致敬于平旦之頃，以求理之所在」者，亦恐徒勞而無補也。古人之學，欲其「造次」「顛沛」之不離，今乃獨求之于平旦之頃，則其他時節是勾當甚事耶？所論濂溪見處，亦恐未然。濂溪見處正謂與異端不同，此立言垂教，句句著實如此。若如此論，即是所見一般，但此公而彼私，此大而彼小耳。且既有公私、大小之不同，則其所同者又何事耶？凡此皆恐未易遽論，要當降心遜志，且就讀書講學上仔細用功，久之自有見處也。義理細密，直是使粗心看不得，乍看極似繁碎，久之純熟貫通，則綱舉目張，有自然省力處。向見論事文字，綱領不甚分明，今乃知其病之在此也。僭易及此，千萬炤亮。

胡文定春秋曾熟看否？未論義理，且看其文字，亦便見此老胸中間架規模不草草也，直卿志堅思苦，與之處，甚有益。此道不是小事，須喫些辛苦，方有望也。

答王欽之

來書謂「窮理不必泥古人言句」，固是也，然亦豈可盡捨古人言句哉？程夫子曰：「窮理亦多端，或讀書講明道理，或論古今人物，別其是非，或應事接物求其當否，皆窮理也。」

夫講明道理，別是非，而察之于應事接物之際，以克去己私，求夫天理，循循而進，無迫切陵節之弊，則亦何患夫與古人背馳也。若欲盡捨去古人言句，道理之不明，是非之不別，泛然無所決擇，雖欲惟出處語默之察，譬之適越者不知東西南北之殊，而僕僕然奔走于塗，其不北入燕，則東入齊、西入秦耳。

【校勘記】

〔一〕而泛然以求事物之理　「求」，文集卷五六作「窮」。

〔二〕因聖人之意　此五字原無，據文集卷四二補。

〔三〕物有來感　「來」，原作「未」，據文集卷五六改。

〔四〕此是就命上理會　「是就」，原作「就此」，據文集卷五六改。

〔五〕求之避之之心是欲如何　「如」下原重「如」字，據文集五六删。

卷六

論性

「無善無惡」之説，言性之詖辭也。朱子早已致辯，特標之以療世之受痼而不知者。

答陳器之問玉山講義

性是太極渾然之體，不可以名字言，但其中含具萬理，而綱理之大者有四，故命之曰：仁、義、禮、智。孔門未嘗備言，至孟子而始備言之者，蓋孔子之時，性善之理素明，雖不詳著其條而説自具，至孟子時，異端蠭起，往往以性爲不善，孟子懼是理之不明，而思有以明之，苟但曰渾然全體，則恐其如無星之秤、無寸之尺，終不足以曉天下，于是别而言之，界爲四破，而四端之説于是而立。蓋四端之未發也，雖寂然不動，而其中自有條理，自有間架，不是儱侗都無一物，所以外邊纔感，中間便應。如赤子入井之事感，則仁之理便應，而惻隱之心于是乎形；如過廟過朝之事感，則禮之理便應，而恭敬之心于是乎形。蓋由其中間衆理渾具，各各分明，故外邊所遇，隨感而應，所以四端之發，各有面貌之不同。是以孟子析而爲四，以示學者，使知渾然全體之中而粲然有條若此，則性之善可知矣。故孟子言：「乃若其情，則可以爲善矣，乃所謂善也。」是則孟子之言性善，亦遡其情而逆知之耳。仁義禮智，既知得界限分曉，又須知四者之中，仁義是個對立底關鍵。蓋仁，仁也，禮則仁之著；義，義也，智則義之藏。猶春夏秋冬雖爲四時，然春夏皆陽之屬也，秋冬皆陰之屬也。故曰：「立天之道，曰陰與陽；立地之道，曰柔與剛；立人之道，曰仁與義。」是知天地之道，不兩則不能以立，故端雖有四，而立之者則兩耳。仁義雖對立而成兩，然仁實貫乎四者之中。蓋偏言則一事，專言則包四者，故仁者仁之本體，禮者仁之節文，義者仁之斷制，智者仁之分別。猶春夏秋冬雖不同，而同出乎春，春則春之生也，夏則春之長也，秋則春之成也，冬則春之藏也。自四而兩，自兩而一，則統之有宗，會之有元矣，故曰「五行一陰陽，陰陽一太極」。仁包四端而智居四端之末者，蓋冬者藏也，所以始萬物而終萬物者也。智有藏之義焉，有終始之義焉。如惻隱、羞惡、辭讓〔一〕，是三者皆有可爲之事，智無事可爲，但分別其是非耳，是以謂之藏也。又惻隱、羞惡、辭讓，是皆一面底道理，而是非則有兩面，是終始萬物之象。故仁爲四端之首，而智則能成始成終。猶元不生于元而生于貞，天地之化不翕聚、不能發散，理固然也。仁智交際之間，乃萬化機軸，循環不窮，脗合無間，程子所謂「動静無端，陰陽無始」者，此也。

答袁機仲

前書所論仁義禮智分屬五行四時，此是先儒舊説，未可輕詆。蓋天地之間，一氣而已，分陰分陽，便是兩端〔二〕，故陽爲仁而陰爲義。然陰陽又各分而爲二，故陽之初爲木、爲春、爲仁，陽之盛爲火、爲夏、爲禮；陰之初爲金、爲秋、爲義，陰之極爲水、爲冬、爲智。蓋仁之惻隱方自中出，而禮之恭敬則已盡發于外；義之羞惡方自外入，而智之是非則已潛伏于中〔三〕。故其象類如此，非是假合附會。若能默會于心，便自可見。元亨利貞，其理亦然，文言取類尤爲明白，非區區今日之臆説也。五行之中，四者既各有所屬，而土居中宫，爲四行之地、四時之主。在人則爲信、爲真實之義，而爲四德之地、衆善之主也。五聲、五色、五臭、五味、五藏、五蟲，其分放此。蓋天人一物，内外一理，流貫通徹，初無間隔。若不見得，則雖生于天地間，而不知所以爲天地之理，雖有人之形貌，而亦不知所以爲人之理矣。

答方賓王

人之性皆出于天，而天之氣化必以五行爲用，故仁義禮智信之性，即水火金木土之理也。

答林德久

熹嘗愛韓子説所以爲性者五，而今之言性者皆雜佛老而言之，所以不能不異，于諸子中最爲近理。蓋如吾儒言之，則性之本體，便只是仁義禮智之實；如佛老之言，則先有個虛空底性，後方旋生此四者出來，不然亦説性是一個空虛底物，裏面包得四者。今人卻爲不曾曉得自家道理，只見得他説得熟，故如此不能無疑。又纔見説四者爲性之體，便疑實有此四塊之物磊落其間，皆是錯看了也。須知性之爲體，不離此四者，而四者又非有形象方所可撮可摩也，但于渾然一理之中，識得個意思情狀似有界限，而非有牆壁遮攔分別處也。然此處極難言，故孟子亦只于發處言之，如言「四端」，又言「乃若其情，則可以爲善矣」之類，是于發處教人識取。不是本體中元來有此，如何用處發得此物出來？但本體無著摸處，故只可于用處看，便省力耳。

又

「界限」之説，亦是要見得五者之在性中各有體段，要得分辨，不可説未感時都無分別〔四〕，感後方有分別也。觀程先生「沖漠無朕」一段可見矣。

答陳衛道

疏示所見，此固足以自樂，賢于世之沈迷冒没之流遠矣，但猶有許多節次脉絡，何耶？然以釋氏所見較之吾儒，彼不可謂無所見，但卻只是從外面見得個影子，不曾見得裏許真實道理，所以見處則儘高明脱灑，而用處七顛八倒，無有是處。儒者則要見得此心此理元不相離，雖毫釐絲忽間，不容略有差舛，才是用處。有差便是見得不實，非如釋氏見處行處打成兩截也。嘗見龜山先生引龐居士説「神通妙用，運水搬柴」語，來證孟子「徐行後長」意，竊意其語未免有病，何也？蓋如釋氏説，則但能搬柴運水即是神通妙用，此即來諭所謂「舉起處，其中更無是非」。若儒者則須是「徐行後長」，若疾行先長，即便不是。所以要格物致知，便是就此等處細微辨别。令日用間見得天理流行，而其中黑白是非各有條理，是者便是順得此理，非者便是逆著此理，胸中洞然，無纖毫疑礙，所以才能格物致知，便能誠意正心，而天下國家可得而理，亦不是兩事也。「天生烝民，有物有則」，只生此民時，便已是命他此性了。性只是理，以其在人所稟，故謂之性，非有塊然一物可命爲性而不生不滅也。蓋嘗譬之，命字如朝廷差除，性字如官守職業。故伊川先生言「天所賦爲命，物所受爲性」，其理甚明。故凡古聖賢説性命，皆是就實事上説，如言「盡性」，便是盡得此君臣父子、三綱五常之道而無餘；言「養性」，便是養得此道而不害，至微之理、至著之事，一以貫之，略無餘欠，非虚語也。此語甚長，非幅紙可盡，然其梗概于此可見，不識明者以爲何如？因風示及，有所未契，尚容反復也。

又

示諭謹悉，但今欲爲儒者之學，卻在著實向低平處講究踐履，日求其所未至。所謂樂處，卻好且拈向一邊，久遠到得真實樂處，意又自別，不似此動盪攪聒人也。性命之理，只在日用間，零碎去處亦無不是，不必著意思想，但每事尋得一個是處，即是此理之實，不比禪家見處只在儱侗恍惚之間也。所云「釋氏見處只是要得六用不行，則本性自見」，只此便是差處。六用豈不是性？若待其不行，然後性見，則是性在六用之外，别爲一物矣。譬如磨鏡，垢盡明見，但謂私欲盡而天理存耳，非六用不行之謂也。又云「其接人處不妨顛倒作用，而純熟之後卻自不須如此」。前書所譏不謂如此，正謂其行處顛倒耳。只如絕滅三綱、無父子君臣一節，還可言接人時權且如此，將來熟後卻不須絕滅否？此個道理無一息間斷，這裏霎時間壞了，便無補填去處也。又云「雖無三綱五常，自有師弟子上下名分」。此是天理自然，他雖欲滅之，畢竟絕滅不得，然其所存者，乃是外面假合得來，而其真實者卻已絕滅。故儒者之論，每事須要真實是當，不似異端，便將儱侗底影象來此罩占真實地位也。此等差互處，舉起便是，不勝其多，寫不能窮，說不能盡。今左右既是于彼留心之久，境界熟了，雖說欲歸卻此邊來，終是脫離未得。熹向來亦曾如此，只是覺得大概不是了，且權時一齊放下了，只將自家文字道理作小兒子初上學時樣讀，後來漸見得一二分意思，便見得他一二分錯處，迤邐看透了後，直見得他無一星子是處，不用著力排擯，自然不入心來矣。今云其長處而會歸于正，便是放不下、看不破也。今所謂「應事接物，時時提撕」者，亦只是提撕得那儱侗底影象，與自家這下工夫未有干涉也。鄙見如此，幸試思之，還說得病痛著否？因來卻見喻也。中庸欲修改，未得工夫。然看文字，亦不可如此一輥念過，便只領略得個儱侗影象，不見裏面間架詳密，毫髮不可差處。須是且看一書，一日只看一兩段，俟其通透浹洽，然後可漸次而進也。

答胡廣仲

「人欲非性」之語，此亦正合理會。竊謂天理固無對，然既有人欲，即天理便不得不與人欲爲消長；善亦本無對，然既有惡，即善便不得不與惡爲盛衰。譬如「普天之下，莫非王土；率土之濱，莫非王臣」，此本豈有對哉？至于晉有五胡，唐有三鎮，則華夷順逆不得不相與爲對矣。但其初則有善而無惡，有天理而無人欲耳。龜山之意，正欲于此毫釐之間剖判分晰，使人于克己復禮之功便有下手處。如「孟子道性善」，只如此説，亦甚明白確實，不費心力。而易傳大有卦，遺書第二十二篇，棣問孔孟言性章。論此又極分明，是皆天下之公理，非一家所得而私者。願虚心平氣，勿以好高爲意，毋以先入爲主，而熟察其事理之實于日用之間，則其得失從違不難見矣。蓋謂天理爲不囿于物可也，以爲不囿于善，則不知天之所以爲天矣；謂惡不以言性可也，以爲善不足以言性，則不知善之所自來矣。知言中此等議論，卻與告子、楊子、釋氏、蘇氏之言幾無以異。昨來所以不免致疑者，正爲如此，惜乎不及供灑掃于五峰之門而面質之，故不得不與同志者講之耳。亦聞以此或頗得罪于人，然區區之意，只欲道理分明，上不負聖賢，中不悮自己，下不迷來學而已，他固有所不得而避也。

答胡伯逢

知言之書，用意深遠，析理精微，豈末學所敢輕議？向輒疑之，自知已犯不韙之罪矣。茲承誨諭，尤切愧悚，但鄙意終有未釋然者。知行先後，已具所答晦叔書中，其説詳矣，乞試取觀，可見得失也。至于「性無善惡」之説，前後論辨不爲不詳，然既蒙垂諭，反復思之，似尚有一説，今請言之。蓋孟子所謂「性善」者，以其本體言之，仁義禮智之未發者是也。程子曰「『止于至善』，『不明乎善』，此言善者義理之精微，無可得而名，姑以『至善』目之」是也。又曰：「人之生也，其本真而静，其未發也，五性具焉，曰仁、義、禮、智、信。」所謂「可以爲善」者，以其用處言之，四端之情發而中節者是也。程子曰「『繼之者善』，此言善卻言得輕，但謂繼斯道者，莫非善也，不可謂惡」是也。蓋性之與情，雖有未發、已發之不同，然其所謂善者，則血脈貫通，初未嘗有不同也。程子曰「喜怒哀樂未發，何嘗不善，發而中節，則無往而不善」是也。此「孟子道性善」之本，意伊洛諸君子之所傳而未之有改者也。知言固非以性爲不善者，竊原其意，蓋欲極其高遠以言性，而不知名言之失，反陷性于搖蕩恣睢、駁雜不純之地也。所謂「極其高遠以言性」者，以性爲未發，以善爲已發〔五〕，而惟恐夫已發者之混夫未發者也。所謂「名言之失」者，不察乎至善之本然，而概謂善爲已發也。所謂「反陷性于搖蕩恣睢、駁雜不純之地」者，既于未發之前除卻「善」

字，即此「性」字便無著實道理〔六〕，只成一個空虛底物，隨善隨惡，無所不爲。所以有「發而中節，然後爲善，發不中節，然後爲惡」底説，又有「好惡性也，君子好惡以道，小人好惡以己」底説，是皆公都子所問、告子所言而孟子所闢者，已非所以言性矣。又其甚者，至謂「天理人欲，同體異用」，則是謂本性之中已有此人欲也，尤爲害理，不可不察。竊意此等偶出于前輩一時之言，非其終身所守不可易之定論。今既未敢遽改，則與其爭之而愈失聖賢之意，違義理之實，似不若存而不論之爲愈也。

「知仁」之説，亦已累辨之矣，大抵如尊兄之説，則所以知之者甚難而未必是，而又以「知仁」、「爲仁」爲兩事也。所謂「觀過知仁」，因過而觀，因觀而知，然後即夫知者而謂之仁，其求之也崎嶇迫促，不勝其勞。而所謂仁者，乃智之端，非仁之體也。且雖如此，亦曠然未有可行之實，須别求爲仁之方，然後可以守之，所謂「知之甚難而未必是，又以知與爲爲兩事」者也。如熹之言，則所以知之者，雖淺而便可行，而又以「知仁」、「爲仁」爲一事也。以名義言之，仁特愛之未發者而已。程子所謂「仁，性也；愛，情也」，又謂「仁，性也；孝弟，用也」，此可見矣。熹所謂「豈可專以愛爲仁」者，特謂不可指情爲性耳，非謂仁之與愛了無交涉，如天地冠履之不相近也。而或者因此求之太過，便作無限玄妙奇特商量，此所以求之愈切而失之愈遠。如或以覺言仁，是以智之端爲仁也；或以是言仁，是以義之用爲仁也。夫與其外引智之端、義之用，而指以爲仁之體，則孰若以愛言仁，猶不失爲表裏之相須而可以類求也哉！故愚謂欲求仁者，先當大概且識此名義氣象之彷佛，與其爲之之方，然後就此慤實下工。

尊聞行知以踐其實，則所知愈深而所存益熟矣，此所謂「知之甚淺而便可行，又以知與爲爲一事」者也。

不知今將從其難而二者乎？將從其易而一者乎？以此言之，則兩家之得失，可一言而決矣。來教又謂「方論知仁不當兼及不仁」。夫觀人之過〔七〕，而知其愛與厚者之不失爲仁，則知彼忍而薄者之決不仁，如明暗黑白之相形，一舉目而兩得之矣。今乃以爲節外生枝，則夫告往知來、舉一反三、聞一知十者，皆適所以重得罪于聖人矣。竊謂此章只合依程子、尹氏之説，不須别求玄妙，反失本指也。直敘胸臆，不覺言之太繁，伏惟高明裁擇其中，幸甚。

答胡季隨

熹憂患侵凌，來日無幾，思與海内知友痛相切磨，以求理義全體之至極，垂之來世，以繼聖賢傳付之望，而離群索居，無由會合。如季隨者，尤所期望而相去甚遠，再見恐不可期，此可爲深嘆恨也。先訓之嚴〔八〕，後人自不當置議論于其間，但性之有無善惡〔九〕，則當舍此而别論之，乃無隱避之嫌，而得盡其是非之實耳。善惡二字便是天理人欲之實體，今謂「性非人欲」可矣，而並謂「性非天理」，可乎？必曰極言乎性之善而不可名，又曷若直謂之善而可名之，爲甚易而實是也？比來得書，似覺賢者于此未有實地之可據，日月逝矣，深可憂懼。幸加精進之功，入細著實，子細推研，庶幾有以自信，益光前烈，千萬至望。

愚按：「性無善惡」之説，始于告子，見闢于孟子。宋時胡五峰復有此論，朱子辨之已無遺義矣。陽明有「天泉證道」一案，龍溪大開三教合一之旨，不惟壞孟子家法，抑且決陽明藩籬，其爲學術之禍，有不可勝言者。今録陽明傳習録中論「無善無惡」語三條，願相與明辨之。

侃去花間草，因曰：「天地間何善難培、惡難去？」先生曰：「未培未去耳。」少間，曰：「此等看善惡，皆從軀殼起念，便會錯。」侃未達。曰：「天地生意，花草一般，何曾有善惡之分？子欲觀花，則以花爲善，以草爲惡，如欲用草時，便以草爲善矣。此等善惡，皆由汝心好惡所生，故知是錯。」曰：「然則無善無惡乎？」曰：「無善無惡者，理之静；有善有惡者，氣之動。不動于氣，即無善無惡，是謂至善。」曰：「佛氏亦無善無惡，何以異？」曰：「佛氏著在無善無惡上，便一切都不管，不可以治天下。聖人無善無惡，只是無有作好，無有作惡，不動于氣。然遵王之道，會其有極，便是一循天理，便有個裁成輔相。」曰：「草既非惡，即草不宜去矣。」曰：「如此卻是佛老意見。草若有礙，何妨于去？」曰：「如此又是作好作惡？」曰：「不作好惡，非是全無好惡，卻是無知覺底人。謂之不作者，只是好惡一循于理，不去又著一分意思，如此即是不曾好惡一般。」曰：「去草如何是一循于理，不著意思？」

曰：「草有妨礙，理亦宜去，去之而已。偶未即去，亦不累心。若著一分意思，即心體便有貽累，便有許多動氣處。」曰：「然則善惡全不在物？」曰：「只在汝心，循理便是善，動氣便是惡。」曰：「畢竟物無善惡。」曰：「在心如此，在物亦然。世儒惟不知此，舍心逐物，將格物之學錯看了，終日馳求于外，只做得個『義襲而取』，終身『行不著，習不察』。」

愚按：物之不齊，物之情也。先生曰「循理是善，動氣是惡」，又曰「在心如此，在物亦然」，究竟重人之作好作惡，而不能使物無善惡也，下面所以遂接格物之弊。觀先生之意，只不欲世儒豫先講究易于作好作惡耳。愚思假如好色如西子，惡臭如糞穢，我先曉得在胸中，到西子蒙不潔，則自然掩鼻。田畝須灌溉，則用之壅培，仍無傷于昔之好惡也，何必憂其凝滯而以物爲無善惡哉！不與物接時，此心尚無好惡，在物安有善惡？然物之善惡自在也，安可以我之不接而遂謂之無？既與物接時，善惡還他善惡，不執我之好惡爲物之善惡，亦何礙于有？

曰：「好好色如惡惡臭，則何如？」曰：「此正是一循于理，是天理合如此，本無私意作好作惡。」曰：「如好好色，如惡惡臭，安得非意？」曰：「卻是誠意，不是私意。誠意只是循天理，亦著不得一分意，故有所忿懥好樂，則不得其正。須是廓然大公，方是心之本體，知此即知未發之中。」伯生曰：「先生曰『草有妨礙，理亦宜去』，緣何又是軀殼起念？」曰：

「此須汝心自體當。汝要去草，是甚麽心？周茂叔窗前草不除，是甚麽心？」先生曰：「告子病源從『性無善無不善』見來。性無善無不善，雖如此説，亦無大差，但告子執定看了，便有個無善無不善底性在内；有善有惡，又在物感上看。便有個在外，卻做兩邊看了，便會差。無善無不善，性原是如此，悟得及時，只此一句便盡了，更無有内外之間。告子見一個性在内，見一個物在外，便見他于性上有未透徹處。」

告子「無善無不善」之弊，由不知人性之無不善、天理人欲一滚俱作人性耳，似不在執一個「無善無不善」之性在内也。先生以告子不知物亦「無善無不善」爲未透性體，此只是先生説話。

丁亥年九月，先生起，復征思、田，將命行。時德洪與汝中論學，汝中舉先生教言曰：「無善無惡是心之體，有善有惡是意之動，知善知惡是良知，爲善去惡是格物。」德洪曰：「此意如何？」汝中曰：「此恐未是究竟話頭。若説心體是無善無惡，意亦是無善無惡底意，知亦是無善無惡底知，物亦是無善無惡底物矣。若説意有善惡，畢竟心體還有善惡在。」德洪曰：「心體是天命之性，原是無善無惡底，但人有習心，意念上見有善惡在。格致誠正修，此正是做那性體功夫。若原無善惡，功夫亦不消説矣。」是夕侍坐天泉橋，各舉請正。先生曰：「我今將行，正要你們來講破此意。二君之見正好相資爲用，不可各執一邊。

我這裏接人原有此二種。利根之人直從本原上悟入，人心本體原是明瑩無滯底，原是個未發之中。利根之人一悟本體，即是功夫，人己内外，一齊俱透了。」

先生之論未發，每合内外動静言之，將心之體用同説，是以使學者難于領略。惟「無善無惡心之體」説得最爲分明，惜乎不曰「至善無惡心之體」，而曰「無善無惡」，致啓無窮之弊」也。夫先生之所謂「無善無惡」者，即大學「忿懥」〔一〇〕、「好樂」，一無所偏，惡念固無，善念亦未嘗有，惟此炯然不昧者存，故以爲未發之中，而可爲心之體也，此萬善之基、天下之至。善何可以爲無善乎？程朱只在此處用涵養工夫，著實講一「敬」字，振裘挈領，一了百當。今乃以「無善無惡」名之，誠有如晦翁所謂「極其高遠以言性，而不知名言之失，反陷性于摇蕩恣睢、駁雜不純之地」也。或曰：「未發之時，善念惡念，兩端俱泯，謂之『無善無惡』，亦何不可而必以爲諱？豈因孟子之闢，不可不堅守其説乎？」余曰：「有未發之中，即有已發之和，是已發之善，皆未發之善也。明道曰：『中者，天下之大本，亭亭當當、直上直下之正理。』伊川曰：『寂然不動，萬象森然已具。』即陽明亦曰：『無聲無臭獨知時，此是乾坤萬有基。』若是一切皆無，何以謂之『直上直下之正理』？何以謂之『萬象森然已具』？又何以謂之『乾坤萬有之基』乎？孟子惟識得性之真善，所以曰：『乃若其情，則可以爲善，如惻隱、羞惡，非由外鑠我也，乃所謂善也。』告子惟識不真，而以爲無善無不善，故以水之可東可西、白之爲羽爲雪，而總以爲全無一定也。陽明之所見，與告子原相遠。陽明曰：『不動于氣，即無善無惡，是謂至善。』前此固已言之，然終不曰『至善無惡心之體』，而于立教宗旨，顧曰『無善無惡』者，恐學者之滯于善念，不得本體之真，而以『無』字逗之也，則不如程朱盡清未發已發界限爲不迷來學之正矩矣。夫程朱以纔思即爲已發，尚何憂學者之滯于念慮乎？且人惟以性之有善而無惡，故不可不爲善去惡。若性原無善無惡，人亦何須必爲善？即爲善去惡之説亦贅語矣。是先生之所見雖與告子不同，其弊有不得不同焉者矣。後來汝中之徒氾濫于中國，安得謂非先生有以啓之乎？」或曰：「陽明但依從前定論，而不以汝中之説爲然，流弊或不至此。」余曰：「陽明之弊，全在『無善無惡心之體』一句，有此一句，下面自相因而至。先生所謂『信得及時』，只此一句，便盡是也。何也？體立而用行，學者未有不從事于體者也。今虛懸一個本體，謂之『無善無惡』，而使人在意上做工夫，則立脚處全不穩當。汝中曰『意有善惡，畢竟心體上還有善惡在，未是究竟説話』，此語原不錯。是人畧有會悟，未有不向無善無惡立根基者也；既向無善無惡上立根基，下面原是一轍，如何可不以爲然乎？」或曰：「陽明只恐人著在善念上，日中多燃一燈，故爾如此，豈期人之因藥發病？」余曰：「體用一源也，性體至善，故人行善則安，不善則不安，此良知也。以善爲無，原自有病，何怪人之發病？且陽明之所謂『無善無惡心之體』者，善念惡念俱無之謂也；所謂『意亦無善無惡』者，無將迎意，必之私也；『知亦無善無惡』者，不學而知也；『物亦無善無惡』者，因物付物也。此四句只定性，書中『廓然而大公』、『物來而順應』二語盡之。今皆冠以『無善無惡』，使人張皇兀突，漭瀁于虚無玄妙之中，其誤學者亦不淺矣。」或曰：「然則陽明此數語，名言之失歟？抑大義亦有謬也？」或曰：「即換了『至善無惡之心體』、『有善有惡意之動』、『知善知惡是良知』、『爲善去惡是格物』，亦只就陽明之説爲無弊耳。不可爲大學正解。陽明單提『致良知』之説，未嘗不曰『性無不善』，故知無不良，以爲大謬，有未可也。」

其次不免有習心在，本體受蔽，故且教在意念上實落爲善去惡，功夫熟後，渣滓去得盡時，本體亦明盡了。

先生生平教人，全重省察，意蓋由此。但不知本體，則未省察之前，既省察之後，此心又如何存？看來必須説得體用分明，静存動察都有處用力，庶于學者爲有根蔕也。

汝中之見，是我這裏接利根人底；德洪之見，是我這裏爲其次立法底。二君相取爲用，則中人上下皆可引入于道。若各執一邊，眼前便有失人，便于道體上各有未盡。」既而曰：「以後與朋友講學，切不可失了我底宗旨：無善無惡是心之體，有善有惡是意之動，知善知惡底是良知，爲善去惡是格物。只依我這話頭，隨人指點，自没病痛。此原是徹上徹下工夫。利根之人，世亦難遇，本體工夫，一悟盡透。此顔子、明道所不敢承當，豈可輕易望人！人有習心，不教他在良知上實用爲善去惡工夫，只去懸空想個本體，一切事爲俱不著實，不過養成一個虚寂。此個病痛不是小小，不可不早説破。」是日，德洪與汝中俱有省。

此後汝中單闡「四無」之旨，以爲「恐辜先師不傳之秘」，亦大負先生後面諄諄囑付苦心矣。先生説破本旨，亦恐濫觴，深加防範，然先生之教即不説破，恐亦不得不趨乎此。但一經此證，汝中愈有所恃以自伸其説耳，立教者慎之。

【校勘記】

〔一〕辭讓　文集卷五八作「恭敬」。下句「辭讓」同。

〔二〕便是兩端　「端」，文集卷三八作「物」。

〔三〕而智之是非則已潛伏于中　「潛」，文集卷三八作「全」。

〔四〕不可説未感時都無分別　「感」下，文集卷六一有「物」字。

〔五〕以善爲已發　「善」，原作「情」，據文集卷四六改。
〔六〕即此性字便無著實道理　「性」，原作「善」，據文集卷四六改。
〔七〕夫觀人之過　「人」，原作「仁」，據文集卷四六改。
〔八〕先訓之嚴　「嚴」，原作「言」，據文集卷五三改。
〔九〕但性之有無善惡　「有無善惡」，原作「有善無惡」，據文集卷五三乙正。
〔一〇〕即大學忿懥　「忿」，原作「分」，據大學改。

卷七

論心

知未發已發操心之學，炳如日星矣。仁心，德之最大者，世亦有好而不知其蔽者，不可不明辨也。

與張欽夫〔一〕

熹謂感于物者心也，其動者情也，情根乎性而宰乎心，心之爲宰，則其動也無不中節矣，何人欲之有？惟心不宰而情自動，是以流于人欲而每不得其正也。然則天理人欲之判，中節不中節之分，特在乎心之宰與不宰，而非情能病之，亦已明矣。蓋雖曰中節，然亦是情也，但其所以中節者乃心耳。「今人乍見孺子入井」，此心之感也；「必有怵惕惻隱之心」，此情之動也；「内交」、「要譽」、「惡其聲」者，心不宰而情之失其正也。「怵惕惻隱」乃仁之端，又可以其情之動而遽謂之人欲乎？大抵未感物時，心雖爲未發，然苗裔發見，卻未嘗不在動處，必舍是而別求，卻恐無下功夫處也。所疑如此，未審尊意如何？

又

遺書有言「人心私欲，道心天理」，熹疑「私欲」二字太重，近思得之，乃識其意。蓋心一也，自其天理備具，隨處發見而言，則謂之道心，自其有所營爲謀慮而言，則謂之人心。夫營爲謀慮，非皆不善也，便謂之私欲者，蓋只一毫髮不從天理上自然發出，便是私欲，所以要得「必有事焉，而勿正，心勿忘，勿助長也」。只要没這些計較，全體是天理流行，即人心而識道心也，故又以「鳶飛魚躍」明之。先覺之爲後人也，可謂切至矣。此語如何，更乞裁喻。

又

「人心私欲」之説，如來教所改字極善。本語之失，亦是所謂本原未明了之故，非一句一義見不到也。但愚意猶疑向來妄論引「必有事焉」之語亦未的當，蓋舜禹授受之際，所以謂人心私欲者，非若衆人所謂私欲者也，但微有一毫把捉底意思，則雖云本是道心之發，而終未離人心之境，所謂「動以人則有妄」，「顔子之有不善，正在此間」者是也。既曰有妄，則非私欲而何〔一一〕？須是都無此意，自然從容中道，才方純是道心也。「必有事焉」，卻是見得此理而存養下功處，與所謂「純是道心」者，蓋有間矣。然既察本原，則自此可加精一之功而進夫純耳，中間儘有次第也。「惟精惟一」，亦未離夫人心，特須如此，克盡私欲，全復天理。倘不由此，則終無可至之理耳。

答游誠之

心體固本静，然亦不能不動；其用固本善，然亦能流而入于不善矣。夫其動而流于不善者，固不可謂心體之本然，然亦不可不謂之心也，但其誘于物而然耳。故先聖只説「操則存，存則静，而其動也，無不善矣。舍則亡，于是乎有動而流入于不善者。出入無時，莫知其鄉」。出者，亡也；入者，存也。本無一定之時〔三〕，亦無一定之處，特係于人之操舍如何耳。只此四句，説得心之體用始終、真妄邪正，無所不備，又見得此心不操即舍，不出即入，別無閒處可安頓之意。若如所論「出入有時」者爲心之正，然則孔子所謂「出入無時」者乃心之病矣，不應卻以「惟心之謂與」一句直指而總結之也。

答何叔京

蒙示心説甚善，然恐或有所未盡。蓋「入而存」者即是真心，「出而亡」者亦此真心，爲物誘而然耳。今以存亡出入皆爲物誘所致，則是所存之外，别有真心，而于孔子之言乃不及之，何耶？子重所論，病亦如此，而子約又欲并其出而亡者不分真妄，皆爲神明不測之妙，二者蓋胥失之。熹向答二公有所未盡，後來答游誠之一段方稱穩當，謹録呈，幸乞指誨。大抵心之體用始終，雖有真妄邪正之分，莫非神明不測之妙，雖皆神明不測之妙，而其真妄邪正又不可以不分耳。不審尊意以爲如何？

又

心説已喻，但所謂「聖人之心如明鏡止水，天理純全」者，即是存處。但聖人則不操而常存耳，衆人則操而存之。方其存時亦是如此，但不操則不存耳。存者道心也，亡者人心也，心一也，非是實有此二心，各爲一物，不相交涉也，但以存亡而異其名耳。方其亡也，固非心之本，然亦不可謂别是一個有存亡出入之心，卻待反本還原，别求一個無存亡出入之心來换卻。只是此心但不存便亡，不亡便存，中間無空隙處。所以學者必汲汲乎操存。雖舜禹之間亦以精一爲戒也。且如世之有治亂安危，雖堯舜之聖，亦只是有治安而無危亂耳，豈可謂堯舜之世無安危治亂之可名耶？如此則便是向來胡氏「性無善惡」之説，請更思之，卻以見教。

答呂子約

所示「心無形體」之説，鄙意正謂如此，不謂賢者之偶同也。然所謂「寂然之本體殊未明白」之云者，此則未然。蓋操之而存，則只此便是本體，不待别求。惟其操之久而且熟，自然安于義理而不妄動，則所謂寂然者，當不待察識而自呈露矣。今乃欲于傾刻之存，而遽加察識以求寂然者，吾恐寂然者未必可識，而所謂察識者，乃所以速其遷動，而流于紛擾急迫之中也。程夫子所論「纔思便是已發，故涵養于未發之前則可，而求中于未發之前則不可」，亦是此意。然心一而已，所謂操存者，亦豈以此一物操彼一物，如鬭者之相捽而不舍哉？亦曰「主一無適，非禮勿動，則中有主而心自存耳」。聖賢千言萬語，考其發端，要其歸宿，不過如此。子約既識其端，不必别生疑慮，但循此用功久而不息，自當有所至矣。

又

示諭日用功夫如此，甚善。然亦且要見得一大頭腦分明，便于操舍之間有用力處，如實有一物把住放行在自家手裏，不是謾説求其放心，實卻茫茫無把捉處也。「公而以人體之」，只是無私心，而此理自然流行耳，非是公後又將此意尋討他也。

子約復書畧云：「此個『大頭腦』，本非外面物事，是我元初本有底，其曰『人生而静』，其曰『喜怒哀樂之未發』，其曰『寂然不動』，人汩汩地過了日月，不曾存息，不存實見得此體段，如何會有用力處？認得此，則一動一静皆不昧矣。惻隱、羞惡、辭讓、是非，四端之著也，操存久則發見多。忿懥、憂患、好樂、恐懼，不得其正也，放舍甚則日滋長。蓋知主腦不放下，雖是未能常常操存，然語默應酬，歷歷能自省驗，雖非實有一物在我手裏，然可欲者是我底物，不可放失，不可欲者非是我物，不可留藏，雖謂之實有一物在我手裏亦可也。若是謾説，既無歸宿，亦無依據，如何强把捉得住耶？」

先生云：此段大概正當親切，「操存久」二句甚好。

答陳明仲

克己之目不及思，所論大概得之，然有未盡。熹竊謂洪範五事以思爲主，蓋不可見而行乎四者之間也。然操存之漸，必自其可見者而爲之法，則切近明白而易以持守。故五事之次，思最在後，而夫子于此亦偏舉「四勿」而不及夫思焉，蓋欲學者循其可見易守之法，以養其不可見不可繫之心也。至于久而不懈，則表裏如一而私意無所容矣。程子四箴，意正如此。試熟玩之，亦自可見。

答方賓王

心固不可不識，然靜而有以存之，動而有以察之，則其體用亦昭然矣。然世之言識心者則異于是。蓋其靜也，初無持養之功；其動也，又無體驗之實。但于流行發見之處，認得頃刻間正當底意思，便以爲本心之妙不過如此，擎夯作弄〔四〕，做天來大事看，不知此只是心之用耳。此事一過，此用便息，豈有只據此頃刻間意思，便能使天下事事物物無不各得其當之理耶？所以爲其學者，于其功夫到處，亦或小有效驗，然亦不離此處，而其輕肆狂妄、不顧義理之弊，已有不可勝言者。此真不可不戒也。

元亨利貞說

元亨利貞，性也；生長收藏，情也。以元生，以亨長，以利收，以貞藏者，心也。仁義禮智，性也；惻隱、羞惡、辭讓、是非，情也；以仁愛，以義惡，以禮讓，以智知者，心也。性者，心之體也；情者，心之用也；心者，性情之主也。程子曰：「其體則謂之『易』，其理則謂之『道』，其用則謂之『神』。」正謂此也。又曰：「言天之自然者，謂之『天道』；言天之付與萬物者，謂之『天命』。」又曰：「天地以生物爲心。」亦謂此也。

易寂感説

易曰：「无思也，无爲也，寂然不動，感而遂通天下之故。」何也？曰無思慮也，無作爲也。其寂然者，無時而不感；其感通者，無時而不寂也。是乃天命之全體，人心之至正，所謂體用之一源、流行而不息者也。疑若不可以時處分矣，然于其未發也，見其感通之體，其已發也，見其寂然之用，亦各有當而實未嘗分焉。故程子曰：「中者，言『寂然不動』者也。和者，言『感而遂通』者也。」然中和以性情言者也，寂感以心言者也，中和蓋所以爲寂感也，觀言字、者字，可以見其微意矣。

先生論「存心」處無不精核，然尤有足警發人者。如孫敬甫問：「才説存養即是動了？」先生云：「此恐未然。人之一心，本自光明，不是死物，只是不動著他，即此知覺炯然不昧。所謂存養，非有安排造作，但無喜怒哀樂之偏、思慮云爲之擾耳。」又答或人云：「能于紛紜外馳之際、一念之間一有覺焉，則即此而在矣。勿忘勿助長，不加一毫智力于其間，則是心也，其庶幾乎。」又答甘吉甫云：「君子異于人，以其存心，須知不是將心去存在仁禮上，亦不是將仁禮存在心裏也。」又徐景光以「心能惑性」，謂「聖人爲無心而心不可須臾有事」，先生云：「然則天之所以予我者，何爲而獨有此贅物乎?」數條極有益來學,此下附論仁諸説。

仁説

天地以生物爲心者也,而人物之生,又各得夫天地之心以爲心者也。故語心之德,雖其總攝貫通,無所不備,然一言以蔽之,曰仁而已矣。請試詳之。蓋天地之心,其德有四,曰元、亨、利、貞,而元無不統。其運行焉,則爲春、夏、秋、冬之序,而春生之氣無所不通。故人之爲心,其德亦有四,曰仁、義、禮、智,而仁無不包。其發用焉,則爲愛、恭、宜、别之情,而惻隱之心無所不貫。故論天地之心者,則曰乾元、坤元,則四德之體用不待悉數而足;論人心之妙者,則曰「仁,人心也」,則四德之體用亦不待遍舉而該。蓋仁之爲道,乃天地生物之心即物而在,情之未發而此體已具,情之既發而其用不窮,誠能體而存之,則衆善之源、百行之本莫不在是。此孔門之教所以必使學者汲汲于求仁也。其言有曰「克己復禮爲仁」,言能克去己私,復乎天理,則此心之體無不在,而此心之用無不行也。又曰「居處恭,執事敬,與人忠」,則亦所以存此心也。又曰「事親孝,事兄悌,及物恕」,則亦所以言此心也。又曰「求仁得仁」,則以讓國而逃、諫伐而餓,爲能不失乎此心也。又曰「殺身成仁」,則以欲甚于生、惡甚于死,爲能不害乎此心也。此心何心也?在天地則坱然生物之心,在人則温然愛人利物之心，包四德而貫四端者也。或曰：若子之言，則程子所謂愛情仁性，不可以愛爲仁者，非與？曰：不然。程子之所訶，以愛之發而名仁者也；吾之所論，以愛之理而名仁者也。蓋所謂性情者，雖其分域之不同，然其脈絡之通，各有攸屬者，則曷嘗判然離絶而不相管哉？吾方病夫學者誦程子之言而不求其意，遂至于判然離愛而言仁，故特論此以發明其遺意，而子顧以爲異乎程子之説，不亦誤哉！或曰：程氏之徒言仁多矣，蓋有謂愛非仁，而以萬物與我爲一爲仁之體者矣；亦有謂愛非仁，而以心有知覺釋仁之名者矣。今子之言若是，然則彼皆非歟？曰：彼謂物我爲一者，可以見仁之無不愛矣，而非仁之所以爲體之真也；彼謂心有知覺者，可以見仁之包乎智矣，而非仁之所以得名之實也。觀孔子答子貢「博施」「濟衆」之問，與程子所謂「覺不可訓仁」者，則可見矣，子尚安得復以此而論仁哉？抑泛言同體者，使人含胡昏緩而無儆切之功，其弊或至于認物爲己者有之矣。專言知覺者，使人張皇迫躁而無沈潛之味，其弊或至于認欲爲理者有人矣。一忘一助，二者蓋胥失之。而知覺之云者，于聖門所示「樂山」「能守之」氣象，尤不相似。子尚安得復以此而論仁哉？因并記其語，作仁説。

答呂伯恭

仁説近再改定，比舊稍分明詳密，已復録呈矣。此説固太淺，少含蓄。然竊意此等名義，古人之教，自其小學之時已有白直分明訓説，而未有後世許多淺陋玄空、上下走作之弊，故其學者亦曉然知得如此名字。但是如此道理，不可不著實踐履，所以聖門學者皆以求仁爲務，蓋皆已略曉其名義而求實造其地位也。若似今人茫然理會不得，則其所汲汲以求者，乃其生平所不識之物，復何所向望愛悦而知所以用其力耶？故今日之言，比之古人誠爲淺露，然有所不得已者，其實亦只是祖述伊川「仁性愛情」之説，但剔得名義稍分界分，脈絡有條理，免得學者枉費心神，胡亂揣摩，喚東作西耳。若不實下恭敬存養、克己復禮之功，則此説雖精，亦與彼有何干涉耶？故卻謂此説正所以爲學者向望之標準，而初未嘗侵過學者用功地步。明者試一思之，以爲如何，似不必深以爲疑也。自己功夫與語人之法固不同，然如此説，卻似有王氏所論高明、中庸之弊也，須更究其曲折，略與彼説破乃佳。

答張敬夫

類聚孔孟言仁處，以求夫仁之説，程子爲人之意可謂深切。然專一如此用功，卻恐不免長欲速好徑之心，滋入耳出口之弊，亦不可不察也。大抵二先生以前學者，全不知有仁字，凡聖賢説仁處，不過只作愛字看了。自二先生以來，學者始知理會仁字，不敢只作愛説，然其流復不免有弊者。蓋專務説仁，而于操存涵養之功不免有所忽略，故無復優游厭飫之味，克己復禮之實，不但其蔽也愚而已，又一向離了愛字，懸空揣摩，既無真實見處，故其爲説恍惚驚怪，弊病百出，殆反不若全不知有仁字而只作愛字看之爲愈也。熹竊謂若實欲求仁，莫若力行之近，但不學以明之，則有擿埴冥行之患。故其蔽愚，若主敬致知交相爲助，則自無此蔽矣。若且欲曉得仁之名義，則不若且將愛字推求。若見得仁之所以愛，而愛之所以不能盡仁，則仁之名義意思瞭然在目矣，初不必求之于恍惚有無之間也。此雖比之今日高妙之説稍爲平易，然論語中已不肯如此迫切注解説破，至孟子方間有説破處，然亦多是以愛爲言，如惻隱之類。殊不類近世學者驚怪恍惚、窮高極遠之言也。

又

昨承開喻仁説之病，似于鄙意未安，即已條具請教矣。再領書誨，大抵不出熹所論，請復因而申之。按程子言仁，本末甚備，撮其大要，不過數言。曰仁者生之性也，而愛其情也，孝悌其用也；公者所以體仁，猶言「克己復禮爲仁」也。學者于前三言可以識仁之名義，于後一言可以知其用力之方矣。今不深考其本末指意之所在，但見其分别性情之異，便謂愛之與仁了無干涉；見其以公爲近仁，便謂直指仁體最爲親切。殊不知仁乃性之德而愛之本，因其性之有仁，是以其情能愛。義、禮、智，亦性之德也。義，惡之本；禮，遜之本；智，知之本。因性有義，故情能惡；因性有禮，故情能遜；因性有智，故情能知。亦若此耳。但或蔽于有我之私，則亦不能盡其體用之妙。惟「克己復禮」，「廓然大公」，然後此體渾全，此用昭著，動静本末，血脈貫通耳。程子之言意蓋如此，非謂愛之與仁了無干涉也。此説前書言之已詳，今請復以兩言決之。如熹之説，則性發爲情，情根于性，未有無性之情、無情之性，各爲一物而不相管攝。二説得失，此亦可見。非謂公之一字便是直指仁體也〔五〕。細觀來諭所謂「公天下而無物我之私，則其愛無不溥矣」，不知此兩句甚處是直指仁體處？若以「愛無不溥」爲仁之體，則陷于以情爲性之失，高明之見，必不至此。若以「公天下而無物我之私」便爲仁體，則恐所謂公者漠然無情，但如虚空木石，雖其同體之物尚不能以相愛，况能無所不溥乎？然則此兩句中，初未嘗有一字説著仁體。須知仁是本有之性，生物之心，惟公爲能體之，非因公而後有也。故曰「公而以人體之故爲仁」，細看此語，却是「人」字，裏面帶得「仁」字過來。由漢以來，以愛言仁之弊，正謂不察性、情之辨而遂以情爲性耳。今欲矯其弊，反使仁字泛然無所歸宿，而性、情遂至于不相管，可謂矯枉過直，是亦枉而已矣。其弊將使學者終日言仁，而實未嘗識其名義，且又并與天地之心、性情之德而昧焉。竊謂程子之意必不如此，是以敢詳陳之，伏惟采察。

又

視天下無一物非仁，此亦可疑。蓋謂視天下無一物不在吾仁中則可，謂物皆吾仁則不可。蓋物自是物，仁自是心，如何視物爲心耶？

答柯國材〔六〕

欲識仁字大概，且看不仁之人可見，蓋其心頑如鐵石，不問義理，自任己知，是以謂之不仁。識此氣象，則仁之爲道可推而知矣。

答何叔京

來教云：「天地之心不可測識，惟于一陽來復，乃見其生生不窮之意，所謂仁也。」熹謂若果如此説，則是一陽未復以前，別有一截天地之心，漠然無生物之意，直到一陽之復，見其生生不窮，然後謂之仁也。如此則體用乖離，首尾衡決，成何道理？王弼之説便是如此，所以見闢于程子。須知元亨利貞便是天地之心，而元爲之長，故曰「大哉乾元，萬物資始」，便是有此乾元，然後萬物資之以始，非因「萬物資始」然後得元之名也。

【校勘記】

〔一〕與張欽夫　文集卷三二作「問張敬夫」。

〔二〕則非私欲而何　「而」，原作「如」，據文集卷三二改。

〔三〕本無一定之時　「之」，原作「一」，據文集卷四五改。

〔四〕擎夯作弄　「夯」，原作「夸」，據文集卷五六改。

〔五〕非謂公之一字便是直指仁體也　「仁」，原作「本」，據文集卷三二改。

〔六〕答柯國材　「柯」，原作「阿」，據文集卷三九改。

卷八

論太極

朱子平生得力止在中和之旨，録此亦見先覺一貫大概云。

答蔡季通

通書注脩改甚精，元來「誠幾德」便是太極、二五，此老些子活計盡在裏許也。前後知他讀了幾過都不曾見得此意思，于此益知讀書之難也。

先生與劉子澄書云：「歲前看通書，極力説個『幾』字，儘有驚發人處，近則公私邪正，遠則廢興存亡，只于此處看破，便斡轉了。此是日用第一親切工夫，精粗顯微，一時穿透，堯舜之所謂『精一』，孔子之所謂『克己復禮』，便是此事。」先生注中庸，將「慎獨」與「戒懼」分説，欲人于德微萌動處尤加謹全，從此處看出先生讀書著書，無不以身體驗，後人病其支離，亦未之深考耳。

答黄直卿

所論「太極散爲萬物，而萬物各具太極」，見得「道不可須臾離」之意，而與「一貫」之旨、「川上」之歎、「萬物皆備」之説相合，學者當體此意，造次顛沛，不可間斷。此説大概得之，但周子之意若只如此，則當時只説此一句足矣，又何用更説許多陰陽五行[一]、中正仁義及通書一部種種諸説耶？通書中所謂「誠無爲」者，太極也；「幾善惡」者，陰陽也；德曰仁義禮智信者，五行也，皆就圖上説出。其餘如「静虚動直」、「禮先樂後」、「淡且和」、「果而確」之類，亦是圖中陰陽動静之意。蓋既曰「各具太極」，則此處便又有陰陽五行許多道理，須要隨處一一盡得。如先天之説，亦是太極散爲六十四卦、三百八十四爻，而一卦一爻莫不具一太極，其各具一太極處，又便有許多道理，須要隨處盡得，不但爲塊然自守之計而已也。然此亦只是大概法象，若論日用功夫，則所守須先有個自家親切要約處，不可必待見圖而後逐旋安排，其隨處運用，亦須虚心平氣[二]，徐觀事理，不可只就圖上想像思惟也。既先有個立腳處，又能由此推考證驗，則其胸中萬理，洞然通透活絡，而其立處自不費力而愈堅牢開潤矣。若但寸寸銖銖比量湊合，逐旋將來做功夫，則亦何由有進步處耶？

先生答何叔京書云：「未發之前，太極之静而陰也；已發之後，太極之動而陽也。

其未發也，敬爲之主而義已具；其已發也，必主于義而敬行焉。則何間斷之有哉？」然則先生所謂「親切要約立脚處」，夫豈有别解乎？

答楊子直

承諭太極之説，足見用功之勤，深所嘆仰。然鄙意多所未安，今略論其一二大者，而其曲折則托季通言之。蓋天地之間，只有動静兩端循環不已，更無餘事，此之謂易。而其動其静，則必有所以動静之理焉，是則所謂太極者也。聖人既指其實而名之，周子又爲圖以象之，所以發明表著，可謂無餘藴矣。原「極」之所以得名，蓋取「樞極」之義，聖人謂之「太極」者，所以指夫天地萬物之根也。周子因之而又謂之「無極」者，所以著夫無聲無臭之妙也。然曰「無極而太極，太極本無極」，則非無極之後别生太極，而太極之上先有無極也。又曰「五行陰陽，陰陽太極」，則非太極之後别生二五，而二五之上先有太極也。以至于成男成女，化生萬物，而無極之妙，蓋未始不在是焉。此一圖之綱理，大易之遺意，與老子所謂「物生于有、有生于無」而以造化爲真有始終者，正南北矣。熹向以太極爲體，動静爲用，其言固多病，後已改之曰「太極者本然之妙也，動静者所乘之機也」，此則庶幾近之。來諭疑于體用之云甚當，但所以疑之之説與熹所以改之之意，又若不相似然。蓋謂太極含動静則可，以本體而言也。謂太極有動靜則可，以流行而言也。若謂太極便是動靜，則是形而上下者不可分，而「易有太極」之言亦贅矣。

答張敬夫

太極「中正仁義」之說，若謂四者皆有動靜，則周子于此更列四者之目爲剩語矣。但熟玩四字指意，自有動靜，其于道理，極是分明，蓋此四字便是「元亨利貞」四字。仁，元；中，亨；義，利；正，貞。元亨利貞，一通一復，豈得爲無動靜乎？近日深玩此理，覺得一語默、一起居，無非太極之妙，正不須以分別爲嫌也。

答吴晦叔

夫易，變易也，兼指一動一靜、已發未發而言之也。太極者，性情之妙也，乃一動一靜、未發已發之理也。故曰易有太極，言即其動靜闔闢而皆有是理也。若以易字專指已發爲言，是又以心爲已發之說也。此固未當，程先生言之明矣，不審尊意以爲何如？

太極説

動靜無端，陰陽無始，天道也。始于陽，成于陰，本于靜，流于動者，人道也。然陽復本于陰，靜復根于動，其動靜亦無端，其陰陽亦無始。則人蓋未始離乎天，而天亦未始離乎人也。

元亨，誠之通，動也；利貞，誠之復，靜也。元者，動之端也，本乎靜；貞者，靜之質也，著乎動。一動一靜，循環無窮，而貞也者，萬物之所以成終而成始者也。故人不能不動，而立人極者必主乎靜。惟主乎靜，則其著乎動也無不中節，而不失其本然之靜矣。

靜者，性之所以立也；動者，命之所以行也。然其實則靜亦動之息耳。故一動一靜，皆命之行，而行乎動靜者，乃性之真也。故曰「天命之謂性」。

情之未發者性也，是乃所謂中也，天下之大本也。性之已發者情也，其皆中節，則所謂和也，天下之達道也。皆天理之自然也。妙性情之德者，心也，所以致中和、立大本而行達道，天理之主宰也。

靜而無不該者，性之所以爲中也，「寂然不動」者也；動而無不中者，情之發而得其正也，「感而遂通」者也。寂而常覺，動而常止者，心之妙也，寂而感、感而寂者也。

【校勘記】

〔一〕又何用更説許多陰陽五行　「許」，原作「詳」，據文集卷四六改。

〔二〕亦須虚心平氣　「亦」，原作「其」，據文集卷四六改。

附録

四庫全書總目卷九十七子部儒家類存目

［清］永瑢

紫陽大指八卷　江蘇巡撫採進本

國朝秦雲爽撰。雲爽字開地，號定叟，錢塘人。是編成於順治辛丑，耑爲王守仁朱子晚年定論而作。分八門，一曰朱子初學，二曰論已發未發，三曰論涵養本原，四曰論居敬窮理，五曰論致知格物，六曰論性，七曰論心，八曰論太極。大約以第一卷所載實爲未定之論，二卷以下，則真知灼見粹然一出，於正守仁之論，亦間附載以互證。其何叔京書顛倒年月之類，羅欽順等所已駁者，不復糾焉。

江蘇採輯遺書目録

紫陽大指八卷，清錢塘秦雲爽著，刊本。

秦雲爽傳

秦雲爽，字開地，亦錢塘人。受業於同里虞鈖，鈖之學兼取陸王，而以朱子爲正。雲爽始從事陽明之學，後頗疑朱子晚年定論之説，乃著紫陽大指八卷，分八門，一曰朱子初學，二曰論已發未發，三曰論涵養本原，四曰論居敬窮理，五曰論致知格物，六曰論性，七曰論心，八曰論太極。大旨以第一卷爲未定之論，二卷以下則真知灼見粹然一出於正。然其謂陽明之「弊在以無善無惡爲心之體，若良知之説，不可謂非孟子性善之旨」。又謂「陽明獨崇大學古本，能絶支離之宿障，有功吾道」。又謂「先儒所見，各有不同，吾人最急，無如爲己。若陽竊衛道之虚名，竟立相持之門户，開罪名教，不敢效尤」。其説頗涉調停。雲爽與應撝謙交數十年，撝謙初爲之序，後屢貽書相諍。陸隴其亦貽書雲爽，以爲於王學埽除未

盡云。（録自清史列傳卷六六）

秦定叟先生

［清］唐　鑑

先生諱雲爽，字開地，錢塘人。著有紫陽大旨八卷，專爲糾陽明朱子晚年定論而作也。分八門，曰朱子初學，曰論已發未發，曰論涵養本源，曰論居敬窮理，曰論致知格物，曰論性，曰論心，曰論太極，陽明之論，亦間附載以互證。（録自國朝學案小識卷一〇）

秦先生雲爽

［民國］徐世昌

秦雲爽，字開地，號定叟，錢塘人。受業於同里虞鈖，鈖之學兼取陸王，而以朱子爲正。先生讀陽明書，頗疑朱子晚年定論之説，輯紫陽大指，一曰朱子初學，二曰論已發未發，三曰論涵養本原，四曰論居敬窮理，五曰論致知格物，六曰論性，七曰論心，八曰論太極，凡八卷。大旨以初學爲未定之論，二卷以下則真知灼見粹然一出於正。其論陽明，謂「其弊在以無善無惡爲心之體，若良知之説，不可謂非孟子性善之旨」。又謂「陽明獨崇古本大學，能絶支離宿障，有功吾道」。又謂「先儒所見不同，吾人最急，無如爲己。竊衛道虚名，門户相持，開罪名教，不敢效尤」。先生與潛齋交數十年，書成爲之序，後屢貽書相諍。陸稼書亦謂先生於王學掃除未盡云。（録自清儒學案卷一七）

與秦開地論紫陽大指書

[清] 應撝謙

弟撝謙再拜言，十三日承諸君子見過，論學問之事，不勝歡然，適有遠客，未及請益，敢復略而陳之。前紫陽大指吾兄命作一序，撝謙不揣，欲稍述吾兄發明先賢之意，而辭不别白，仍有未盡，及觀凡例，又微有同異，業已刻成，不便往復。今既擬共爲切磋，須悉所欲言，方無負同學。明知瀆聽，然始雖睽，而辨之明，則終必合。始有未立相持之門户。「斯道平鋪，寧須蓋覆？足音空谷，何忍鬩牆？疑誤後賢，開罪名教，素所深痛，不敢效尤」，斯言也，撝謙又有不敢仰同者。何也？大學者，程子所謂「初學入德之門」也，而致知格物又「門前從人之路」也。今有人家大門被勢家堵殺，其祖父争之百餘年而不能得，爲之子孫者無力清楚，不免長太息，可也。今乃以前人之争爲多事，各開後門，謂之爲己，反以同堂兄弟不忘大門者爲閲牆而痛恨之，其可乎？夫陽明不特疑朱子爲「影響」，且詆朱子爲「神姦」，見之手筆，有不可以調停者。昔林次崖先生曰：「經文言『物格而後知至，知至而後意誠』，是意誠功夫又後格物一步也。既以格物爲去私意，則當物格時，私意已無了，又何須再去誠意，再做毋自欺許大功夫，得無疊牀重屋邪？若謂格物即是誠意，又不應説『物格而後知至，知至而後意誠』，分作三節，中間又用箇『而後』字。」關西王無異謂此論，「雖陽明復起，能無口塞」。近又有兩是騎牆之見，謂格物作窮理亦可，解作爲善去惡亦可，只要力行。夫言而不行，是謂不誠無物，只能自害，安能害人？妄言妄行，果敢而窒，此其疑誤後學，爲害也大矣。且三達德以智爲先，是非之心，智之端也，無是非之心，非人也。今縱不能擴充此端，而先塞其是非之心，使之模棱兩可。草野論學，論古人而不敢稍伸其説，況於立朝之際，其敢爲諍臣乎？且主敬之説，亦自有辨。主敬則凡言不敢輕發，凡事不敢輕爲，默而成之，亹亹孜孜，仍如無有，此所謂敬也。若如陸氏之空腹高心，妄自尊大，厲色忿辭，如對讎敵，其去敬也遠矣。論語曰：「文，莫吾猶人也。躬行君子，則吾未之有得。」謂文猶可如人，行則不能如人也。故又曰：「君子之道四，某未能一焉。」「君子道者三，我無能焉。」而陸氏乃言「六經皆我註脚」，此其視聖人之氣象何如哉？陽明又從而祖述之，謂「舉世之儒，皆知而不行，由於格物之誤」。吾未見格物變解以後之士，皆勝於未改以前之人也。蓋道之不行，不繫於格致之改與未改，而道之不明，學術分裂，則已百年於兹矣。撝謙孱弱人也，私心自檢，以爲名不可浮於實，防其不祥，毁不妨多於譽，可以内省。又無爵無位，翹翹然於争名利之世講學，以爲衆射之的，實所不敢。有友人弟子相與問難，言及此事而一味唯阿，亦所不甘。但年之既老，力不從心，雖欲出身以相切磋，而衰朽已甚，欲得好友肩此重任，側耳其旁，一在下風，不勝大願。今吾兄既以講學開其端，願即一覽鄙言，力荷斯道，率之以無我，然後可化同以克己。不揣莛擊以叩洪鐘，伏惟教我。（録自應潛齋先生集卷七）

與秦開地第三書

〔清〕應撝謙

承教，領悉至意。弟向以朱子臨卒改大學「誠意」章註，而不改「格物」「窮理」註，其答方賓王書曰「非以今日之誠意正心爲是，即悔前日之致知格物爲非也」，故言朱子之悔窮理也。質之吾兄，以爲不然。易曰：「默而成之，不言而信，存乎德行。」以弟之不德而言此，宜其未見信也。孔子尚言六十九歲無所得聞，至教敢不虚心？撝謙犬馬齒已六十有八，而言之然諾，多不能信，義所當爲，多不能果，尚不能望十室之忠信，吾兄教之以敬，而弟敢終

之以争乎？敬聞命矣。（録自應潛齋先生集卷七）

再與秦開地書

［清］應撝謙

承教，極見牖掖同人至意。「敬」字填補小學，實聖學始終之要。弟自幼服膺朱子，自三十以後始覺此語親切，方以此冠於大學註之前，豈敢反揜朱子居敬之功？況商紂「謂敬不足行」，從來學者無祖述商紂之理，吾兄奈何遽以此相加也？前日之説，蓋以吾兄凡例中，謂「有喜談窮理，以朱子中年所悔爲楷模」兩句，似朱子中年已悔窮理，則大學註所謂「窮至事物之理」在已悔之例，恐非朱子之意。並未曾言不必主敬，而吾兄已謂弟陰壞其整頓修輯之法。夫紫陽主敬之教已昭如日星，若弟欲陰壞之，是兩手自掩其目，謂人皆從此不見天矣，非癡愚之人何以若此？然朱子言窮理主敬，如車兩輪，如鳥兩翼，未有去其一而可行可飛者也，恐亦非弟之私言也。向弟疑吾兄於人我之見有未忘，今有以驗之，何也？凡人有著述，修辭立誠所以存義，既恐誤己，又恐誤人。常欲同志之友爲之琢磨，及身改削，而不使遺恨於身後。苟有是心，則人將輕千里而來告之以善。今則止有一友略行規彈，即以爲誣，且以爲閱，而加以堵塞聖門之罪，毋乃已甚乎？夫前之人，或謂其堵塞學門者，以其誤障格物也，今弟既不敢改主敬之訓，又不敢改窮理之言，何爲而謂之堵塞？夫陽明正以格物非窮理，今以喜談窮理爲立異，則陽明之闢註，不火而炎，豈可以弟爲誣？夫博文即是窮理，約禮即是主敬。知崇效天，窮理之謂也；禮卑法地，主敬之謂也。此皆先儒定説，來教以知崇禮卑只好作行字，敬貫知行，未可便以爲主敬，弟亦未敢以爲然也。夫千人之諾諾，不如一士之諤諤，朋友切切偲偲，有所未洽，必須商榷。有終日往來，威儀之間頗有可觀，凡及學問不通一言，弟未敢以爲深交。必講習切磋，薰然太和，絶無形骸之隔，同而異，異而同，日進無疆，方稱好友耳。弟於論學從不詭隨，亦無彼此，吾兄數十年之交，必諒之久矣。歷觀先儒成德，未有不相違拂，若一味依阿輭美，有都俞而無吁咈，恐如考亭所謂琉璃䄇一彈即破耳，吾兄以爲如何？來札謂弟不遵朱子之重居敬，前書並無此言，不知此語何自而來？謂弟不能居敬，弟不敢辭；謂弟不遵居敬，弟不敢任。（録自應潛齋先生集卷七）

與秦定叟書

［清］陸隴其

僕學問疎淺，蒙先生之不棄，遠辱惠教，常佩於心，冀一望見有道，開其茅塞。癸亥孟夏，適在武林，咫尺高齋，又匆匆不及造廬一晤。因草具數行，仰質高明，亦不能盡記其所言，而於紫陽大指一書中，尚不能無纖毫之疑，不敢自隱也。再承手教，兼示以答中孚、潛齋、擴菴諸書刻本，反覆莊誦，益歎先生之篤學精進，迥出流俗。如答擴菴書謂：「周子『主靜』之靜，朱子看做對待之動靜，原自不謬，陽明恐人偏於靜，而易爲程子『動亦定、靜亦定』之定，此陽明之誤，非朱子之誤也。」又答中孚書謂：「今人但知動中有靜，靜中有動，爲得體用之一原，不知此但知一原耳，未可爲體用一原也，先須分明體用，後識一原，然後有下功夫處。」此皆足以破俗儒之惑，有功正學，僕深服膺，不容更贊一辭者也。而於前日所疑，猶有未能盡釋然者，敢悉陳之。來書謂：「未發已發，朱子一生精神命脈之系也。知未發已發，則知靜存動察。」又謂：「今之學者，相率入於困而不學，其源皆起於立教者以本體爲功夫，而不分未發已發之誤。」此固然矣，然以此論朱子則可，而謂陽明之所以異於朱子者專在此，嘉隆以來人才風俗如成弘以前者專在此，則恐有未盡者。蓋陽明之病，莫大於「無善無惡心之體」一語，而昧於未發已發之界，其末也。既以無善無惡爲心之體，則所謂未發只是無善無惡者之未發，所謂已發只是無善無惡者之已發，即使悉如朱子靜存動察，亦不過存其無善無惡者，察其無善無惡者而已，不待混動靜而一之，然後爲異於朱子也。朱子中和舊説雖屬已悔之見，然所謂心爲已發，性爲未發，亦指至善無惡者言，與陽明之無善無惡相楹莛。即使朱子守舊説而不變，仍與陽明不同。所以陽明雖指此爲朱子晚年定論，而仍有「影響尚疑朱仲晦」之言，職是故耳。此僕所以謂考亭、姚江如黑白之不同。先生紫陽大指書中，乃云「無善無惡」一句是名言之失，而非大義之謬，是僕所深疑而未解也。來書又云「晚年定論」一書，陽明不無曲成己意，不敢雷同，即其窠臼」，此固是矣。然考紫陽大指中載答何叔京三書，而評之曰「此三書實先生一轉關處也」，則猶似未脱陽明之窠臼者。嘗合朱子一生學問前後不同之故，考之朱子之學傳自延平，延平教人静中觀喜怒哀樂未發氣象矣，教人反覆推尋以究斯理矣。朱子四十以前，出入佛老，雖受學延平，尚未能盡尊所聞，是以有中和舊説，有答何叔京諸書，與延平之學不免矛盾。及延平既没，朱子四十以後，始追憶其言而服膺之。答林擇之書所謂「辜負此翁」者，則悟中和舊説之非，而服膺其未發氣象之言。此朱子之轉關也。答薛士龍書所謂「困而自悔，始復退而求之於句讀文義之間」，則是以答叔京諸書爲悔，而服膺其「反覆推尋，以究斯理」之言。此又朱子之一轉關也。是朱子之學，一定於悟未發之中之後，再定於退求之句讀文義之後。若夫答何叔京三書，則正其四十以前出入佛老之言，於未發已發之界，似若轉關於窮理格物之功，則猶未轉關也。先生乃儱侗以爲朱子之一轉關，竊先生之意，卻似以居敬爲重，而看窮理一邊稍輕，雖不若陽明之徒盡廢窮理，而不免抑此伸彼。故答李中孚書遂以大學補傳爲可更，而以陽明之獨崇古本爲能絶支離之宿障，爲大有功於吾道，亦是看窮理稍輕之故。夫居敬窮理，如太極之有兩儀，不可偏有輕重。故曰：「涵養莫如敬，進學則在致知。」未有致知而可不居敬者，亦未有居敬而可不致知者。故朱子平日雖説敬不離口，而於大學補傳，則又諄諄教人窮理，又於或問中反覆推明，真無絲毫病痛。朱子所以有功萬世者在此，所以異於姚江者在此。此而可更，孰不可更？即曰格物以知本爲先，所謂當務之爲急，然於格物之中，先其本則可，而如古本大學謂「知本即是知之至」則不可。是又僕之所深疑而未解也。至於先生惓惓居敬主静，可謂深得程朱之旨，而切中俗學之病矣。然敬之所以爲敬，静之所以爲静，亦有不可不辨者焉。嘗觀朱子之言敬，每云畧綽提撕，蓋惟恐學者下手過重，不免急迫之病。故於延平觀喜怒哀樂未發一語，雖悔其始之辜負而服膺之，然於觀之一字，則到底不敢徇見。於答劉淳叟諸書，至觀心説一篇，極言觀之病，雖指佛氏而言，而延平之言不能無病，亦在其中。此用力於敬者所不可不知也。又朱子雖云敬字工夫通貫動静，而必以静爲本，卻又云不必特地將静坐做一件工夫，但看一敬字通貫動静。又云明道説静坐可以爲學，上蔡亦言多著静不妨，此説終是小偏，纔偏便做病。蓋樂記之「人生而静」，太極圖之「主静」，皆是指敬，而言無事之時，其心收斂不他適而已，非欲人謝卻事物，專求之寂滅，如佛家之坐禪一般也。高景逸不知此，乃專力於静，甚至坐必七日，名爲涵養大本，而不覺入於釋氏之寂滅，亦異乎朱子所謂静矣。此用力於静者，所不可不知也。先生諄諄示人居敬主静，而未及敬與静當如何用工，是又僕所不能無疑也。又讀先生答人書，謂陽明之弊，只在「無善無惡」，若「良知」之説，不可謂非孟子「性善」之旨。夫陽明之所謂良，即指無善無惡，非孟子所謂良也。孟子之良，以性之所發言，孩提之愛敬是也。陽明之良，以心之昭昭靈靈者言，湛然虚明，任情自發而已。一有思慮營爲，不問其善不善，即謂之知。識而非良，是豈可同日語哉？又謂陽明之學真能爲己，而非挾好勝之心者。夫陽明大言無忌，至以孔子爲「九千鎰」，朱子爲楊、墨，此而非好勝也，不知如何而後爲好勝耶？合先生之論陽明者言之，謂其真能爲己矣，良知之説合於性善之旨矣，崇古本大學能絶支離矣，惟「無善無惡」一語不能無弊，又是名言之失，而非大義之謬矣，晚年定論雖不無曲成己意，而采答叔京諸書又未爲盡過矣，所不滿者，惟不分未發已發一節耳。又答李中孚書云，「此不過朝三暮四、朝四暮三之法」，則並未發已發亦與朱子名異實同矣，前輩以陽明爲指鹿爲馬者皆非矣。僕極知先生從學術世道起見，與世俗之以私意調停者不同，而埽除未盡，不免涉於調停之跡，恐遺後學之惑。所以不揆愚陋，不敢自匿其所疑，輒以上陳，伏惟教示。知先生諒其求正之心，不以指摘爲罪也。嘉靖時，清瀾陳氏學蔀通辨一書，先生曾細閲之否？近時北方有張武承諱烈，所著王學質疑一卷，其言陽明之病，亦頗深切著明，惜其已故。僕頃爲刊其書，敢並附正統，希垂鑒不吝賜教，幸甚。臨楮曷勝翹企。

又

客歲遠承尊劄，兼惠教紫陽大指，捧讀之下，且喜且愧。喜其不爲賢者所棄，而愧其以優遊虚歲月，不如先生進道之勇也。自嘉隆以來，紫陽之教微矣。今日起敝扶衰，惟在力尊紫陽高明著書之旨，豈非世道幸哉！然僕心尚有欲商者。蓋尊意所力辨，在陽明「影響尚疑朱仲晦」之句，故歷舉朱子之言與陽明合者，以見其不影響。愚意朱子之學原與陽明迥然不同，其言有時相近者，其實乃大相遠。故陽明雖有晚年定論一書，而到底以爲影響，此無足怪也。但取朱子觀心説，及大學、中庸首章或問讀之，則其異同不待辨而知。若就其近似者，以見其不影響，則恐反不免於援儒入墨之病也。世之溺於陽明而終不能自振拔者多矣，先生始而入之，繼而覺其非，雖賁育之勇，何以加諸。然猶似未能盡脱其範圍，所以於兩家分途處猶未劃然。陳清瀾學蔀通辨一書，辨析最精闢，先生以爲過峻。願高明奮其衛道之力，必使考亭、姚江如黑白之不同，勿有所調停其間，則大指得而世道其庶幾矣。僕才質駑鈍，於學無所窺，謬承下問，敢罄其愚。（録自三魚堂文集卷五）

與秦定叟先生

［清］耿介

介迂鄙硜拙，屏跡嵩岑潁湄，雖有志于聖賢之學，苦無得力處。又同心者少，莫可就正，銷磨歲月，求下士晚聞而不可得。承蒙先生惠教殷切，敢布腹心，以求指示，何幸如之。

竊以大道在天下，本是中庸，作不得一毫聰明，著不得一毫意見，所以吾夫子謂「道之不明不行，智者過之，賢者過之」，又曰「索隱行恠，後世有述焉，吾弗爲之矣」。此道自孟子而後，遂失其傳，得其統宗者濂洛關閩，而朱子總括之力爲大，表章六經、四子之書，如日月經天，江河行地，下學上達，居敬窮理，平正確實，使人由而行之，此便是千聖萬賢真脈路。陽明出而抹煞格物致知，不循居敬窮理，專任良知，一時人士，希圖簡便，樂得恣肆，隨聲附和，其弊遂至於以氣質爲性，認人欲作天理。自正、嘉以來二百餘年，爲世道人心之害，沉錮陷溺而不可返。且無善無惡，尤爲得罪聖門。孟子從天命原頭處説個性善，深得孔門言仁之旨，任是氣質清濁純駁不同，而一念天理不昧，擴充出直到保四海，保天下，參贊位育。今公然説個無善，是人性中原無天理，如何要教他做出有天理底事來？則世道人心，有不可問者矣。如此而欲抵梧朱子，其如天下萬世公論何？至於晚年定論，顛倒早晚，返之本心，良知恐不如是也。先生紫陽大指一編，當與陳清瀾先生學蔀通辯、熊青嶽先生學統二書，先後一揆，由洛閩以上溯洙泗，先生衛道之功爲何如哉！此余之所以傾心服膺于先生者也。嵩陽書院近來頗加修葺，秋爽欲得先生一來遊其間，俾學者親炙光霽，談道講德，不使鵞湖專美于前，亦千秋佳事也。（録自敬恕堂文集卷八）